民　宿

张素梅　　王祖良　　谢雨萍　著

吉林科学技术出版社

图书在版编目（CIP）数据

民宿 / 张素梅，王祖良，谢雨萍著. -- 长春：吉林科学技术出版社，2020.4（2022.1重印）

ISBN 978-7-5578-6976-2

Ⅰ. ①民… Ⅱ. ①张… ②王… ③谢… Ⅲ. ①旅馆—经营管理 Ⅳ. ①F719.2

中国版本图书馆CIP数据核字（2020）第050970号

民宿

著　　者	张素梅　　王祖良　　谢雨萍	
出版人	宛　霞	
责任编辑	李思言	
封面设计	李　宝	
制　　版	宝莲洪图	
开　　本	16	
字　　数	260千字	
印　　张	12	
版　　次	2021年3月第1版	
印　　次	2022年1月第2次印刷	
出　　版	吉林科学技术出版社	
发　　行	吉林科学技术出版社	
地　　址	长春净月高新区福祉大路5788号出版大厦A座	
邮　　编	130118	
发行部电话/传真	0431—81629529　　81629530　　81629531	
	81629532　　81629533　　81629534	
储运部电话	0431—86059116	
编辑部电话	0431—81629520	
印　　刷	北京宝莲鸿图科技有限公司	
书　　号	ISBN 978-7-5578-6976-2	
定　　价	70.00元	

前　言

民宿作为一种新型的"非标准住宿"业态，站在产业创新升级发展的风口，开始在全国各地蓬勃兴起，成为旅游发展过程中各界聚集的要素和重要切入点。进一步聚集原舍等知名项目，我们发现：从选址、定位、建造到后期运营，设计的全面介入已成为精品民宿得以成功的关键，"设计改变民宿"已成为行业共识。

通过借鉴台湾民宿、日本民宿发展的经验，深入分析本地文化、当前产业，提出打造特色民宿发展战略。从重建民宿理念、突出发展重点以及强化产品升级三个方面为建设特色民宿提出构思，打造具有本土特色的品牌。同时通过加强政府扶持、注重规划设计、创新发展模式、打造特色、创立品牌等具体对策，更深层次地挖掘当地特色，进一步开发高端化市场，实现民宿业可持续发展。

本书在系统梳理靠前外民宿发展历程的基础上，从具体项目实践出发，通过有代表性的案例，阐述和总结民宿发展大势和设计理念。全书共分为设计篇、管理篇、服务篇、营销篇、情怀篇。

在互联网经济时代，民宿的宣传已经能轻易通过各个网站实现，打开携程、去哪儿网等客栈预定网页，上面林林总总的客栈民宿让人眼花缭乱，那么特色民宿如何在这些网站上脱颖而出的关键是什么？如何去挖掘与众不同的特色？特别是将浓郁的地方特色作为基调，同时融入民宿主人自己对当地文化的理解，在民宿的介绍中能看到不一样的文字描绘等等来展现我们舟山民宿特有的东西。然后通过客人入住民宿的住宿体验，让来访客人体验到的当地发展潜力和活力，让城市能吸引更多的游客以及有识之士，让这个城市能更加多元化，这些都是需要我们去研究的意义。

目 录

第一篇 设计篇

第二篇 管理篇

第三篇 服务篇

第四篇　营销篇

第五篇　情怀篇

第一篇　　设计篇

第一章 民宿的设计与体验

一、体验经济

在《体验经济》（The Experience Economy）一书中，约瑟夫.派恩（Joseph Pine）和詹姆斯 H.吉尔摩（James H. Gilmore）提出"商品是有形的，服务是无形的，而创造出的体验是令人难忘的""精心设计用户的体验是一切伟大产品的灵魂"。他们提出，从全球经济的宏观层面来看，产品和服务已经无法继续支持经济的增长，无法提供新的工作机会，无法维持经济繁荣。要想实现经济收入的增长，提供更多的工作机会，就必须把体验作为一种全新的经济形式去努力实现。毋庸置疑，如今的商业全球化使得到处都是毫无差异的产品和服务，在这种情况下创造价值的机会就在于营造体验，所以，我们这个世界到底需要怎样的经济增长动力呢——答案就是体验经济创造的新财富。

该书提出，体验经济中蕴含着四种价值创造机会：

第一，对产品来说，更多的产出应当实现定制服务。也就是说，人们需要的不是具体产品大量的生产，而是需要企业以更有创意的方式去生产。大部分制造商都忽略了市场的个性化需求，而定制可以有效地满足顾客的独特需求，可以针对每个人生产出独一无二的产品。对产品进行定制，会使产品自动变成服务；同样，对服务进行定制，会使服务自动变为体验。从这一点来看，乡村民宿就是个性化很强的体验产品，也体现出独一无二的服务，所以这也是这几年中国民宿体验这么火的原因。

第二，对服务来说，更多的企业应该引导员工展开积极行动。当企业的业务仅仅被视为一项服务时，员工就不会花时间在台下练习表演的动作了，只有演员才会这么做。其实，更出色的人际表现不但注重传达什么，更注重如何传达，因此可以把很普通的买卖互动转变成富有趣味的交际活动。所以，商家不妨问问自己，有哪些舞台活动可以让员工的日常工作变成令顾客难忘的活动，从这一点来看，一个民宿成败的关键就看其主人（老板或老板娘）的个人魅力，因为他／她实际上成了演员，通过他们精彩的表演，给游客留下印象深刻的回忆，再口碑相传或经互联网传播，民宿的生意就火起来了。

第三，对于体验来说，更多的体验产出应该明确地按消费时间收费。时间就是衡量体验的货币，该书列出了六种按时间收费的方式，分别是：按入场收费、按活动收费、按期间收费、启动式收费、访问式收费和会员式收费。从这一点来看，乡村民宿就是让游客在体验场所（民宿）或体验活动中为所花的时间明确地支付费用。可以说，不同的民宿在收费体验乡村旅居的基础上提供给游客差异化的产品和服务，进而从中取得相应的收益。

第四，更多的体验应该产生变革。推动变革的公司不但要为付出的时间收费，而且要为付出这些时间所带来的变革收费。这个变革就是致力于使人类的生活更健康、更富裕和更和谐。从这一点来说，乡村民宿所致力的变革就是唤醒乡村的再生或复兴，这是中国历史赋予民宿行业的伟大使命，所以，高起点建设的民宿就应该高收费，这样才能创造更大的价值，产生更深远的变革。

从体验经济的角度来看中国的乡村，乡村能提供的产品大多数是粮食、水果、土特产等农产品及手工艺品，而且这些产品已经初级产品化了。什么叫"初级产品化"？就是这些产品在全国市场的差异基本消失，利润微不足道．吸引顾客购买的方法只能是降价，降价，再降价。这种低价竞争，对企业或农民个人来说，都很难可持续发展，更难说能复兴乡村。而从服务的角度来说，乡村很难提供什么服务给城市。距离遥远、交通不便、思维观念差距极大、科学与技术落后，也缺乏服务意识。乡村服务城市，谈何容易，所以说，体验经济是唤醒乡村很好的途径之一。

体验经济对乡村复兴的作用如下：

（1）唤醒乡村。

（2）吸引旅游、投资的人流来到乡村。

（3）提供工作机会和岗位给乡村居民。

（4）衣食住行都在乡村，给乡村带来收入。

（5）改善乡村环境质量，提升建筑品质，修复基础设施。

乡村民宿是体验经济的一种形式，应该说是一种投入小、见效快、易于操作、落地性强、能有效导入人流和资金流的好方式，是一个唤醒乡村并使乡村复兴很好的选项。

二、民宿设计思维

体验是某些很有趣或有意义的事情，通过具体的活动而传导到人的感官之后所产生的感觉和印象。体验的过程有大量创新的可能性，在乡村民宿中的体验设计就是一个很重要的创新思维，不断为到乡村来旅游、旅居的游客创造最棒的体验。

《体验经济》一书提到，你们为什么能成为让彼此难忘的好朋友（拥有美好的相处体验）呢？迪士尼公司是最早这么做的一家公司：他们称自己的产品是一种基于快乐的生活方式，新的商业口号是"迪士尼所带给你的将全部是快乐的回忆，无论什么时候"。很多商业服务在后来的体验设计中都借鉴了迪士尼乐园的经验，融入了主题乐园的概念而其实我们想一想，主题乐园和乡村民宿在本质上都是一致的，让顾客掏钱买饮体验。当然，后者是花更多的钱来进行体验，所以这样的体验一定更需要具有创新思维的体验设计。《设计思维：右脑时代必备创新思考力》（以下简称《设计思维》）一书中提到：体验营造的最高境界就是让人产生一种有感而发的愉悦感。那么，营造愉悦体验的终极意义又是什么呢？我相信，其终极意义应该是精神的愉悦加深彼此之间的关系，有益于人们创造力的发挥，让人类生活更美好，因此，该书提出一个在产品设计上的重要概念"情景思维"，值得我们在乡村旅居的体验设计中学习和借鉴。情景思维，也称场景思维，是一种以"场景中的人"为思考对象、以交互关系为思考核心的思维方式。它的本质是从用户的真实需求出发，以人为中心的思考。

在乡村民宿之中，体验设计的优势如下：

能够堪十场景来观察人，更好地理解场景中的人的需求。转变单一的以物为中心的局限思维，在交互关系上做文章。能够为他人营造更好的体验。

《设计思维》提到了产品设计如何采用设计思维（Design Thinking）。作为一种思维方式，设计思维不是凭空而来的，而是从传统的设计方法论里面演变出来的。普遍的产品设计思路主要有如下四步：

（1）寻找需求（Need-finding）。

（2）头脑风暴（Brainstorming）。

（3）原型设计（Prototyping）。

（4）测试（Testing）。

与之类似的是普遍的乡村民宿设计思路主要有如下四步：

（1）了解客户需求。

（2）头脑风暴，出一到两个方案。

（3）方案设计。

（4）不断修改，最终定稿画施工图。

而设计思维强调设身处地地去体验客户需求，所以它就多了一步，并重新定义了传统步骤：

（1）移情（Empathize）。

（2）定义（Define）。

（3）设想（Ideate）。

（4）原型设计（Prototyping）。

（5）测试（Testing）。

与之类似的是，用体验设计来进行乡村民宿设计的思路主要有如下五步：

（1）从客户角度思考。

（2）设计理念创新。

（3）穷举法。

（4）确定方向细化设计。

（5）做出彩蛋。

简而言之，用体验设计来做乡村民宿设计（Experience Design inCountryside Resorts）=用设计思维来做设计+从游客体验的角度思考+从营销的角度思考。

（一）设计思路

第一步：从游客的角度思考，就是在体验设计中要换位思考，去当一次游客，体会游客有哪些问题，然后体现出营销角度的思考。首先是观察游客的行为活动，要知道游客在做什么、怎么去做的、目的是什么，以及他这个行为会产生的一系列连带效应；其次是与游客交流，做调查、写问卷，尽可能全面地了解游客的真实想法，最后是要换位思考，去体验游客所体验的。总体来说，第一步是尽一切可能站在游客的角度思考问题。

第二步：设计理念创新，就是提炼出整个乡村民宿体验设计团队的价值观，并符合当代社会的发展潮流。总体来说，第二步就是要定义出本乡村民宿设计的目标、愿景、理念、语言等，让游客清楚地了解到你们能做出怎样的乡村民宿，并形成怎样的效果。

第二步：穷举法，就是头脑风暴，找到尽可能多的解决方案，然后再逐步确定为一个具体的方案。通过发散与创造，确定好问题之后，用头脑风暴的方式想出尽可能多的解决方案。通过对民宿提出多个创意概念方案，最终挑选出最好和最合理的方向进行深化设计，所以，在设计的开始阶段与其花时间想一个好方案，倒不如先去想很多不同的概念方向，勾很多不同的概念草图，再从中挑选出一个最好的方向深化下去。总体来说，在体验设计中并没有一种唯一正确的方案。唯有通过穷举法把更多的方案放在一起进行分析比较，才能得到一个最合理、最适合游客体验的方案。

第四步：确定方向细化设计，就是做方案的过程中发现新的问题，解决新的可能出现的问题。总体来说，我们通过穷举法明确了一个体验设计的方向，然后要细化每一个细节，像庖丁解牛'样一步步分解，在细节上反复推敲，从而达到精深设计的程度。

第五步：做出彩蛋。什么叫"彩蛋"呢？"彩蛋"就是给人巨大惊喜的亮点，亦可以称为"爆点"。总体来说，这是在一个乡村民宿的体验设计中最为人称道的设计，是该项目中最高设计水平的展示，也是游客唯一印象深刻、逢人就讲的亮点，这是最难也是最重要的一点，有彩蛋才能火！

（二）向游客学习

美国创新设计公司 IDEO 的 CEO 蒂姆·布朗（Tim Brown）在一次 TED 演讲中说，"只有当把设计从设计师的手中抽离，放到每一个人手上的时候，设计的价值才会最大化。"也就是说，做乡村民宿的体验设计师只有了解了目标对象的深层需求之后，才会对一些看似不重要的细节进行设计。例如，民宿中最理想的草坪面积与水景面积比例、民宿入口是设计水景还是种植大树更能引起游客的惊叹等问题都是要对游客深刻了解之后才能得出结论的，这样才能实现设计和营销的最佳平衡。当然，在互联网＋时代通过大数据分析研究，一定可以将体验设计的价值最大化。

（三）换位思考

当我们以为自己付出那么多就·定能极大地满足对方需求的时候，却从没有停下来思考过对方到底需要什么。如果乡村民宿的体验设计师把关注点都放在了"设计"和具体的图纸上，不断按照自己的理解让它变得越来越好，而体验设计师把这个泡泡吹得越来越大的时候，忽然"嘭"的一声泡泡破了。猛回头才发现，自己已经离真实的用户越来越远，所以，我们如果把关注点放在解决问题的过程上，把体验设计本身当作一个在恰当时候为乡村民宿使用的工具，真正为一个群体解决问题，那事情是不是会变得更有意义呢？《设计思维》一书提到：心智模式（Mindset）是设计思维中很重要的一点。在体验设计中，笔者认为换位思考是体验设计中最关键的一点。

（1）在乡村民宿的体验设计中，我们的体验计师需要换位思考，从游客的角度出发来思考问题，来做设计。

（2）体验设计师要有服务意识，把乡村旅居的惊喜留给游客，有难题自己克服。

（3）体验设计师要更便捷地为游客解决问题，而不是告知游客自己去解决问题。

（四）聚焦精神

乡村民宿需要聚焦在一个最主要的爆点上，这样才能让游客记忆深刻，才能形成口碑营销，让大家蜂拥而至，来看、来玩这个主题性的爆点，而如果你亮点太多，那么第一是成本投入太大，第二是面面俱到，反而哪一个都没做好，都不是强项，这就得不偿失了。打个比方说，乔布斯对于 iPhone 手机的聚焦精神，把一个极简主义设计风格的手机做到极致，这就是一个独一无二的手机，因而引起口碑营销和大卖。所以民宿的爆点一定要聚焦，要能成为口口相传的热点。

（五）在乡村民宿开始设计之前，体验设计师要要问的20个问题

（1）乡村民宿的体验是什么？

（2）乡村民宿如何满足使用功能，使之体验感最好？

（3）乡村民宿如何运用体验设计？

（4）如何从游客的角度出发来做乡村民宿的体验设计？

（5）如何从营销、赢利的目的出发来做乡村民宿的体验设计？

（6）乡村民宿如何通过建筑、室内、景观等结合的体验设计来打动游客入住，完成盈利？如何以人为本？

（7）民宿客房、餐饮等的销售，如何通过体验设计卖出高价？

（8）乡村民宿的体验设计是从感性出发，还是从理性出发？

（9）乡村民宿的体验设计如何从场地出发，与周边的自然环境、乡村建筑融为一体？

（10）乡村民宿的体验设计有哪些效果、风格、手法？

（11）乡村民宿的平面布局是如何满足游客的体验而使之惊叹和惊喜的？

（12）乡村民宿的地形条件、周边道路以及建筑形体等先决条件对景观产生怎样的影响，如何处理解决，并将劣势转化为优势？

13）乡村民宿的建筑与景观空间如何相互转换，并达到最大的营销效果？

（14）乡村民宿的体验动线如何组织？

（15）乡村民宿的营销、体验、设计、施工、功能、形态之间的相互关系是怎样的？

（16）乡村民宿的体验设计，走多少步（或多少距离）能看到一个体验点（价值点）？多少距离要休息？游客走多少步是不疲劳的？民宿一共多少面积是最合适的？

（17）乡村民宿做体验设计成本多少？前期投入多少？后期维护需要投入多少？

（18）乡村民宿为了使体验效果最好，场景感最好，要考虑主体建筑及客房楼要摆放在哪个位置比较合适？

（19）乡村民宿如何控制效果、成本、开放接待游客的时间周期？

（20）游客所关注的亮点（爆点）是什么？民宿的风格是什么？不同的功能分区等。

三、民宿设计步骤和要点

（一）民宿设计步骤

1. 相地

一切的设计都是源于对基地的理解和认识——因地制宜。

奥托·夏莫（Otto Scharmer）在《U型理论》一书中指出，当管理者进入到以创新为主体的知识管理的第三阶段时，如同艺术家站在一张空白的画布面前一样，他们必须首先学会观察。《设计思维》一书对"情景思维"的实践技巧之一"观察"有如下阐述。一位快消行业的高层管理者要做下一年度的产品战略规划，他有两种决策方式：第一种是在会议室听各个部门的产品经理、各区域市场经理、客服经理等汇报数据分析结果，以及他们对当前工作的总结和对下一步产品思路的建议；第二种是亲自带领一支队伍走访各个市场，邀约各个用户做访谈，并观察他们的生活场景是如何与公司产品产生关联的。这两种做法的结果会有哪些不同呢？第一种做法做出的决策属于"调控和改善"型，将对卖得好的产品加入投入，对市场反馈不好的产品予以撤销，或者结合用户的反馈在产品原有基础上做一些升级改善；第二种做法做出的决策属于"革新和创造"型，他们会在观察用户的实际生活之后，从用户未被满足的需求之中寻找新的机会点，进而研发出一款面向未来的革命性产品。显然第一种做法是求稳，而第二种做法是以"观察记录创新"代替了。信息收集数据整理客户分析"，后者会更加容易出彩，这就是"观察"的魅力。

所以，当体验设计师开始做一个乡村民宿项目的时候，他就好似站在空白画布前的艺术家或要做产品规划的高层管理者，观察基地并因地制宜是他设计开始之前的重中之重。在这块基地之中，民宿的设计到底该如何做？因为每个乡村民宿都能做出十几个不同的方案，但可以肯定的是最终有一个方案是最适合这个基地的，也最适合民宿主人的气质和要求的。其实，中国古典园林专著《园冶》在开篇就有《相地》篇，分山林地、江湖地、市井地等，都足讨论如何因地制宜的。而我们民宿的体验设计师也需要走两个步骤，第一是

7

听听民宿主人对其他民宿的分析评价，他们的需求和营销建议；第二是亲自到现场去，站在现场观察其周边道路环境、建筑体量形式、交通人流动线、基地空间形态、高差地形条件、有否大树保留等，这些都可能成为后面设计灵感的源泉。很多时候，体验设计师站在现场基本就知道这个地方的设计该如何来做了，但是，如果不到现场就开始画方案，通常是图画很美丽，但基本不符合要求，需要重新设计的。

2. 造梦

（1）人、场景、活动

《设计思维》一书中提到，"场景可以是用户他们的工作、他们的环境、他们如何完成任务，他们需要做哪些任务，或者这些元素的组合。讲故事（Storytelling）的优势在于为人物、地点和动作赋予生命，它有助于我们洞察设计构想中需要包含的任务属性、用户关注的东西、用户在达成目标的过程中觉得对他们有帮助或者有障碍的东西。"

该书中提到，情景思维中讲故事的基本要素有三个：人物、场景和活动。首先，人物角色的设定要虚实结合，"虚"是指这个人物可能是虚构的，"实"是指这个人物的产生过程是基于对事物的观察。然后在观察的基础上提炼出这个人物的典型特征。比如说到这个乡村民宿度假的人是一个怎样的人（年龄、职业等），他或她有什么爱好，想获得什么（目标、需求）。接下来可以分析研究该人物在这个乡村民宿场景活动的分镜头。在典型的一天中，他在这个乡村民宿之中想要做什么，他和他的家庭可以在这里做什么，享受什么，能给他们不同于其他居住体验的核心点是什么。这些特点组成了这个民宿的记忆点，使得他爱上这里，并通过口碑让他们的朋友都到这里来体验。这最终达到民宿主人的目标，也是体验设计师和民宿主人两者目标的和谐统一。所以通过上述分析，我们可以知道一个优秀的乡村民宿体验设计包括以下几个关键点：

①人物。

②人物的需求和目标。

③场景。

④人物在场景中的重点行为（人物和景观发生了哪些互动关系）。

⑤付费体验。

⑥梦想的阐述。

⑦口碑营销推广。

⑧吸引更多他的朋友。

⑨媒体关注及宣传。

⑩吸引慕名而来的游客。

（2）告诉、分享、融合

《设计思维》一书中提到，讲故事可以分成三个层次：告诉（Talk）分享（Share）——融合（Blend）。最初级阶段的讲故事只是单向地告诉，讲述的是"我的故事"；到了分享这个阶段，双方的关系变得更加平等，并且开始建立关联，即讲述"和你有关的故事"；

融合是最高层次，到了这个阶段，就好像设计师已经进入了用户的心里，用户就是故事中的人物角色，讲述的就是"你的故事"，而作为乡村民宿"造梦"的环节，告诉、分享、融合具有如下特点：

①告诉"我的故事"，就是在讲述"我如何做一个优秀的乡村民宿"

②分享"和你有关的故事"，就是在讲述"你看到了一个什么样的民宿"

③融合"你的故事"，就是在讲述"你如何在使用、体验这些民宿"。

（3）场景定格

我们要提出我们的乡村民宿是什么风格、形式，营造一种怎样的意境。这种意境带给游客何种体验，使他们在心理上喜欢这个民宿。他们不仅付费体验，而且还邀请更多的朋友及朋友的朋友过来体验，所以，研究民宿有哪些独一无二的定格场景，也就是爆点，是体验设计的关键。这时候，比如说体验设计师拿出非常有针对性的图纸与民宿主人进行讨论，这样最能表达出双方在设计上的认同感，所以，场景定格在设计之初是非常重要的。

（4）触发点、困境、行动、目标

《设计思维》一书中提到，一个完整的故事结构由四部分组成：触发点（Trigger Point）、困境（Dilemma）、采取的行动（Action）、达到的目标（Goal），就如同电影里的剧情一样，再加上人物角色、场景、道具等要素，一个故事就完满了。故事的本质是主角用艺术的手法来阐述自己是谁，能做什么，可以带来什么价值。当看完或听完故事后，你发现"他"很了解你，你也更了解"他"了，认为"他"是可信任、值得交往的朋友，那么基础关系的构建就完成了。

关于民宿的体验设计，这儿部分的关系如下：

①"触发点"是民宿主人要如何吸引游客付费体验旅居。

②"困境"是以这个地块的条件该如何做民宿。

③"采取的行动"是如何做出一个精彩的民宿体验设计。

④"达到的目标"是民宿设计做出彩蛋，网络火爆流传，大量游客希望

过来体验旅居，供不应求。

3．布景

在 IDEO 的创始人之一汤姆·凯利（Tom Kelley）所著的《创新的十个面孔》（The Ten Faces of Innovation）这本书中，提到的一个面孔就是"布景师"（The Set Designer）。布景师的作用就好比是搭建了一座精心设计的舞台，通过物理环境的变化，改变物、人与场景之间的关系，让身在其中的人能拥有更好的体验。

体验设计的步骤和布景相近，大体可以分为"理解需求，创意设想，实际执行"这三个步骤：

理解需求：明确该乡村民宿体验设计的目的。这个民宿面对的游客是什么样的人？这些人有什么需求？他们希望从这个民宿中感受到什么？

创意设想：形成设计意向和画而代入感。客户在民宿体验的过程是怎样的？会看到哪

些价值点？这些价值点该如何设计？有没有更好的方法？

实际执行：动手设计，完成设计方案到施工图，并在施工期间，与民宿主人、施工单位伞程控制工程质量。如现场是否有更好的解决方案？根据当地情况，因地制宜地选择合适的建筑材料；根据施工季节调整植物品种，来达到最佳效果。寻找新的创意，不断超越自己，不断地微创新。

在民宿的体验设计中，结合以游客为主的体验设计，可从以下三个方面入手做文章：

①从民宿空间的色彩、温度、光照、气味等，与游客的感受相对应的关系入手。

②从民宿空间内外所摆放的道具、家具、装置等，给游客的思维刺激、意识暗示入手。

③从民宿空间的动线设计、功能区隔等，对游客走动、聚集或停留的影响入手。

总之，一切的设计都是源于对客户的理解和认识，民宿的体验设计就是对游客的体验梳理出最佳的方式、路线和意境，让游客惊叹，并口口相传。

（二）民宿设计要点

1. 逻辑

（1）以设计思维（Design Thinking）为主要逻辑，以人为中心，强调情景思维，体验至上，设计思维延伸发展到体验设计，设计逻辑性非常明晰。

（2）建筑、室内、景观设计融合于一体的体验设计。由此逻辑推导出具有全局观、系统性的思考和判断，整体性的体验设计为乡村民宿创造火爆热销。

（3）换位思考，从游客的角度来思考，乡村民宿到底要体验什么，就是说体验达到的目标是什么，然后我们的体验设计如何形成指标来量化。

（4）回到体验设计的角度，如何在乡村民宿的立意主题、语言风格、手法技术等几个方面上都有一定的高度，并有所创新，这是体验设计师要追求的目标。

2. 语言

（1）传统材料，如砖、瓦、青石板、传统中式小品摆件、明式家具等很多元素可以使用。

（2）乡土材料（当地乡村的材料）可以与现代材料相结合，占旧、古拙的乡土感与现代风、工业感相结合。

（3）木头、竹制品也可以在乡村民宿使用，如竹编、竹艺等多种工艺做法可以做出地域特色。

（4）现代材料，如玻璃、钢板、铝板、石材等，现代工艺做法也能体现出不同的效果，如石材拉毛、玻璃磨砂、铝板打孔、耐候钢板等。

（5）特别是素混凝土材料，在莫干山的许多民宿建筑立面上都有所使用。

（6）大玻璃面窗户用于借景，在窗户边看莫下山山峦起伏的风景。

（7）很多新工艺、新做法，以及成品设备材料可以使用，如屋顶采光玻璃、空气源热泵、排水板、支撑器、混凝土砌块、PC 材料等。

（8）在乡村中营造有趣的花园，植物材料及植物空间能形成丰富的效果，还有空气、光、水等，结合创造出与众不同的景观效果。

（9）由建筑、室内及景观材料所形成的细部，如置石的不同细部做法，水景的泉、溪、瀑、涧、湖、雾喷等不同形态。这些材料的移动、转折、堆叠等动作也形成不同的风格与效果。

（10）游客如何体验民宿的材料语言？游客最直观的就是体验建筑物外立面，建筑室内及花园，建筑及景观材质的肌理、质感、颜色、触觉、气味带给人的感受。

（11）民宿的设计语言由材料与细部构成。

3. 风格

从风格上来总结，将中国传统的审美理论、哲学思考、艺术语汇、诗词书画等软实力方面的精髓加以总结，古为今用；将西方现代主义、后现代主义等可用的建筑思潮、设计风格等各方面的优势拿来，洋为中用；将现代建筑、室内及景观材料（如玻璃、钢板、石材等）与传统材料（如砖、瓦、传统中式小品摆件等）融合使用，通过鲜明反差对比而达到和谐统一；将当代性（天时）、在地性（地利）和人本性（人和）三者巧妙地协调起来，天地人合一。通过不同的格调、品位及风格，带给游客不同的体验，让他们印象深刻。

在地性——原土原乡风情，追求在地性和原生态，提倡生态环保，贴近自然，给人清新淡雅的感觉。不追求富丽堂皇、雍容华贵，而是以舒适为主，轻奢、野奢的情调为辅。同时，要善于借景，巧妙地利用大自然的美景打动游客，让他们记忆犹新。

新亚洲——这不是沉重的中式风格，因循守旧，遵循古法；也不是欧式复古，或 ART DECO 装饰主义的风格。上述两种复古思潮都在中国流行过一阵，但是复古毕竟是走回头路，这不是当代中国建筑、室内、景观设计的发展方向；而相反的是，简约时尚的现代主义融合中国的地域性文化，这种"新亚洲"的体验设计风格将是中国未来的乡村民宿发展方向。中国的设计语言太丰富了，泛中国的语言（中国风）如中国红、大红灯笼、太极、八卦、功夫、茶艺、熊猫等；中国的地域文化语言如徽州民居的灰瓦马头墙、云南丽江及大理的纳西族建筑风格、藏区的藏族建筑风格等；还有就是中国文化和艺术的延续，如文人绘画、书法等都可以作为中国元素。这些风格与现代风格一结合，就会产生出精彩的对比效果，这也是"新亚洲"体验设计风格的魅力所在。

简洁性——从线条、形体、色彩、材料这几个方面来看，设计不能太复杂，要简洁现代、干净利索，用现代主义的设计语言与形式手法来表达，而不要用烦琐复杂的手法表达。复杂的设计只会让观赏者陷入混乱，不知道你的设计重点和意图；而你的设计越简洁，重点就越突出，越能直入心脾，迅速打动人心。这就是苹果（Apple）、无印良品（MUJI）成功的秘诀之一。

小冷淡——不能用太冷淡的色彩来装饰，这会影响乡村民宿的度假体验，而应该使用明亮、鲜艳、绚丽的色彩来打动游客，如红色的鲜花、蓝色的布艺沙发等鲜明高雅、璀璨夺目的色彩勾起游客要来体验的欲望，这才是营销的最高境界，就算是体验设计的"魅惑"吧。当然，有时候出点奇招，来一点冷淡的风格，也是把游客从审美疲劳中拉出来，使他眼睛一亮的做法，但是，冷淡风格一定要慎重使用。

4. 手法

强烈反差对比而达到和谐统一，是新亚洲风格的常用手法。当前，很多普通的设计是把同类型的材料和细部做法并置在一起，给人感觉是罗列与堆砌，而我们把不同类型的材料放在一起对比，通过强烈反差让人去思考，如时代性与地域性的对比、中西文化的对比、山水的对比、直线与曲线的对比、新旧材料的对比、不同风格的细部做法对比等，让人更加觉得新时代需要海纳百川、兼收并蓄、融合创新。

在乡村民宿之中，提供给游客中西合璧的体验场景，如同把中国传统绘画与西方现代诗歌语境两者合二为一，这回归了所有语言的本源——对自然的向往和表达。

马远，为宋代杰出画家，字遥父，号钦山。他继承并发展了李唐的画风，以拖技的多姿形态画梅树，尤善于大胆取合剪裁，描绘山之一角、水之一涯，画面上留出大幅空白以突出景观。这种"边角之景"的绘画艺术提出了"全境不多，其小幅或峭峰直上而不见其顶，或绝壁直下而不见其脚，或近山参天而远山则低，或孤舟泛月而一人独坐"，予人以玩味不尽的意趣。

加里·斯奈德（Gary Snyder）是20世纪美国著名诗人、散文家、翻译家、禅宗信徒、环保主义者，2003年当选为美国涛人学院院士。他深受中国文化的影响，喜欢沉浸于自然，他的诗"更接近于事物的本色，以对抗我们时代的失衡、紊乱及愚昧无知"。他的诗歌创作，从立意到取材，从文法到修辞，无不透露出浓浓的"中国风味"，可以说是具有中国文学"文心"的一代美国文学巨匠。他的诗歌立意多描写人与自然的亲密关系，极具中国古典诗歌之神韵。

如收入《龟岛》中的《松树冠》（Pine Tree Tops）一诗：

In the blue night　　在蓝色的夜里

frost haze，the sky glows　　霜雾，天空散着光华

with the moon　　伴着月亮

pine tree tops　　松树冠

bend snow-blue，fade.　　弯向雪蓝，融

into sky，Frost，starlight.　　　入天空，霜，星光。

The creak of boots.　　　足靴的吱嘎。

Rabbit tracks，deer tracks.　　　兔迹，鹿印，

what do we know.　我们知道什么。

尽管该英语诗与中国传统的绘画作品完全来自不同的语言环境，但它们之间构成了一种奇妙的关联。从宏大的山水到林间的松树，这些都来源于自然的设计语言，没有时空和文化的限制，都具有相似性，所以说，在体验自然的表达上，东西方艺术家的感情是相通的。

5. 技术

高技——体验设计可以采用 VR、参数化设计等非常先进的设计技术，当前比较常用

的是 Sketch Up 软件的全程建模与各角度分析研究，并适当辅助 Lumion 等动画制作软件。当前科学技术日新月异，体验设计通过计算机模型软件已经基本上替代了实体模型的研究方式。体验设计师通过各角度全面的模型分析研究，不仅优化了整体空间，同时也提升了细部设计水平。高科技、新技术是体验设计的重要保证。比如说，后面专题介绍的莫干山裸心谷项目就使用了大量的高科技和新技术，并得到了 LEED 铂金认证。

低技——在乡村建设中，还是提倡对乡土材料的使用，更多地使用低技的方法。让乡土材料回归土地，通过手工制作，形成乡村独有的歪歪扭扭、不挺不直的效果。这种效果放在城市里就是施工质量有问题，但是放在乡村里，它们仿佛就是从土地里生长出来的那样，而不是工厂标准化生产的，而且，当有着巨大生命力的植物爬满建筑立面的时候，低技所创造的空间特别有人情味、乡土感、亲切感和在地性，所以，低技在乡村民宿的营造过程中将发挥出更大的作用。

（三）民宿的六大功能分区

1. 第一印象——入口区域及停车场

入口如果比较开敞，就便于识别和寻找，这是一种对客人欢迎的姿态；入口如果比较隐蔽，则是强调私密性和独特性，体现一种深宅大院的感觉，而便于停车也是非常重要的，人多数来乡村民宿旅游的人都是开车来的。如果停车不方便，下次就不会再来了，也不会推荐朋友来，所以，入口及停车场的体验设计千万不可掉以轻心，这是游客体验的第一印象，需要精心打造。

2. 整体感觉——大堂及主楼（主体建筑物）

像裸心谷和法国山居，走入它们富丽堂皇的大堂，除了接待总台，还有酒吧区及精品小商店，整体感觉典雅、庄重、现代，这是乡村民宿给游客的第一印象，而大多数乡村民宿是没有专门设一个建筑来负责接待的，它们一般会将老房子的一层改造为接待的公共区域，兼顾游客作为餐厅、酒吧等区域使用的要求。出于成本的考虑，一般民宿会减少公共空间的面积，增加客房的数量，但是在公共空间和客房空间两者的面积上有一个平衡的临界点：客房数量增多，游客舒适度及体验感会下降；而增加公共空间，游客就可以在一起进行聊天、打牌、喝酒等社交活动，这是游客最想获得的乐趣，但是建设成本大增，带来利润的下降。

3. 格调品位——花园（前、后院）

乡村民宿中的花园是给游客休息、停留、观赏的，当游客在民宿住下来之后，这片花园就成为游客的私人领地，而民宿内部的花园不同于周边的自然环境，这里是民宿主人精心打理过的，布置了休息座椅、阳伞等设施及各种各样的花花草草。

花园还有一个特点是它体现了民宿主人的格调和品位。比如，在花园中种植了一大片绣球花和鼠尾草，这一定是一位精致而又有品味的女主人的喜好，还有一些花园是以儿童活动器械及场地为主的，体现了亲子的主题；另外有一些是以果树为主题的，可以采摘各种季节的水果。这些都说明了不同的花园设计带来了不一样的个性化的乡村旅居体验，民宿主人的自身魅力也尽情地展现了出来。

4. 舒适体验——客房

大多数乡村民宿的客房都是以干净、整洁、舒适为主的，但是我们要考虑乡村民宿的冬天保暖问题、隔音问题，还有客房窗外的景观是否优美等这些细节问题。因为这些细节问题会给游客带来很不一样的旅居体验。比如说，冬天游客在客房中冻得瑟瑟发抖，或是可以听到隔壁人的说话声以及自己的谈话被别人听见，还有透过窗户看到窗外都是破房子及垃圾堆，这些糟糕的体验会成为最差的口碑传递出去，大大影响民宿品牌的美誉度。

还有很多民宿的主人会故意做出一些很独特的设计，让人耳目一新或目瞪口呆。比如说，某个民宿的客房中在对应美景的窗户前安放一个高端、大气的按摩浴缸。这类浴缸一般是放在卫生间里的，但是它被摆在客房很明显的位置，甚至在床的旁边。这个浴缸成为每个住店客人惊呼和拍照的主要对象，但是实际上它几乎从来都没有被使用过。因为一般去住乡村民宿的城市人还是习惯于使用淋浴器的，他们大多是为了拍照炫耀，而不是真实去使用这个浴缸，所以，该民宿主人早就抓住了很多游客的这一心理特点，做出了一个看似不合理的巧妙设计。

5. 便利性——餐饮活动区域

由于大多数民宿都是5~10间客房，所以其餐饮及活动的空间应设计得极其紧凑，在有限的空间中最好多设置一些功能。这个区域最重要的是便利性，如餐厅的公共厕所，如果没有的话，那会非常不方便，从而大大降低体验感。在解决便利性之后，能有什么特色让人眼睛一亮，这就是亮点所在了，也体现出民宿主人的用心程度。

6. 旅游目的地——周边自然环境

毫无疑问的是，到乡村来度假的人，还是看重了乡村与城市不同的自然环境。比如说，到莫干山可以去进行徒步、爬山、骑行、采摘水果、溯溪、攀岩等各种活动，还可以去看种菜挖菜，观赏羊、鸡、兔子等小动物，呼吸新鲜空气，吃没有污染的食品，放松身心，放慢工作节奏等。这些乡村活动融合在一起，就是城市里的人愿意来到乡村旅居度假体验的原因，也是乡村未来复兴的重大机遇。

7. 乡村民宿体验设计的价值点分析

乡村民宿体验设计的价值点见表1-1：

表1-1 乡村民宿体验设计的价值点分析

一	建筑设计类
1	建筑外形（新风格、传统风格、洋楼风格等）
2	是否是历史保护建筑？是推掉重新修建，还是在原来基础上改建？
3	民宿建筑的风格，地域性特色风格（如云南丽江、大理等纳两族风格等）

一	建筑设计类
4	建筑层数（是 1 层，还是 3 层，还是 7-8 层高楼？）
5	建筑外立面使用的材料（木头、玻璃、铁艺、钢结构等）
6	特色建筑亮度、爆点（设计的重要性？有设计与没有设计的区别？）
二	室内设计
7	接待（CHECK-IN）区域的室内设计
8	餐饮区域餐厅、厨房、酒吧、备餐区域
9	娱乐活动区域——棋牌室、KTV 室、球类运动室等区域
10	客房的面积大小、功能布局、舒适度情况、室内设计风格、地域性特色风格
11	床品（床垫舒适度、被子舒适度），床的大小：大床还是双床标间？
12	卫浴房间的大小？是否有干湿分离？
13	洗浴设施（毛巾、冲淋洗浴品牌，如科勒水龙头、浴缸等）
14	按摩浴缸（放在户外观赏景观的浴缸，甚至考虑温泉接入）
15	电器配置（电视机、电吹风等）
16	部分提供自助厨房服务的配置，简易冷餐还是火炉可以做饭做菜的厨房设施？
17	入户门及门把手铁艺、房间门等工艺做法
18	窗户外是否有对景、借景？是否在窗下有沙发供人往外看？
19	是否有阳台？从阳台上往外看的视线效果和视野感觉如何？
20	屋顶做法？是否层高足够高？有否阁楼？是否是 2 层复式小楼？
21	客房室内是否考虑壁炉？是否满足冬季保暖的体验需要？
22	工艺品的使用（如艺术画、藤艺、竹编等，提升品位和气氛）
23	儿童床（高低床、加床的）
24	消防、安保设施的布置
25	特色室内亮点、爆点（室内与众不同之处）

一	建筑设计类
三	景观设计类
26	花园而积大小与效果
27	花园的地域性风格（地域特点、长处）
28	植物配置状况（一年四季有各种果树开花结果）
29	游泳池区域是否是无边泳池？（有几个游泳池？室内还是室外？大人池和儿童池如何划分？）
30	餐饮、酒吧区域的景观环境
31	周边整体区域的资源：（能看到什么与众不同的风景？是否能看见名山大川、农田、梯田、大湖等不同的风景。如何利用周边环境来借景？有哪些自然与文化方面的影响力？）
32	地域性小品、艺术品、古董、雕塑的使用
33	草坪区观景，婚礼教堂、鲜花布置典礼
34	室外跳舞、烧烤、各种活动和聚会的区域
35	户外电影，给人更多晚上的活动和消费
36	自然生态的景观设计＋景观软装装饰效果
37	景观所用的材料、细部与空间营造
38	特色景观亮点、爆点（景观与建筑、室内的关系）
四	其他
39	民宿主人的职业经历、背景、H标、情怀
40	大致投入的成本及盈利状况
41	经营理念及特色
42	营销宣传方式及口号
43	普通客房的大致价格
44	提供与众不同的美食、活动等特色体验

四、民宿设计范本分析——裸心谷

（一）裸心谷——环保可持续发展的民宿典范

裸心谷是中国首家获得 LEED 铂金认证的度假酒店。它在创办之初，其创始人就提出要从大自然中汲取规划设计的灵感，建筑不能破坏自然景观，以及大胆采用环保、可持续发展的技术。例如，其树顶别墅采用预制结构保温板（SIP）技术、夯土小屋采用石迻墙（SIREWAII）技术，其关于水的核心问题是水源从何而来、水质处理及中水回用这三个方面。其基本保留原有地形地貌及植被，并保护本地的动物，如保护本地的鹿种、保护蝙蝠建的窝、保护蜻蜓以除蚊等。总之，从 LEED 评分标准的六大系统：可持续发展的建筑场地、节水、能源和环境、材料和资源、室内环境质量、创新设计过程，其都一一作为核心价值在坚守，这在当前的中国乡村是非常不容易的，值得我们深入去学习和借鉴。

裸心集团（naked）是在 2007 年所创立的一家外商独资却一直贯彻着本地化品牌定位的酒店管理公司，其总部设在上海。使裸心集团蜚声业内的代表作品是裸心谷，该项目位于浙江省的莫干山地区，距离东北面的上海约 200 公里，距离南面的杭州市区约 60 公里。这是中国第一家获得国际建筑可持续性评估标准 LEED 铂金认证的高端乡村民宿，由于其原创独特的设计和运营理念，率先被西方媒体所关注和称赞，并在 2012 年被 CNN 评为中国最好的九大观景酒店及乡村民宿。在 2015 年裸心谷又赢得了行业内的最高荣誉"中国最佳度假精品酒店"。

裸心的创始人兼主席高天成（Grant Horsf Ield）在南非的农场长大，毕业于南非开普敦大学商学院。早年他在南非经营一家名叫 Little e-Bites 的公司，2005 年带着找寻中国市场商机的希望来到中国上海。城市里的高压生活和各种污染让他感到压抑和窒息，他开始在周边寻找原汁原味的自然。2007 年，高天成在一次骑车郊游的时候，误打误撞来到了莫干山的三九坞村，发现了他梦想中的世外桃源。高天成有很强的执行力，在与毕业于哈佛大学建筑系、从事设计工作多年的妻子叶凯欣商量之后，立即注册了一家酒店管理公司，取名"裸心"，准备在莫干山一展拳脚。"裸"的含义就是把非必要的东西去除，而高天成的初衷正是为都市人提供一个能够回归自然、寻找自我的世外桃源（见图 1-1）：

图 1-1 裸心谷围绕的群山之中

三九坞村的山腰上有一大片树林，四周环绕着水库、翠竹和茶林。高天成一直想从建筑设计、施工、运营、服务等全方位来贯彻裸心的有机理念，而这片广阔的土地正好给予了他大展拳脚的机会。2009 年他租下了整片林地及周边的 60 亩 o 茶地和 100 亩有机农田，打造一个生态度假酒店，取名"裸心谷"，其开发理念是"回归自然"，强调可持续发展的理念，在整个建设的过程中保护周围的自然环境是其最重要的目标。所有建筑的设计都尽量减少对环境的影响，顺应自然环境。通过低密度、小规模的开发，使建筑物与自然环境融为一体。

在 2011 年 10 月，裸心谷正式营业。该项目占地面积为 266800 平方米，建筑面积为 12600 平米。有 121 间客房，分布于 30 栋树顶别墅（2 房、3 房、4 房）及 40 个夯土小屋之中。它的配套设施很齐全，有活动中心、健身中心、儿童俱乐部、裸叶水疗中心等，其中餐厅、露天泳池各有三个，还有一个设备齐全的马场及私人马厩。30 栋树顶别墅是亚非风格，40 栋圆形夯土小茅屋是非洲传统的建筑形式。树顶别墅是一座座被高高架起在树上的独立小屋，高挑的楼层和从地面到天花板的玻璃幕墙带来无障碍的绝佳视野。树顶别墅有两至四人间等不同规格，每晚价格从 5000 元、6000 元至 15000 元不等；茅草顶的夯土小屋是非洲的标志性建筑，没有使用任何人工材料，相比树顶别墅较为经济，但每晚价格仍高达 2000-3000 元。即便价格不菲，裸心谷的客房仍供不应求，甚至需提前两三个月预定。裸心谷在到访过的顾客中口碑上佳，官网上几千条顾客评论中经常出现"喜爱、享受、留念"等词语（见图 1-2 至图 1-6）。

裸心谷有一个 800 平方米的 Indaba 会议中心（非洲语"首脑集会"的意思），设有七间设施先进的多功能会议室。裸心集团有现场活动策划的团队能根据不同公司或游客的要求安排短途旅游，比如说竹筏漂流、定向越野、爬山、骑山地车、骑马、采茶与炒茶、垂钓、射箭等活动，创造最精彩的就是享受大自然的体验。整个酒店内实现无线免费上网、现场免费停车等功能。酒店的场地为了安全和节能减排，只通行高尔夫车。

图 1-2 裸心谷马场

图 1-3 裸心谷室外泳池

图 1-4 裸心谷室外纳凉床

图 1-5 裸心谷室外瑜伽

图 1-6 裸心谷举办的采茶活动

　　裸心谷通过一系列生态环保的措施，获得了全球最有影响力的建筑可持续性评估标准的最高级别认证——LEED 铂金认证。USGBC（美国绿色建筑委员会）的 LEED 绿色建筑系统是关于绿色建筑设计、施工、运营及维护最重要的评级体系。USGBC 通过致力于高效、环保、节能且兼具成本效益的绿色建筑来建设一个繁荣和永续的未来。由于使用更少的能源，经 LEED 认证的空间为家庭、商业和纳税人节省了花费，减少了碳排放，同时为居住者、劳动者和更广泛的社区提供了更健康的环境。LEED 评分标准有六大系统：可持续发展的建筑场地、节水、能源和环境、材料和资源、室内环境质量、创新设计过程。

　　在初期，外籍客人占到裸心谷客户群体的 80%。随着裸心谷的发展，消费者的结构也在发生转变。近几年来国内高级白领以及一些大型企业客户逐渐占据主力，为该度假酒店的业务贡献了近 80% 的营业额。不了解裸心集团的人会以为裸心谷能在短短几年时间内成长为颇具影响力的乡村民宿是依靠大规模的品牌营销。恰恰相反，裸心谷既不采用 OTA 旅游预订网站的中间商，也不做广告，甚至连临时客人都不接待，仅在上海总部设立一个直销团队，而它主要的营销宣传只是依靠极为简单的口碑营销来完成。

　　裸心谷设计独特的工艺品受到住店游客的欢迎，展现了乡村文化与现代科技艺术的结合。

1. 建筑设计分析

　　高天成深谙设计是高端乡村民宿的灵魂，他组建了一支由叶凯欣领导的、擅长环保及可持续发展的团队来负责裸心谷的设计（见图 1-7）。高天成提出裸心谷的设计必须遵循以下三个原则：

　　（1）从大自然中汲取规划设计的全部灵感。

　　（2）建筑不能破坏自然景观。

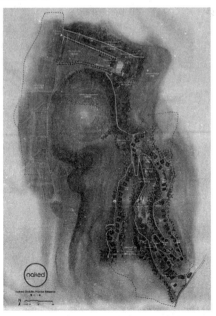

图 1-7　裸心谷规划总体平面图

（3）大胆采用最前沿的可持续发展技术。

在这些原则的指导之下，设计团队采用了与刻意展现奢华的大多数国内乡村民宿截然不同的设计理念：将热情、生命力蓬勃的非洲文化植入裸心谷的建筑，比如借鉴非洲的标志性建筑圆形茅草小屋来建造客房，用非洲斯瓦希里语来命名有机餐厅，运用大量非洲图案和色彩的织物作为室内装饰。

裸心谷在建设之初就有一个重要理念，就是其所有的建筑物要根据原有的山势及地形来建造，包括树顶别墅和夯土小屋，都没有过度地去开挖山体、破坏树林，建筑全部都是用钢结构的架子伸出去落在土地里进行支撑的，尽量不去破坏山体原来的状态。在建筑设计过程中，裸心要求会议中心楼这种公共建筑尽量缩小体量，建筑立面在山脉中不要显得很突兀，因此，这个会议中心虽然本身有三层，但还是掩映和隐藏在山体绿化之中。在休息区域的后面有一片竹屋，其所有的建筑材料都是竹子。现在全部用竹子做的建筑已经非常少见，因为莫干山盛产竹子，所以这也是当地一个手工艺技术在建筑上的体现（见图1-8）。

图1-8 裸心谷夜景图

裸心集团还引进了国际领先的预制结构保温板技术（SIP）来避免施工对山谷生态的破坏。树顶别墅是由SIP结构保温板预制而成，只需要将SIP的半成品运至度假酒店后快速拼装即可搭建成别墅，不产生任何建筑垃圾或废物。SIP结构保温板是一种高性能的建筑墙体材料，采用结构板材做面材，保温材料作为夹芯，通过特殊的复合作用，集结构和保温性能于一体，具有很强的隔热性能。它能建造一个高隔热性能的建筑围护结构，极大地减少空调的能源消耗，而且，在房子外层结构外层木板和内层木板之间有一层水泥板来隔绝火灾隐患。同时，SIP结构保温板在施工过程中能大大加快施工速度。当然，这种材料比我们一般做的木结构房子造价要高。虽然造价相对比较高，但房子施工周期短，施工比较便利，减少对环境的影响和破坏，减少废弃物保护环境，这些有利之处都是不能简单用金钱来衡量的。

夯土小屋采用石迳墙（ SIREWALL ）建造而成。石迳墙具有极大的蓄热能力及良好的隔热性能。石迳墙的模板和所有成分都能在当地获得——模板、土壤、水泥、水和氧化物，创造出真正融入场地的墙体。石迳墙需要的水泥远远少于传统的混凝土，并排除了对化学密封剂和加工处理的需求，所以健康无毒。石迳墙保持原样，既不抹灰，也不用黏合剂，还不用刷油漆，大量减少了在室内装修过程中对建筑材料的消耗。而且在夯土小屋之内冬暖夏凉，根本不需要空调，在这方面也大大降低能源消耗。夯土小屋顶部的茅草是对比了国内很多的供应商之后从广州采购的，效果很不错，使用的周期也比较长，感觉非常自然乡土（见图1-9）。

图 1-9 夯土小屋的外观，掩映于绿化树林之中

2.室内设计分析

（1）公共区域分析

裸心谷的会议设施比较齐全，其重要的目标定位就是为江浙沪一带的企业举办会议、度假及团队建设活动使用的，因此，它有800平方米Indaba会议中心和200平方米的多功能空间。其会议设施有投影仪、音响、视频设备、无线网络及会议书写板等（见图1-10）。

图 1-10 裸心谷曼德拉大厅

其餐饮空间有三个：Kikaboni 餐厅主营时令两餐和农家菜，室内可容纳 70 人，露台可容纳 50 人，VIP 私人包厢可容纳 12 人，酒窖可容纳 10 人。会所餐厅主营时令西餐和农家菜，室内可容纳 60 人，露台可容纳 24 人。池吧餐厅主营木烤比萨、零食与色拉，室内可容纳 30 人，屋顶可容纳 50 人，露天剧场可容纳 90 人（见图 1-11）。

图 1-11 裸心谷公共餐厅

（2）树顶别墅客房分析

该树顶别墅一般为两层，顶层为厨房、餐厅及会客空间，底下一层根据建筑房型布置为 2 间、3 间、4 间的客房。站在顶层会客室的外围宽阔的阳台上，你可以看到该酒店整个山谷的风景，而且你可以使用安装在阳台处的按摩浴缸及烧烤台。室内和室外都有用餐区域，并配有高品位的全套厨房设施。客房中有双人床（一个双人床或 2 个单人床）以及大沙发床。房间内有无线网络、36 英寸卫星电视机、CD 和 DVD 播放器以及中央冷暖空调设备，同时还有个性化的管家服务（见图 1-12）。

图 1-12　裸心谷树顶别墅客房内景

3. 夯土小屋客房分析

夯土小屋的面积一般为 54~63 平方米（包括阳台），其阳台很有特色，部分客房的阳台上布置躺椅。客房内部是圆形的，中间有双人床，使用具有莫干山地域特色的 SPA 沐浴和全天然的卫浴用品。房间内有无线网络、卫星电视机，部分夯土小屋配有户外淋浴设施（见图 1-13）。

图 1-13　裸心谷夯土小屋内景

裸心集团在室内设计中的一个重要理念是尽量使用当地或附近乡村回收再利用的木头、砖瓦等材料。因为其看到莫干山很多乡村里盖新建筑，就把原来的木结构的民房推倒，重新建钢筋混凝土的房子。这些木头拆下来被送到旧木市场再卖给需要的人，但很少有人真正再使用这些木头。然后这些木头堆在市场里面，腐烂发霉破损，因此，裸心谷大量使用回收再利用的材料，这也是对环境的保护，减少浪费，通过旧物循环使用来创造出新的价值。

裸心谷在树顶别墅内部安装了高度绝热的低辐射玻璃窗、水源热泵（Heat Pump）、太阳能热水器以及热回收装置来减少供暖和加热的能耗。此外，裸心谷还选择 LED 和节能灯作为人造光源，并最大限度地利用自然采光，将照明能耗降低了35%。尽管上述各项可持续发展技术成本高昂，也曾有一些反对的声音，但为使该高端乡村民宿能在长期实现节能减排，高天成仍不惜花重金引进这些创新性的领先技术。

（三）景观设计分析

裸心谷关于景观设计的原则永远是以环境保护为主，不要为了利益而破坏环境。设计团队保留原始的植被，通过小体量、低密度的规划将建筑与周边的自然环境和谐地融合，使建筑内外部的边界变得模糊，而山峰和森林的全景得以最大限度地展现。例如，在室外泳池的建造过程中，为了保护山体不受破坏，所有的挖掘工作都是施工人员用铲子挖的，没有使用机械，这就是最大限度地保护了原有的生态环境不受破坏，而且中国由于空气污染，使得太阳不够明亮，太阳能不够使用，所以他们就特意邀请苏州大学的研究团队共同研究用碎竹片来烧锅炉，做出一个加热系统，使泳池冬天的水温也能够适宜室外游泳（见图1-14）。

图 1-14 练习瑜伽的木平台及竹屋，前面是一片池塘，大部分被山体树林所围抱

裸心集团想丰富在裸心谷酒店内部的植物品种。由于20世纪50年代该山林建设是用松树类植物进行大面积山体绿化的，所以品种比较单一，观赏性差，因此，裸心谷就开始把不同品种的植物种到山上，其对政府的承诺是砍掉一棵树，就种回二棵树，所以现在裸心谷内的植物非常茂盛。在保护本地动物方面，其尝试在山谷中放养本地的鹿种，让游客在山谷中游玩的时候可以看到在山坡上漫步的鹿群。还有，精心保护某些小房子下面蝙蝠建的窝，其希望蝙蝠能回到这个地区，可以把田地里的害虫吃掉，而不需要打农药，破坏农田，污染环境。建设团队也做了很多工作来保护当地的蜻蜓，在盛夏的时候通过蜻蜓吃掉蚊子，这就是大自然生物界的平衡法则，而不需要使用大量的杀虫剂。

裸心谷利用各种前沿、创新的可持续发展技术，将节能环保的理念融入每个设计细节，身体力行地实践环境保护。关于水的问题是整个裸心谷的核心问题，共分成两个方面：一个是水源从何而来，还有一个是裸心谷如何处理水质。水源也分成两个部分：一部分是从政府铺设的管道里来的白来水，另一部分是裸心谷内部挖了 50 米深的井取水。由于裸心谷如果有部分客房没有水洗澡或冲洗马桶，将对游客的感受及口碑产生严重的伤害，所以裸心集团不得不使用两个水源及两套水系统，以确保绝对有充足的水源可以供应。而更重要的是在该乡村民宿中使用过的水是如何进行处理的。在裸心谷这些水 100% 都要循环再利用。为此，裸心谷引进了一整套完善的中水系统。例如，裸心谷中心有一片湖，其湖水是有点黄色的，还有客房中抽水马桶里的水也是有一点黄色的，这是因为这里面全部使用了中水。该中水系统不仅是用来冲洗厕所，还有所有酒店内的植物（包括周边的茶田）的灌溉，所有的消防设施也都是用这些中水。2015 年开始采用废水处理系统（WWT）从建筑屋顶收集雨水、汇集到水库以用于冲厕和灌溉。仅这项新技术的使用就使裸心谷的用水量减少了 3 0%。对于任何一个酒店开发公司来说，关于前期投资考虑更多的是回报率，包括前期投资最后得到的收益是多少，但是做这样的一整套水系统在经济上是毫无回报的，没有任何盈利点。裸心谷做这件工作的理念就是要保护这里的生态环境，还有给来裸心谷的游客一个舒适安全的体验。

（四）帮助村民共同发展

裸心谷对当地乡村在经济上的帮助，最直接的办法就是给当地及周边的村民长时间的、比较稳定的工作。在整个裸心谷中，约 70% 以上是当地居民被培训以后在这里做服务生，大约 400 个员工是当地人。比如说，当地的村民有姓马的一家人，三位老人都在裸心谷里工作，他们的年龄分别是 92 岁、73 岁及 65 岁。他们每天的日常工作主要是约每半小时出来打扫一下地面，以此来赚一些固定的收入。裸心谷的理念就是要吸引更多的当地乡村村民来到他们这里工作，让他们更多地融入裸心谷。总之，帮助当地乡民融入进来，找到工作提高收入，他们也成为裸心谷项目发展过程中不可或缺的一部分。

（五）未来裸心系列乡村民宿开发理念及战略转型

第一，裸心系乡村民宿的定位是为都市人提供与家人、朋友一起放松的周末自由行，所以裸心系列的其他项目绝不会位于丽江、三亚等旅游目的地，而是在距大城市三小时车程以内的安静之处。

第二，合作方必须要理解并接受裸心集团的设计和运营理念。高天成和妻子叶凯欣在创业之初所建立的一人主导运营、另外一人主导设计的项目开发模式，奠定了裸心系乡村民宿成长的基石。尽管在未来的合作项目中，资产所有权可能属于当地的开发商或者政府，高天成仍坚持项目必须交由裸心集团来设计、运营及管理。换句话说，与其他利用对已建好的酒店通过管理来快速复制的连锁酒店管理公司有着本质的不同，裸心集团不会运营非自主设计的乡村民宿，也不会设计非自主运营的乡村民宿。在裸心系的乡村民宿之中，设计与运营这两个角色一定是绑定在一起的。这就是为什么高天成常说："Nobody can ruin my resort（没有人能破坏我的乡村民宿）"。

第三，裸心集团要衡量新项目所在地的政府是否具有比较先进开明的思想，是否一直在积极地提倡可持续发展和环保理念。

只有满足了以上三个标准的新项目，裸心集团才'会考虑在新的地方开乡村民宿。除了已于2016年夏天开业、由裸心集团独资的裸心堡以外，截至2015年末裸心集团已签约了五个投资回报周期约为5-6年的乡村民宿新项目，将在未来五年内陆续开业。

随着裸心系乡村民宿的日渐成功，针对裸心集团的商标和品牌侵权事件屡有发生。裸心乡村民宿所采用的独特理念和前沿的可持续发展技术也引起了国内同行的高度关注，相继出现了很多模仿者，更有甚者从建筑设计到网站，甚至到营销渠道都原封不动地抄袭裸心。裸心集团却在乡村民宿内专门建立一个博物馆来陈列裸心谷所采用的创新性技术和设计，并允许任何人携带摄像器材去拍照。这岂不是让模仿变得更容易了吗？可是集团CEO马诺吉有两个很不寻常的理由来支持上述做法。首先，如果模仿者正确地运用了这些环保技术，那么他们就实践了可持续性发展，也间接地帮助裸心集团实现保护自然的目标；其次，裸心集团最重要的进化法则是关注现在所做的每件事情是否足够创新和前沿，而非留恋过去的成功停滞不前，因此，裸心集团对新乡村民宿项目依然保持着创新的激情和动力。比如近期裸心集团引进了一项国外所研发的地热技术来为建筑物供暖或制冷。这种技术的资本投入非常大，因为需要在乡村民宿地下钻许多个100余米深的洞，用地表和地心的温差来使水加热或降温．能显著减少因室内温度调节而产生的能源消耗和污染气体排放。在与高管团队讨论之后，马诺吉决定上马这项昂贵的可持续发展技术。对于马诺吉而言，因为裸心集团一直在探索和寻找下一个创新点，所以模仿者并不是一个障碍，而是一群共同保护地球生态环境的追随者。

2015年，裸心集团完成了一个重大的战略转型，高天成正式宣布裸心集团进入餐饮、共享办公、教育和医疗等多个行业，从单一的酒店、旅游领域延伸到了更广阔的生活方式领域，从而使裸心品牌能在更多的维度上为顾客提供产品和服务。

五、"艾灸"养生民宿——阳朔·云智慧·泊艾

如果阳朔是广西最美的县，旧县村无疑是阳朔数一数二的美村。村如其名，古老悠久，底蕴深厚，距离繁华市井的西街九公里，却是截然不同的古风遗骨（见图1-15）。

图 1-15

青瓦土墙的老房子保存良好，群山环抱，民风淳朴，在十里画廊的青山绿水边轻描漫写时光悠悠。

在这有 1400 年历史的古老村落，300 年历史的老宅子里。泊艾以艾灸为主题，翻旧如新，饰以精挑细选的川派古董家具，屋内每个角落皆精良考究。泊艾民宿在一个村庄里面，离遇龙河不远。泊艾的前身是一座住了八代人的老房子，后重新设计返修才有了现在的风貌，既保留了古宅的沧桑回忆，又引进了现代化的生活方式，很是完美。同时古朴、天然、安静、精致（见图 1-16、图 1-17）。

图 1-16 泊艾的前身

图 1-17 泊艾的前身

设计师为老房子设计了入口门户，甬道巷弄，天井院落，茶坊、手工坊、素食餐厅、厨艺坊、禅修静养室、上书房、针灸理疗处、会客厅等空间，并备有 6 套各色高雅客房、1 处阁楼，室内家具以文雅朴拙之主，古琴、挂画、闻香、品茶及花艺之道其内，让小院小巷尽显桂北风情与自然之气（见图 1-18）。

图 1-18 泊艾门口

创始人彭丽云将云智慧·泊艾主题设定为以"艾"传爱，对应"云八诀"中的"灸"字，围绕此主题，在建筑设计中融入了以"艾草"为墙、"艾灸房"等元素，并将策划一系列与"艾草"相关的主题项目及活动，如艾灸、"播艾园"艾草种植，与艾相关的艾意礼品、活动、手工制作等（见图1-19）。

彭丽云期待通过对云智慧泊艾的选址、设计、策划、运营及管理，用自己的方式，为"精品民宿"这个新名词打下注脚——既有历史的传承，又有文化的创新；既有乡村生活方式的保留，又能融合现代科技，给客人带来最好体验；既有不被过分打扰的宁静，又有适度关怀的温馨；当然，还有一个会讲故事的"主人"……

图 1-19

该民宿一共有七间房，房名分别以中药名为名一楼：远·至、当·归、莲·心，二楼：春芝、半夏、秋葵，三楼：将房间名串联起来，寓意更深：远到而来的朋友，来了就当回家吧（见图1-20）。

图 1-20 客房内景

第二章 城镇化背景下乡村民宿设计分析

一、新型城镇化与民宿发展的背景

（一）城镇化与乡村民宿概述

1. 新型城镇化的概念与内涵

"城镇化"一词译于外来词"urbanization"，也译作"城市化"。国内许多学者认为城镇化和城市化在本质上是一致的，可以作为同义语通用。辜胜阻认为我国的镇和城市都属于"urban"，因此"urbanization"可以译作城市化或城镇化，二者并无差异。孔凡文认为城镇化只是在词义表达上更贴合我国的具体国情，然而从本质上讲，城镇化与城镇化这两个词语是可以通用的。

各国学者对于城镇化都有着不同的理解，诺贝尔经济学得奖者库兹涅茨认为城市和乡村之间的人口分布方式的变化，即为城镇化的进程，所以，我们可将城镇化简单地理解为乡村人口向城镇聚集的过程，它其实就是一种人口转移与结构转换并存的过程。近年来，为了更贴近我国国情的具体发展，城镇化迈向了转型与升级——新型城镇化。

对于新型城镇化的理解，我们可从广义与狭义两个方面来讲：广义的新型城镇化是在城镇化的基础上，针对我国具体国情而决定的城镇化过程；从狭义上来说，新型城镇化是乡村人口向小城镇转移和乡村经济社会结构向新市镇新农村的转型过程。乡村向城镇转变的城镇化特征主要包括人口结构转型、经济结构转型、地域空间转型和生活方式转型这四个方面。

概括地说，新型城镇化主要有民生、可持续发展和质量这三大内涵，其具体内涵表现为坚持以人为本，以新型工业化为动力，以统筹兼顾为原则，推动城市现代化、城市集群化、城市生态化、农村城镇化，全面提升城镇化质量和水平，走科学发展、集约高效、功能完善、环境友好、社会和谐、个性鲜明、城乡一体、大中小城市和小城镇协调发展的城镇化建设路子。

2. 新型城镇化与传统城镇化区别

从对城镇化的定位来看，新型城镇化以提高城镇化质量为出发点，以走集约、智能、绿色、低碳的道路为重点。反观传统城镇化的发展方式，其重速度轻效益，从而引发了许多有关资源和环境问题，例如土地资源供求矛盾突出、能源消耗过度、环境污染严重等一系列问题。

从城镇化主张理论来讲，新型城镇化理论主张城乡统筹兼顾发展，大力推进新农村建设，提倡人的城镇化。而传统的城镇化理论所主张的是城市单一发展的城市化理论，这样的理论主张导致了一系列严重性问题。城市单一性的发展忽视了农村地区的城镇化发展，导致农村地区人口比例下降，城乡人口比例严重失调，大量耕地荒废，造成土地资源极大的浪费。

从发展道路上来讲，新型城镇化与传统城镇化有所不同：传统城镇化主要依赖工业化，新型城镇化提倡将农业现代化、现代服务业等多产业结合发展；过去的传统城镇化只偏重于城市规模空间的扩张，忽略了内涵方面。新型城镇化在推动城镇化进程中坚持城乡一体化发展，提倡地区城市性的提升，加强公共服务设施的改善等；传统城镇化优先发展中心地带的大型城市，进而辐射带动周边中小城镇的发展，而新型城镇化注重各城市间、各城镇间、城市与城镇间的协调发展。传统城镇化是粗放式用地、用能，而新型城镇化提倡资源节约、环境友好。

3. 新型城镇化面临问题及发展趋势

随着城镇化的快速推进，大量剩余农村劳动力得到了转移就业，因此城乡生产要素配置效率得到了提高，从而推动了国民经济的快速发展，大幅度提高了城乡居民的生活水平。

然而，新型城镇化的快速发展也带来了一系列的矛盾和问题，主要突出表现在五个方面：一是户籍市民化进程缓慢；二是房地产业发展过快，造成土地资源的剩余浪费；三是城镇空间规划布局不合理，且城乡建设缺乏当地特色，尤其在对乡村地区规划的方面没有进行严格把控；四是城镇服务管理水平低，相关体制机制不健全，阻碍了城镇化健康发展；五是自然历史文化遗产保护不力，部分地区民俗文化的发展有逐渐走向衰弱的趋势。

现如今，我国城镇化发展转型的基础条件日趋成熟，将进入以提高各方面的质量内涵为主的新阶段。新型城镇未来仍将处于快速发展阶段，城市的数量、城市人口及城镇建设都还有较大的发展空间。从国家统计局公布的数据中可知，我国城镇化在2016年达到57.35%，这比未发现表格中的预测数据高了2.49%。

据预测数据表明，我国城镇化率在2030年将达到69.23%左右，但以我国当前城镇化发展的实际进程来看，我国城镇化率将或于2030年达到70%左右。新型城镇化发展中将进一步建立完善的城镇体系，实现大中小城市和小城镇协调发展，并将城市群作为推进城镇化的主要手段和形式。

4. 江南乡村民宿现况

随着新型城镇化进一步地推动发展，江南乡村旅游业的发展加快，乡村民宿作为乡村旅游的一种新形态也逐渐占领市场，发展迅猛，"民宿热"也成为一股风潮。经过短短几年的发展，江南部分地区已经陆续发布了有关民宿的相关政策。

以浙江省为例，2014年浙江省德清县出台了国内第一部县级《德清县民宿管理办法（试行）》，其内容主要明确了有关经营者如何申办民宿的系列流程，及消防安全措施等问题。

2015 年，德清出台了《乡村民宿服务质量等级划分与评定》，这是国内首部县级地方乡村民宿标准，目的是为了进一步将民宿业主的经营行为规范化，将民宿服务品质提高一个层次。其中，提出将乡村民宿归为标准民宿、优品民宿和精品民宿三个等级。同年，杭州市也出台了民宿相关政策，即《关于进一步优化服务促进农村民宿产业规范发展的指导意见》。其内容主要针对的是杭州市内农村民宿，主要规定了相关开业条件、办证程序、工作要求等方面。

经调研发现，江南乡村民宿初步出现两极化现象，发展形态较好的乡村民宿在民宿经营行为方面较为规范，民宿服务水平较高，地域文化特色明显，且此类民宿已经通过当地政府的认证或是正在进行授牌，例如德清的莫干山精品民宿等。然而，相当一部分江南乡村民宿不够规范，发展形态不健全，主要体现为其形制过于商业化，目的过于追求利益，没有实质人文价值的体现等。不少地方挂着民宿的招牌实际却是普通的住所，这类民宿经营者并没有理解民宿的真正内在概念，纯粹只是迎合市场需求来提高自己的利益。也有部分江南乡村民宿干脆和农家乐混为一谈，这完全脱离里民宿的本质。这类民宿误导了消费者，可算得上粗制滥造，这也使得民宿的受众对象会对民宿的真正用意产生偏离。

总体来说，当前江南乡村民宿发展的状况可归纳为以下两点：一是民宿经营过于分散，单打独斗的民宿彰显不出群体特色；二是民宿过于集中在景区附近，导致经营形式出现密集式的千篇一律，这就要求民宿发展出多元化的经营形式。例如杭州西湖景区周边的民宿数量多，然而这种抱团式的民宿发展群体经营特色相似，缺乏个性化特色。

（二）新型城镇化与江南乡村民宿

1. 江南乡村民宿在新型城镇化中的意义

江南乡村民宿的发展能够促进我国经济的增长，带动相关农副产业加工、交通运输、餐饮等产业发展，加快新型城镇化的进程。发展乡村民宿产业是推进我国新农村建设的有效载体。我国走新型城镇化道路需要有新型的产业来推动其发展，城镇化有了坚实的产业基础，就可以解决我国长期以来人口资金单向流动的问题。

从经济发展的客观规律来看，在发展中国家地区城市化要进行合理性发展，就要依托"产业—就业"拉动型的城市化发展。城镇化的本质就是就业岗位的城镇化，而乡村民宿产业能给农民带来就业依托，所以产业就业的共进，就能实现城镇化的合理性发展。一个地区的城镇化转型，从本质上来说是人的观念和文化的城镇化转型。江南乡村民宿可推动当地文化和人观念城市化的发展，从而加快区域内城镇化转型。

发展乡村民宿对于缩小城乡居民收入差距具有重大意义。中国城乡居民收入差距较大，且呈不断扩大的趋势。对城市高收入生活的向往是农村劳动力流动的最主要驱动力。而江南乡村民宿产业的发展势必带来更多岗位的需求，农村人口的就业机会大大增加，能够吸引附近农民就业。当地农民可利用自家房屋发展乡村民宿，增加家庭收入，农民也就不必远离乡土向城市奔波。此外，乡村民宿的发展还会促进带基础设施的完善，从而进一步缩小城乡生活环境差距。这对远离家乡进城务工的农民会产生很大的吸引力。随着乡村民宿的发展，农村现代化水平不断提高，可以有效控制农民人口向城市转移。

发展乡村民宿对于解决城镇化发展带来的土地扩张问题具有建设性价值。由于土地城镇化发展过快，使得产业结构失调，房地产开发速度过快，导致了大量的土地资源被消耗，而实际上，城镇化的结果应该是有利于节约土地增加农地而不是减少农地。民宿产业可以让农村土地资源有更高的利用率。民宿产业的发展有望解决新型城镇化引发的"城市病"及"空心村"等一系列问题。

2. 新型城镇化背景下加速发展乡村民宿的必要性

从我国台湾民宿发展的成功形式来看，江南民宿作为新型产业可加速推动新型城镇化的发展具有可行性。从新型城镇化的内涵和本质特征来看，新型城镇化道路是统筹城乡发展的道路，因而，实现城镇化就应先解决就地城镇化和人的城镇化，从而推动新型城镇化的发展进程。

开展乡村民宿促进乡村旅游业发展，推进农村地区就地城镇化。旅游业是我国稳步推进城镇化的重要战略之一，作为乡村旅游的一种新形态，乡村民宿充分迎合近年来"农家乐""田园生活"等主题的市场需求，产业规模不断壮大。由于民宿产业的自身特点，关注保护乡村自然风貌的同时，让乡村景观资源不断增值，真正做到自然景观与人文景观和谐共存。此外，通过发展民宿产业，还有助于完善农村地区交通、医疗等基础设施建设，带动地区经济增长。实现乡村地区的就地城镇化，加快乡村地区城镇化发展。

开展乡村民宿增加农村居民就业机会和收入来源，从而实现人的城镇化。在乡村地区开展乡村民宿改变了农村居民单一的工作形式，增加就业机会丰富职业种类。由于乡村民宿对经营者的技术性与文化程度并无特别的要求，从业人员可通过简单相关培训就能达到岗位的要求。当地农民也可直接将自家房屋进行装修改造成民宿，降低就业门槛。由于乡村民宿的消费人群具有明显的季节性特点，本地居民可根据淡旺季的不同需求合理安排自己的时间与精力。通过开展乡村民宿，充分解放了农村居民的工作形式，合理利用农闲时间开展第三产业，增加家庭收入。由此可见，乡村民宿产业发展既能提高农民收入水平，还解放了农村丰富的劳动力资源，促进农村地区第三产业的发展，推进了人的城镇化，从而最终促进农村城镇化发展。

江南乡村民宿产业的发展对江南地区农村基础设施建设具有积极促进作用。江南地区政府机构发布相关政策大力支持乡村民宿的发展，因而会对乡村民宿周边地区的交通道路、周边环境、公共基础设施等进行建设与维修。江南乡村民宿的发展必然会带动江南乡村地区经济的发展，经济水平提高了就会更加注重投入资金改善道路、水电网络的覆盖普及的应用、公共垃圾站等基础设施；就会更加注重对农舍、公共厕所的维修和改造，并且，由于江南乡村民宿的消费人群主要是城镇居民，其中不乏文化受教程度高的居民及艺术家，他们在与乡村居民进行交谈、沟通，并在同一空间范围共同生活的时候，带来的现代化生活观念会对农村居民造成积极的影响。

（三）传统江南乡村民居特色及价值

1. 地域性特色

江南传统乡村民居经过漫长历史文化的积淀，有着厚重的文化渊源和历史背景，具有鲜明的地域性特色。江南乡村民居的地域性特色主要表现在布局规划、建筑结构、建筑色彩、建筑装饰样式与室内陈设等方面。

（1）布局规划

江南民居在布局规划方面极为讲究，具体表现在村落布局选址与民居建筑布局两方面。江南地区气候温和多雨，水网密集，江南村落大多是依水而建的，江南村落的街道、建筑也是根据河流形态及多变的地形来布局的，因此，在江南地区，无论是村落的布局规划还是民居建筑布局都与水密切相关（如图1-21）。

图 1-21 乌镇美景

江南村落平面布局形态可划分三种：一是一字形，村落主要沿靠一条水系河流建立而成，村落整体呈带状；二是十字形：村落中有两条交叉向四方延伸的河流，村落整体呈星形；三是网格状：由多条河流形成的网格状村落，这是最具代表的江南村落平面形态。

江南多雨水，为适应江南气候的特点，江南乡村民居住宅一般以一、二层的宅院式居多，布局中设有厅堂、穿堂、厢房、天井和院落等。民居的院落占地面积较小。大门设在房屋建筑的中轴线上，迎面正房为厅堂，厅堂内部随着使用目的的不同，用传统的罩、柄扇、屏门等自由分隔。天井是由四面房围成的小院，是考虑到室内的采光和排水而设计的。因为屋顶内侧坡的雨水是从四面流入天井，所以这种住宅布局俗称"四水归堂"。

（2）建筑结构及特点

江南乡村民居建筑一般采用木梁为主要结构，用砖石作围护结构。江南乡村民居建筑特点主要在造型与色彩两方面：建筑的造型特色主要表现在马头墙和硬山式大屋顶上；建筑色彩淡雅宜人，多为粉墙黛瓦色调。

江南乡村民居建筑中以两层楼房居多，为了防潮，民居建筑底层是砖石结构，上层是木结构，室内地面铺石板。因为江南气候炎热潮湿，所以民居室内的墙壁高，开间大，并且房屋前后门贯通，以便于通风换气。四水归堂式民居的单体建筑以"间"为基本单元，房屋开间基本为奇数，一般为三间或五间。每间面阔3～4米，进深五檩到九檩，每檩1～1.5米。每幢民居单体建筑之间以廊相连，用廊和院墙围合成封闭式的院落。为了利于通风，多在院墙上开漏窗，房屋前后也设有窗户。

在建筑色彩方面，江南民居的梁架做少量精致的雕刻，涂栗、褐、灰等色，不施彩绘。房屋外部的木构部分用褐、黑、墨绿等颜色，与粉墙黛瓦相呼应。建筑整体色调素雅明净，易于融入周边的自然环境，形成景色如画的江南风貌。

在造型特色方面，马头墙和大屋顶是江南乡村民居建筑的显著特征。马头墙（如图1-22）高出屋脊，随屋顶斜坡呈阶梯形，脊檐长短随着房屋的进深而变化，具有重要的防火功能。江南乡村民居江南民居都是大屋顶，以传统的硬山式样为主，大多采用穿斗和抬梁的混合式构架，其中大屋多是双曲屋面，江南民居中的一般人家的屋面是采用直坡，大户人家多用"反宇"样式的屋顶，这种屋顶可以加速屋面的排水并利于抗风。

图1-22 马头墙

（3）建筑装饰样式

江南乡村民居建筑装饰体现了建筑的社会制度、民俗风情、生活习惯、文化特征、艺术修养等。江南乡村民居的建筑装饰具体表现在大门装饰、窗装饰、墙、屋顶装饰等方面。

江南乡村民居建筑的大门用门簪和门墩石做装饰。门簪是大门上的一对装饰物，本来是用来搁置大门上的匾额的承托构件，由于它处于一个醒目的位置，人们就把它做成了一个装饰部件，有的门簪就被做成八卦的图案，寓意平安吉祥（见图1-23）。门墩也叫门墩石或抱鼓石，是立在建筑大门两旁的一对刻有装饰性纹样的石墩（见图1-24），寓意平安吉祥。门神是建筑大门上的一种装饰，寓以驱鬼避邪护家镇宅。

图 1-23 门簪

图 1-24 门墩石

江南传统民居的窗格不仅具有功能上的实用性，而且还具有装饰建筑物的艺术性。江南地区潮湿多雨，窗户要保证民居建筑的通风与采光，使室内更加畅通明亮，所以大多采用大开扇镂空结构。窗户选用的材料为木质，选用的木材结实细密，以适应江南地区的潮湿气候。江南传统民居的窗格装饰寓意主要是由图案纹饰和主题来表现的，其装饰元素丰富多变，主要有人物、动植物等纹样题材。

鸱吻和鳌鱼是江南古民居建筑屋顶上的装饰物，它们东西虽小，却是典型的中国传统文化的表现。江南部分乡村民居至今还延续着在屋顶上做鸱吻或鳌鱼的做法。中国古代建筑大多都是木质结构，最怕火灾，于是将鸱吻置于屋顶镇火，鸱吻喜欢吃屋脊，所以又称吞脊兽（如图 1-25）。

图 1-25 吞脊兽

2．人文性价值

（1）传统民风民俗文化价值

江南民俗文化是从古至今世代传承下来的非物质文化遗产，是与生活息息相关的传统生活文化，具有极其重要的价值。江南乡村地区的民俗文化地域性特征尤为明显，乡土人情味浓厚。乡村地区的民俗文化涉及面广，其中包括了乡村地区的生产、生活习惯、礼仪礼节等多方面。

《史记》将古代江南的生产、生活方式称作"饭稻羹鱼""火耕而水耨"，这种生产、生活方式的形成主要是由江南地区特殊的气候、土壤、水文等自然条件决定的。与中国其他区域文化相比，江南地区的显著的特点之一是人文发达。从审美文化的角度看，江南文化本质上是一种诗性文化，但仅此并不足以发现江南文化中超功利的审美内涵与诗性精神。

江南地区物产丰富，人文气息浓厚，民俗风情也极具特色。例如，在服饰方面，江南乡村地区的传统特色民俗服装地方特色浓郁，吸引了无数的海内外人士，水乡服饰渐渐演变成了一种文化。时至今日，部分江南乡村妇女在日常生活中依然以扎包头巾穿绣花鞋，穿着拼接衫、拼裆裤、裹卷膀等这些传统服饰。在节庆日的时候，部分江南乡村地区的妇女们还会穿上传统的水乡服饰开展打连厢、挑花篮、腰鼓舞等民俗活动。

在新型城镇化推进农村建设的背景当中，我们要充分认识到民俗文化在中华民族的文化传承、在参与世界文化多样性发展、在增强江南区域文化软实力等方面的突出地位和作用。

（2）建筑文化价值

江南民居的历史人文条件造就了江南民居中蕴含的深厚文化底蕴，其民居建筑文化主要受到了江南耕读文化的影响。江南地区对文化教育的重视，使得江南民居具有"寓教育于居室，寓文学在宅院"的特点。江南民居中梁柱、门窗、回廊的雕刻与绘画艺术，都体现了江南民居文化的深厚底蕴。江南民居建筑深厚的历史积淀和自成体系的营造技艺，不仅体现了文化的多样性和丰富性，而且也从一个侧面反映出我国建筑文化特有的内在价值。

民居是乡村最普遍的传统建筑，各地的人们通过就地取材，建造了适应当地生态环境和文化的地方建筑式样，是最具代表性的地方文化。江南乡村民居建筑不仅表现着空间的观念，还表现着时间的观念、历史的观念。建筑语言表述着社会文化和观念形态。建筑是由人来设计建造的，因此有着显著的社会伦理性、文化性，包含了深厚的文化和哲学意蕴。

江南传统民居文化是社会存在、物质生活、人际关系的总体反映，表现为当时的政治思想、法律思想及哲学、艺术、道德、宗教等观点；人们的文化素质和审美能力与地区的地理环境、民族习惯等共同决定了传统建筑与室内的个性特征。传统建筑室内营造不但要满足功能需求、总体布局、空间组织、环境烘托、起伏处理，还要表现出一种精神、一种理念，以及追求天人合一、追求物我交融的文化内涵。

对于现代文化人来说，有着悠久历史的古村镇及其乡村古文化，蕴含着说不尽道不完的美，其吸引力是非常之大。失去发展的传统必然消亡，当代人理所当然要尊重传统但也需要着眼于未来。我国乡村民居建筑材料大多数是砖木或者土木结构，这类建筑易被天灾人祸所破坏，时间一久就要朽烂，就会倒塌。乡村民居本身在结构功能上也存在缺陷，传统建筑过于重视外观、等级、礼仪功能，忽视内容生活功能的私密性，对便利生活的功能拓展不重视，难以适应当代人的居住要求。古民居多年不修缮才造成了今天的破烂现象。对具有典型传统乡村文化特征的古建筑必须整旧如旧，保持其固有的外在形象，增强房屋结构的安全性和居住的舒适性。

（3）乡土建筑的保护与再开发

在人类文明史上，以中国为代表的木构建筑为一种重要的建筑体系，在世界古代建筑之林中独树一帜，成为东方建筑文明的代表。在中国，很多人都还没有意识到，建筑背后所蕴藏的文化因素之多，简直难以想象。可以说，建筑是世界上包含文化内容最多，涵盖面最宽，综合性最强的一种文明产物。建筑是石头的史书，一个时代的历史全都可以从建筑中看到，这比从文字历史中所看到的更直观更真实。

建筑承载着历史，也承载着文化，正因如此，对于那些作为一种文化遗产而留存于世的江南乡村建筑，我们所有人都应尽自己的努力保护。大量的江南历史建筑都在我们城市的开发建设中消失了。在江南地区，很多具有地域特色的村落已消失殆尽，取而代之的是毫无文化性、艺术性的现代房屋，或者是模仿西洋建筑风格的所谓欧陆风，却不知拥有自己的风格以及别人所不具备的东西，才是最宝贵的。很多人有这样一个错误的观念，认为保留原有的乡村建筑形态就意味着落后，只有现代的高楼大厦才代表着发达和先进。殊不知乡村民居建筑保存着很多信息，都具有它们独有的不可再生性和唯一性。

保护江南乡村民居建筑的物质形态及其中的非物质文化元素极其重要。中国民间文艺家协会主席冯骥才认为我们中华民族文化的多样性在农村，文化的根在农村，非物质文化遗产主要在农村，少数民族的文化全部在农村。江南民居建筑上所表现出来的信息是最直观、最真实、最丰富、最准确的，我们可以通过它们了解到更多的江南文化。

无论是城市还是农村，它们的魅力不在于外表浮华的建筑，而在于深厚的文化内涵与地标性特色。创新是我们民族的灵魂，一味地守旧，显然不符合时代的精神，但排斥传统，失去特色，把那些优秀的传统建筑元素和符号丢掉，用浮躁的心态去建设城市和农村，将使这个地方失去具有竞争力的特色，最后造成无可挽回的损失。建筑具有记载的功能，当我们回忆往事时，常常都与发生这些事的建筑联系在一起。一幢乡村建筑不仅如实地记录了当时的建筑水平，同时也记录了发生在建筑中的事件和历史信息，它是历史、艺术与科学的载体，也是具有历史、艺术和科学价值的物质文化遗产，因此，加强对江南乡村民居建筑的保护十分重要。

二、江南乡村民宿营造探索

（一）选址及主题定位

1．选址

乡村民宿是属于旅游区的配套项目，民宿选址的好坏会直接影响到游客的入住率，因此要经营好一家乡村民宿，选址对其的重要性不言而喻。江南乡村民宿的选址要考虑到当地的景观环境、交通情况、地区的基础配套设施、人文氛围等方面的因素，不能以偏概全。

（1）景观因素

乡村民宿的消费群体大多来自城市，他们希望通过民宿来体会到异于城市的乡野风情。游客易于被别具一格的景色所吸引，因此，民宿所处区域景观的独特性就显得十分重要。在给民宿选址时，不仅要考虑到所处区域的景观特色，还要充分考虑到周边空气、水体是否干净，周边环境是否被破坏，是否有过多违和感建筑等。

"山川秀美数江南"，江南乡村地区不乏景色秀丽的自然风光和历史悠久的人文景观。在江南地区，许多古镇还留有"小桥、流水、人家"的景象，一派典型的江南风貌，因此，我们可将民宿选址在古镇风景佳、视野好的区域内。浙江桐乡的乌镇西栅民宿与安徽徽州呈坎的澍德堂民宿就选址在古镇景区内，前往入住的游客络绎不绝。

乌镇西栅民宿指的不是独幢的民宿建筑，而是沿着西栅街的那一排二层楼的老房屋。乌镇西栅民宿每幢房屋的地理位置、房型都不同，有的面水，有的临街。游客居住在此，出门便可进入绵延的西栅老街，推开窗就能欣赏到乌镇的水乡风情（见图 1-26）。

图 1-26 乌镇西栅民宿外景

徽州呈坎古镇的澍德堂民宿坐落在永兴湖畔，且占据了呈坎风景最好的地段。澍德堂民宿开门就是大片荷塘（见图 1-27），对岸是小桥流水人家。

图 1-27 澍德堂民宿外景

（2）交通条件及基础设施

在对民宿进行选址时，要充分了解民居建筑周围的道路交通情况与公共基础设施的配备情况。如果将民宿选在偏僻的山村内，私密性虽好，但所在地基础配套不全面或是道路交通不便利的话，就会提增加民宿的运营成本。

乡村民宿是需要游客到店入住消费的，要让游客轻松愉快地到达目的地，就应具备便捷的交通条件，因此，选址时要考察民宿所在区域的路况、距离主要城市的路程、路途耗费时间等因素。例如，在景区周边开民宿的话，民宿距离景区的距离应控制在乘坐公共交通或驱车一小时内能到达的地方。

民宿选址要尽量找基础设施建设较完善的地方，要考虑到排污管网设施、水电通路、停车场、路灯、垃圾处理、卫生等方面的基础设施是否全面，民宿经营者还要考虑到房屋内的网络、消防安全等设施。给游客以焕然一新的不同体验的同时，保证游玩质量与安全。

（3）文化氛围

当民宿所在地的地域文化成为游客所向往的生活状态、文化感受时，愿意为当地文化体验、生活状态感受买单的消费群体便形成了，他们冲着这种生活方式前来，因此，在对民宿选址时也要将所在地的文化氛围考虑进去。

若希望民宿处在一种文化氛围浓厚的环境中，可将民宿地址选在创意园区、艺术村、工艺村等区域内。例如，浙江温州的"海角七号"民宿就位于月半湾渔家文化艺术村内。"海角七号"以电影为主题，将"海角七号""大话西游"等电影的元素融合在民宿设计中。月半湾渔家文化艺术村通过展示多种特色文化和互动体验项目的形式，让入住民宿的游客感受当地丰富的传统文化。"海角七号"是月半湾首幢对外开放的民宿，民宿设计中将地中海元素与渔家元素相结合，彰显出月半湾的海洋魅力。

2. 主题定位

民宿选址确定后，就应对民宿设计进行主题定位。民宿本身具有极强的地域性特征，强调本土文化与现代生活的融合，能让入住的游客产生独特的旅游体验。主题民宿的特色在于地域文化的乡土性，可根据自然人文景观特色、建筑特色、民俗文化特色、地方美食特色等方面来营造不同风格的主题民宿。

总体来说，按照自然人文景观特色划分民宿的主题，可分为田园民宿、山地民宿、渔村民宿等风格；按照建筑特色划分的话，可将民宿分为欧式民宿、地中海民宿、中式风民宿等风格；按照民俗文化划分的话，可将民宿分为禅文化民宿、茶文化民宿等风格等。

江南乡村民宿的主题风格可根据其具体的情况再细分。例如，苏州周庄的年代秀主题民宿——"香村·祁庄"（见图1-28），是属于田园风格的民宿。走进"香村·祁庄"民宿，仿佛走进了一处田园风光。民宿周边鸡鸣犬吠，鸟语花香，一派怡然自得的田园生活景象。

图1-28 "香村·祁庄"民宿

"香村·祁庄"民宿之所以被称作年代秀民宿,是因为"香村·祁庄"民宿有四栋楼,分别代表着江南水乡从60年代到00年代里不同的乡村人家。这些充满时代的印记的江南小院,是希望能够让不同年龄段的游客在这里找到儿时的美好回忆。

(二)基于城镇化背景中建筑周边景观的营造

发展乡村民宿不是一味地复古、守旧,要坚持走城乡统筹发展的道路。在城乡规划当中,构建景观生态安全格局极具意义,尤其是对于乡村民宿的发展而言。乡村民宿作为乡村旅游的一种发展业态,它需要依靠周边环境的"配合",才能唤醒游客的乡愁情怀。乡村民宿的建筑理应是群体性发展,而不是独门独户的存在,因此,乡村民宿建筑的群体性对其周边景观格局具有一定的要求。我们应保护或恢复乡村民宿建筑周边原有的自然生态景观,围绕生态景观中心区规划处景观与民宿建筑之间的缓冲地带,并可适当增加一些人文景观。具体来说,民宿周边生态景观格局的营造不仅要向人们倡导人文自然协调发展的理念,还要让人们完善生态基础设施建设与保护本土的自然人文景观。

1. 生态基础设施的优化

生态基础设施(Ecological Infrastructure,EI)从本质上来指的是城镇可持续发展所依赖的自然系统,是城镇及其居民能持续地获得自然服务(Natures Services)的基础。生态基础设施包括新鲜的空气、纯天然的食物、运动设施等等。俞孔坚教授认为,人们要通过"反规划"途径来建立城镇的生态基础设施,因此,我们在对乡村民宿建筑开发改造之前,要先确定规划好周边的生态基础设施,强调(即生态基础设施)优先的原则。在对建筑周边环境的现状进行全面的现分析之后,再圈定出自然条件较好的区域,用以制定保护生态发展的策略。我们在对民宿建筑规划时,应尽最大能力降低民宿建设对生态环境的干扰与破坏。

2. 本土景观的保护

从空间角度上来说,不同于室内空间,景观是属于建筑外部的空间,甚至可泛指为实体围合而成的室内空间以外的一切活动场地。乡村民宿给人们的感受不只是源自于民居建筑营造出的氛围,还源自于建筑周边的人文自然景观,所以说,要发展乡村民宿,就离不开对本土化景观的保护。建筑本身是孤立的,当它能与当地的人文景观巧妙地融为一体时,我们对这个建筑就会产生积极的感情色彩。

本土化的景观是一种重要的社会文化,它具有鲜明的时代特征和地域特征。我们要先通过分析出江南乡村地区环境的整体性特征,来保护江南地区的整体风貌特质以及景观的整体和谐,延续地域历史的文脉。我们可运用单一性或多样性的景观特征要素,来重复使用在景观环境当中。例如,使用江南建筑的色彩、形状、肌理、传统纹样的图案等要素。在设计每个江南元素时应保留元素自身的特点,又要将元素与周围环境相协调,形成空间上的有机联系,这样才能保有江南地区本土景观的完整性,从而贴切地反映出乡村民宿周边的江南乡野气息。

3. 人文自然与生态环境协调发展

建筑是文化的重要载体，不同地理区域、不同民族、不同时代的乡村都有着代表其特定文化的建筑风格，乡村民居建筑要体现天人合一的思想，注重建筑布局的合理性，建筑风格要与周边环境保持协调。

江南乡村民宿应突出乡村特点，营造出乡野田园的浓郁氛围。江南乡村民宿还应避免与城市建筑风格雷同，要强调农家的乡村基调。建筑材料尽量要取之自然，这样材料就算被毁坏，还可回收利用。尽量避免使用破坏环境的产品，例如有毒腐蚀性的石棉、不可回收的一次性产品等。在江南乡村民宿设计中，应维护建筑内外部生态环境的可持续发展。

民居建筑是社会历史的见证者，江南传统的乡村民居建筑也是我国物质文化遗产。在保护与修缮时就应放在城镇社会经济发展的动态背景中去考虑，因此要用发展的眼光对待江南传统民居建筑，要坚持可持续发展原则。坚持可持续发展的原则，首先就要认识和处理好保护的关系，树立好对于保护江南传统民居建筑文化的科学发展观。

在保护与修缮江南民居建筑时，要让民居建筑在城镇化的发展中充分体现出其价值。老旧的民居建筑相对破败、基础设施落后，在保护与修缮的过程中就要以人为本，考虑切实改善人居环境，例如排水、燃气、电信等基础设施的建设，维护民居建筑原有的组织结构，提高居住质量。在民居建筑的保护与修缮时，应考虑到进一步发展演化的可能，延长房屋建筑资源的使用期限。应以发展的眼光去看待保护修缮民居建筑，保护不应是一成不变的，而是具有动态可持续发展的。在对房屋修缮的材料中也应秉承可持续发展原则，尽量用绿色环保的材料来修缮房屋。

（三）民居建筑修缮及改造

1. 民居建筑的保护与修缮

在民宿建筑设计之前，应将原有房屋破损的地方修缮好。在开展民居建筑修缮与保护工作时，应从多方面勘察检测民居建筑物，评估建筑结构、房屋构件是否牢固，检测房屋水电设施是否存在隐患，考察室内外环境对人体是否具有危害性等安全性问题。设计人员在前期勘察时，应对民居建筑的基础地面、墙体、屋顶、梁架、柱子、门窗等进行仔细的检测。

根据不同的建成年份与使用情况，江南乡村地区的民居建筑物会受到不同程度的风化，屋内设施也逐渐老化，这对使用者的安全造成一定影响。例如，民居建筑的木结构会产生不同程度的位移。在对木结构检查时，就应判断这些是否会影响房屋的稳固性。木构造的处理方法当中，关键在于移除或减少腐蚀根源。江南地区气候温和多雨，所以在对房屋建筑勘测过程中，从房屋建筑构造整体性出发，还要考虑到房屋的水分湿害，并且要仔细检查有关于真菌、昆虫及其他入侵的害虫、火灾等因素。使用年限较久的房屋水电设施陈旧，线路出现老化现象，易造成安全事故的发生，且也满足不了当代人们的需求，故应选用新的现代化设施替换掉。

在对江南民居建筑进行保护修缮时，我们要将民居建筑的设计、周边环境、建筑材料、工艺技术、与情感的关联等方面上保持与原有建筑相协调统一的步调。传统的江南民居建筑的构件本身就具有一定的价值，建筑中也有着丰富的价值资源，因此，我们不能任意将原有建筑构件都更换成新，只要原有建筑构件的安全与功能方面没有问题，那么应将其保留下来，并且尽量让新加入的建筑构件的样式融入原有构件当中，与之保持协调统一。例如对于墙的处理方面，设计者容易过度强调墙秩序的组合，也常误将一些原仅适用于室外或基于气候考量所产生的建筑元素用于室内，例如将山墙置于门上等。

2. 民居建筑体的改造

在对江南民居建筑进行改造时，应从含有建筑体原有特色为出发点。江南乡村民宿的设计在建筑色彩与风格设计方面上，应保持和原有建筑一致，与周边建筑和谐统一，融为一个整体。从古至今，中国民居在建筑材料的选择上十分讲究。任何地区民居的建造都与当地自然环境、经济生产水平有着密切的关联。

在江南民宿设计中应顺应自然环境，以简便的手法创造出宜人的环境氛围。江南民居建筑多为粉墙黛瓦，颜色素丽淡雅，在对建筑进行改造时应与江南建筑的色调相统一。例如莫干山的"大野之乐"民宿二号楼（见图1-6），其建筑墙体仍保留江南传统建筑的大量留白手法，屋顶采用的是原木色，这种色彩搭配让整个建筑巧妙地与周边环境融为一体。

在江南古镇，倘若只取其中的一间民居进行鉴赏，就很难体会到一种意境美。只有当一排民居沿河而立，并和石桥、青石板街道、年代久远的古井等结合在一起，才能成为风景。在江南乡村民宿规划设计时，要将建筑外观融入周边建筑群体当中，以体现保护自然的理念，与自然环境的整体协调。在设计中使用的材料也应尽量选用绿色环保类型，在施工过程中对建筑垃圾进行归置处理，不要随意弃置，从而对周边环境造成污染。在对建筑室内外环境进行整改设计时，不应破坏原有生态环境系统，应在保护建筑原有环境系统的基础上加以改造，独特优秀的生态环境是乡村民宿的独有魅力，维护好生态环境才能生存并持续发展。

（四）民居室内设计的地域性特色

1. 江南符号的提取与运用

在对传统文化元素提取再设计时，不应只纯粹地将元素符号堆砌，而是要通过传统文化的认识，再将现代设计理念与传统元素融合在一起，强调功能与形式的完美统一。

在营造乡村民宿室内的江南特色时，可从相关民俗文化的特色中挖掘出江南传统元素，进而提取关键性的元素，并应用到民宿设计中。例如江南地区的吴越文化中的"鸟文化"，可以提取"鸟文化"元素并运用到民宿设计当中。鸟山鸣主题民宿位于杭州四眼井村，就是一家以"鸟"为主题的精品型民宿（见图1-29）。鸟山鸣民宿用几只彩色天鹅（见图1-30）装饰在屋顶上，以吸引路人的视线。

图 1-29 鸟山鸣民宿

图 1-30 屋顶天鹅装饰

鸟山鸣的每间客房都有以不同种类的鸟为主题,比如鸢尾、青鸟、隐十、渡渡鸟等。青鸟主题的房间是古朴和式的风格,房间设有木质家具、草编坐垫、墙上的木质装饰,都透露出与鸟相关的文化气息。

在对江南乡村民宿进行窗格设计时,可以从江南传统民居的窗格装饰中提取植物花卉纹样,加以变形再设计到窗格装饰当中。在江南传统装饰元素中的纹样不仅具有装饰美观的效果,还承载着吉祥与美好的寓意,都是体现江南地区的人们对于美好生活的向往。

例如,牡丹花的窗格纹样象征着富贵繁荣,步步锦纹样,寓意着"前程似锦"等等。在江南传统民居中有种独特的漏窗形式,不仅能起到室内采光的作用,还能起到室外借景的功能。这种漏窗形式的特点就在于实现了室内外空间的相互交流,就很容易让人联想到江南文化。在做乡村民宿设计时,就应在保留江南地区传统的元素的基础上,适当加以变形设计，从而营造出具有江南气息的氛围。

2. 地域设计中色彩的运用

"粉墙黛瓦"是江南地区传统民居的地标性色彩用词，黑色与白色是江南建筑的主色调，给人一种素雅的美感。在江南地区的传统民居建筑装饰中，其体量、色彩、立面都是严格考量过的，目的是力求与建筑周围景色和谐统一。江南民居建筑除了采用砖墙抹灰刷白的做法来建造墙面外，还会在墙外立面采用整片的木板墙，不添加任何修饰，只暴露出木材原本的颜色，这样的原木色刚好中和了黑白色彩的强烈对比，并与黑白色巧妙地融合在一起。

江南地区的砖石多为青灰色，青灰色与原木色一样，也是在江南民居浓烈的黑白色彩之间起着调和的作用。这样一来，江南民居建筑群的色彩从视觉中看起来不仅简洁明快，而且又具有层次分明的变化。在室内设计中进行使用这四种颜色是较难控制的，色彩比例的搭配和运用手段都需要认真推敲，不然很容易出现为了使用这种色调而使用这种色调的情况。

在江南乡村民宿的设计中，在色彩的使用中也多是围绕着以黑、白、灰色与木色的组合来配色，大多采用素雅的调子。可以发现，在精品民宿的设计中没有不采用这四种颜色的，这样的色彩搭配可以让建筑既能具有独特的江南特征又够融于景色之中。浙江温州的墟里民宿便是这样的例子。

墟里民宿中的"墟里"出自陶渊明的诗句"暧暧远人村，依依墟里烟"，意在表达乡居的本质、生活的本质。墟里民宿注重场景的营造和"人"居于其中的感受，其建筑及室内大面积采用了黑、白、灰色与木色的配色。

墟里民宿的主张一种简单、朴素的美学，室内设计中既满足了现代城市人群的对生活的基本要求，又体现了江南乡村生活的风情（见图1-31）。

图 1-31 墟里民宿

3. 地域设计中材质的运用

江南民居建筑中离不开土、木、石、砖、瓦、竹金等这几种材料的使用，因此，在建筑材料的运用上，民宿设计要充分根据当地所产的建筑材料加以利用，并进行巧妙地组合和搭配。

　　江南民居建筑中多采用砖木混合结构，承重墙用的砖石为青砖墙。江南民居建筑中通常会使用木料做梁枋、地板、门窗等，木构件通常用桐油涂抹，用来防火及增长木材使用寿命。江南地区传统的建筑屋顶大多采用的是小青瓦。青瓦是指那种不上釉的青灰色的瓦，用泥土烧制而成，它是所有瓦件当中最为普通的一种瓦。江南地区多有粗大的毛竹，可做家具物什，在建筑施工上则用来做脚手架。

　　例如莫干山的西坡山乡民宿，其位于于莫干山竹林深处的村庄内。西坡山乡民宿是由四幢不同年代的乡村建筑改造组成的，其屋顶采用的就是用小青瓦铺盖（见图1-32），将建筑巧妙地融于周边的自然景色当中。

图1-32 西坡山乡民宿建筑外景

　　西坡山乡民宿通过将当地乡村环境与不同年代的老建筑，进行改造、修复与整合，保留并传承了过往岁月的痕迹。西坡山乡民宿建筑本身保留了建筑外立面的完整，只是在室内利用分割做了重新改造。西坡山乡民宿吸收了中西方对田园生活的不同解读，然后在此基础上融汇重构，打造出不一样的江南风情。西坡山乡民宿客房采用了用旧木与当地的竹子等材料，打造出温馨的田园气息。

第二篇　　管理篇

第三章　国际酒店管理经验与启示

一、国外酒店服务业发展经验

（一）战略管理模式

西方管理善于思辨，重视逻辑推理，依靠科学实验，把管理理论建立在感性丰富、知性清晰的管理试验基础上。表现在酒店集团的管理理念上更加关注企业核心竞争力增长，以形成长久的竞争优势为战略目标，强调以战略管理作为基本模式，以对市场的控制力作为规划依据。例如万豪国际集团一直坚持以竞争、跳越、探测市场需求以及有效的组织机构来实现其目标管理，以品牌扩张战略为推动力来扩大其市场竞争优势，注重创新，重视利用高科技进行网上营销新产品。

雅高酒店集团为培养忠诚顾客，推出全球客户忠诚计划 A Club，并于 2008 年 9 月 15 日 1 起，在全球 90 个国家共计超过 2000 家酒店投入运行，A Club 借助雅高从经济型到奢华型全面覆盖的品牌组合优势，面对日益细分且流动加快的客户群体，不断满足客人在旅行过程中寻求认同和个性化解决方案的需求，以此形成自己的忠诚顾客群，其经营方式以特许经营为主，以每年新开 25000-30000 间客房速度为目标进行扩张。雅高通过不同的品牌和市场定位，合理细分市场，满足消费者的需求。例如规模最小的豪华品牌索菲特，为商务旅客提供全方位的服务；宜必思是为国内商务及休闲旅客提供超值服务的享誉世界的经济型酒店。并且，雅高针对不同的细分市场采取多样的营销手段和广告，引起顾客群的关注。

（二）信息化普及应用

酒店是一个高层次的服务行业，采用计算机可提高服务质量，有良好的社会形象。运用高科技提高酒店经营管理效率已经成为世界著名酒店集团的普遍选择。国外著名酒店集团如最佳西方、洲际等，非常善于运用最新的科技信息交流手段为自己的管理和营销服务，从酒店内部的管理系统到集团各酒店的信息传递都是通过企业内部网进行，既快捷又准确。同时，利用网络来进行酒店集团整体宣传和推广营销，建立立体的无界限的世界一体化营销网络，开展全球网上客房预订，便于客人在网上对酒店业务的了解以及预订客房，由此减少了经营成本，大大提高了效率与效益。国外酒店已向个性化方向发展，酒店的经营方向明确，商务型酒店、长住型酒店、度假型酒店、公寓饭店汽车等等，酒店的经营形式也按独立经营饭店、集团经营饭店等等，产生了一大批国际级的联号饭店，诸如希尔顿（Hilton Hotels Corp.）谢拉顿（Sheraton Corp.）假日（Holiday Corp.）、凯悦（Hyatt Hotels Corp.）酒店集团公司的世界饭店，计算机在国外酒店业的应用，从希尔顿饭店开始。

国际上领先的应用经验是：三分软件七分实施，软件功能主要包括：宴会与销售管理、财务管理、人力资源、前台管理、餐饮和成本控制管理、工程设备管理、采购和仓库、客房服务、商业智能分析、远程数据库交换几大模块，各个模块之间无缝集成，同时还与多种饭店智能自动化系统如门锁管理系统等有接口，包括与在线电子交易系统集成。而七分实施主要是强调应用最佳行业业务规范进行酒店业务流程再造（BPR），将传统的组织结构向顾客导向的组织结构转变，酒店流程的再造不仅是为使用电脑系统而使用电脑系统，更重要在于相应地转变和理顺酒店的组织结构，使信息技术架构同酒店的新业务流程及组织的管理目标相互适应协调，形成酒店在信息时代的新竞争优势。如对酒店企业而言，网络订房就是信息技术带来的最简单不过的变革，但任何一个现代酒店企业都不得不适应这种变革，再造酒店业务流程。

（三）品牌扩张战略

洲际酒店集团（InterContinental Hotels Group）总部位于英国，在全球 100 多个国家管理着超过 4200 多家酒店，共有 611600 多间客房，是全球拥有客房数量最多的酒店管理公司。旗下有七个闻名遐迩的酒店品牌，包括全球顶级豪华的洲际酒店及度假村（InterContinental Hotels & Resorts）、专业面向会议市场的皇冠假日酒店及度假村（Crowne Plaza Hotels & Resorts）、全球商旅人士青睐的假日酒店及度假村（Holiday Inn Hotels & Resorts）、提供优质低价服务的快捷假日酒店（Express By Holiday Inn）及 Hotel Indigo 和 2 个酒店公寓式品牌 Staybridge Suites 和 Candlewood Suites，如表 2-1 所示。洲际酒店集团（InterContinental Hotels Group）在大中华区所管理的酒店数量已超过 100 多家酒店，其中是国际酒店集团在大中华区管理酒店数量最多的酒店管理公司。

表 2-1 洲际酒店集团旗下品牌定位

酒店	创新定位
Inter-Continental 洲际酒店	是一个应商旅人士的需要而生的真正的国际知名品牌
Crowne Plaza 皇冠假日酒店	非常清楚商务客人的期望和需要，提供个性化的服务及强有力的会议设施
Holiday Inn 假日酒店	假日酒店是全世界最具知名度的酒店品牌之一，向来以为客人提供亲切友善的服务著称
Holiday Inn Express 快捷假日	快捷假日酒店是商务旅客和休闲度假村的客人的精明之选
Staybridge 公寓式酒店	一个可以长期入住的酒店品牌，为客人提供舒适时尚住宿体验
Candlewood Suites	洁净简便长期入住式酒店品牌，为客人提供便捷且物有所值服务
Indigo	一个创新的酒店品牌，以实惠的价格，体验高档酒店入住服务

（四）营销策划能力

美国假日酒店集团目前拥有的 Holidex III 是世界最大规模的民用电子计算机网，它对于及时了解市场动态和顾客需求，不断调整经营战略、稳定和控制客源市场并提高整体盈利水平等方面发挥厂重要作用。万豪国际集团全球预订网络系统可以借助全球电子系统实现信息即时互通；需求预测系统可以对不断变化的市场做出及时反应，通过调整价格与出租率实现酒店利润的最大化；共享信息系统可以扩大销售与营销范围，以及向每一位顾客提供个性化的服务；采购和收益系统能有效控制采购成本。

（五）人力资源管理

人力资源培养方面，国外著名酒店集团采用人才自制的方式。如希尔顿饭店集团在美国休斯敦大学设有自己的酒店管理学院；假日集团则在总部美国孟菲斯开设了一所假日大学，许多著名的酒店高层经理人都"产自"这些酒店管理学院。此外，这些酒店集团内部还没有培洲部门，并有专门的培训基地，定期对酒店在职员工进行知识、技能更新的培训工作，而国内的酒店业主要依靠引进外援或是高校培养来解决人才需求的问题。

二、国际酒店业的六西格玛管理模式

六西格玛已伴随着经济全球化的潮流走入中国，虽起源于制造业，但当前已有越来越多的服务性企业，如美国花旗银行、全球知名的商务网站亚马孙、饭店业中的喜达屋集团等都引入了六西格玛的文化与理念，采用六西格玛战略来提高服务质量、维护高的客户忠诚度，更有一些政府机构也开始采用六西格玛的方法来改善政府服务，并获得了巨大的成功。六西格玛作为品质管理概念，最早是由摩托罗拉公司的比尔，史密斯于 1986 年提出，其目的是设计一个目标：在生产过程中降低产品及流程的缺陷次数，防止产品变异，提升品质。20 世纪 60 年代发展起来的六西格玛管理是在总结了全面质量管理的成功经验，提炼了其中流程管理技巧的精华和最行之有效的方法，成为一种提高企业业绩与竞争力的管理模式。该管理法在摩托罗拉、通用电气、戴尔、惠普、西门子、索尼、东芝等众多跨国企业的实践证明是卓有成效的。随着实践的经验积累，它已经从单纯的一个流程优化概念，衍生成为一种管理哲学思想。它不仅仅是一个衡量业务流程能力的标准，也是一套业务流程不断优化的方法。作为持续性的质量改进方法，六西格玛管理具有关注客户，量化管理，流程分析，原因分析及团队合作等特征，而每一种特征，在酒店中都有相对应的运用，并能从中挖掘酒店服务改进的机会。

（一）关注客户的管理要素

六西格玛管理基于对客户最重要的因素来确定改进项目的优先性，从成本、质量、交付（时间）方面衡量客户需求。明确过程的起点与终点，使用 IPO 工具（I 为输入，P 为流程，O 为输出），从而明确项目范围并确保衡量具有一致性。在酒店行业，成本主要体现为客房及餐饮定价。不同面积大小、不同房型、不同楼层甚至不同景观，客房价格可以有差异；早、中、晚三餐价格有差异，自助餐与按菜单点菜有差异。贵宾与非贵宾会员有差异，不同级别的会员有差异。交付是指服务送达的时间。比如客人进入餐厅，多长时间能入座，多长时间能点菜，多长时间饭菜能送达，多长时间能结账；客人进入酒吧，送酒水的时间应当小于送食物的时间；如果是在房间内点餐，多久能送达；客人进入酒店，办理入住手续时间、办理离店手续时间；客人在酒店内，遇到任何问题联系酒店员工时，多久能解决问题。由于商务客人工作的特殊性，交付时间成为商务酒店服务管理的重要考核指标。质量则更多体现为微笑、礼貌、友好、热情、知识技能、熟练程度，这也突显出服务质量与制造业有形产品质量化方式的差异。前者是顾客的评分，通常是以属性数据形式出现；后者是顾客反馈的具体问题，可以搜集到相对应的属性数据，或关于产品形态、功能的具体的可变数据。六西格玛质量代表了极高的对顾客要求的符合性和极低的缺陷率3.4%。以金融街威斯汀酒店每年约15万左右的客流量而言，投诉的客人要低于不到一位，对酒店而言，真是非完美不足以表述。

（二）流程量化的管理要素

衡量酒店服务质量很重要的一点是态度：热情周到、真诚关心、对顾客的需求做出快速反应，但凭借这些描述性的形容词作为衡量绩效的标准是非常不够的。Sigma用数据来说话，进行量化管理，使用统计工具进行分析，没有量化的标准很难对质量做出公正的评价。六西格玛坚信任何一种服务总是可以找到相应的量化标准。量化的服务标准使每一位服务人员有了明确的服务规范，顾客感受到的也是统一的服务质量，感觉会非常舒服和惬意。此外，酒店也有相应的管理数据库，虽然服务终端对于员工态度更多是由客户进行偏重于感性的评价，但是流程中的服务效率数据则是理性、客观的。比如在顾客满意度中客人需要对"客房内点餐"进行1~10分的评价，当客人反馈样本量不足30份时，酒店如何知道自己的绩效。其实，在喜达屋酒店使用的餐饮管理软件Infosys中每张点餐单都有具体的账单开关的时间纪录，使用这些总体数据进行分析，可以把整个客房点餐的工作量、高峰时间分布、楼层分布、送餐时间分布都完全量化，这要比顾客满意度中的样本数据分析更能真实反映服务质量的总体水平。

六西格玛运用流程图来分析流程中增值及非增值的步骤，使得"隐藏"的过程"可视化"，沟通的语言统一化。流程图中包括了信息流、实物流。在企业中，流程图主要用来说明某以过程，这种过程既可以是实物加工制造的工艺流程，也可以是完成一项任务必需的管理或交易过程。制作流程图的过程是全面了解业务处理的过程，是进行系统分析的依据：是系统分析人员、管理人员、业务操作人员相互交流思想的工具；应用管理软件的公司，程序开发人员可直接在业务流程图上模拟出可以实现计算机处理的部分，用它可分析出业务流程的合理性。一般情况下，事实描述用椭圆形表示，行动方案用矩形表示，审核判断用菱形表示，箭头代表流动方向。可以采用简单的线型流程图或复杂一些的跨职能流程图，或者先画出反映宏观的SIPOC图（S：供应商supplier，I输入input，P流程process，O输出output，C客户customer），再绘制详细流程图。六西格玛管理将重点放在产生缺陷的根本原因上，认为质量是靠流程的优化，而不是通过严格地对最终产品的检验来实现的。企业应该把资源放在认识、改善和控制原因上而不是放在质量检查、售后服务等活动上。质量不是企业内某个部门和某个人的事情，而是每个部门及每个人的工作，追求完美成为企业中每一个成员的行为。

（三）团队合作的管理要素

一般企业人员流动率在 5% ~ 10% 之间，而酒店业最适合的流动率应在 8% 左右。员工流失的影响造成酒店人力资源成本损失（招聘成本、培训成本、经济补偿等），管理质量与服务质量下降，员工士气削弱，信息及业务损失，信誉及品牌损失。运用六西格玛管理方法对运营流程进行再造，可以更好留住优秀、熟练员工，区分增值与不增值流程，减少、合并、消除非增值工作，以人为本，减轻一线员工的服务强度，避免工作疲倦感，提高服务员工的成就感，并进而提高员工的忠诚度。酒店之间竞争的是客源，客人选择酒店的标准主要根据服务水平来衡量，良好的服务能提高顾客的满意度，从而增加回头客，提高酒店收入，因此优秀的员工对于任何酒店都是最重要的财富之一。如果没有熟练专业的服务人员，提高顾客满意度如何实现，因此高技能水平的服务人员及中高层管理人员的流失，将直接影响酒店的稳定和可持续发展，对酒店经营将造成极大破坏。

六西格玛管理扩展了合作的机会，当人们确实认识到流程改进对于提高产品品质的重要性时，就会意识到在工作流程中各个部门、各个环节的相互依赖性，加强部门之间、上下环节之间的合作和配合。由于六西格玛管理所追求的品质改进是一个永无终止的过程，而这种持续改进必须以员工素质的不断提高为条件，因此，有助于形成勤于学习的企业氛围。事实上，导入六西格玛管理的过程，本身就是一个不断培训和学习的过程，通过组建推行六西格玛管理的骨干队伍，对全员进行分层次的培训，使大家都了解和掌握六西格玛管理的要点，充分发挥员工的积极性和创造性，在实践中不断进取。在六西格玛项目建立的团队中，各角色分工不同、参与程度不同。在认知阶段，业务领导与所有员工都肩负着认知改进机会的职责；在定义阶段，倡导者参与进来；在衡量、分析阶段，主要是黑带和团队来开展项目；进入控制阶段，则逐步由过程拥有者来接管，把控制措施融入日常工作中。酒店里传统的部门观比较严重，其实部门之间的联系是相当紧密的。加强团队合作，可以缩短解决客人抱怨的处理时间、在内部提前发现存在的缺陷。比如，工程部如果对厨房设备、厨房基础设施维护不到位，则会增大厨房虫患鼠害的风险、电水气管道跑冒滴漏造成的能源浪费、排油排污堵塞对环境的污染等。六西格玛管理以其科学的结构化、量化、客观分析、流程因子控制管理方式，不但在应用于生产性环节的质量提升时效果显著，应用六西格玛技术测评和管理员工与顾客之间关系同样具有重要意义，顾客与员工关系的改进可以增进企业财务业绩增长。

第四章 台湾民宿产业管理与发展的借鉴

一、台湾民宿业发展的渊源

（一）民宿业的起源

台湾最早的民宿形成在 1960 年左右的澎湖县，当时观光业兴起，马公市区的饭店房间供不应求，使得原本以包月出租房间的业者，将房间按日租赁给观光客。经营者发现以日租的形式进行经营会获得更多利润，因此带动了越来越多业者纷纷转型，民宿业开始在澎湖地区展现出雏形。澎湖群岛四面环海，海岸线发达，海洋生物资源丰富，地理环境和自然资源条件优越。传统庙宇文化、民俗节庆文化也给澎湖群岛增添了神秘色彩，加之县政府配合时节举办海上花火节、菊岛海鲜节、九孔美食节等丰富的活动，每年五月至九月成为澎湖地区的旅游旺季，游客数量急剧增加，在台湾离岛旅游中独占鳌头，但该地区旅游业季节性十分明显，冬季受到东北季风影响，岛上无法从事海上活动，也少有其他观光项目能够吸引游客前往，这一时期饭店、旅馆的订房率普遍偏低许多，造成资源上的浪费和经济上的损失，受此影响，澎湖地区住宿接待业整体而言并不发达；另外，到澎湖等离岛旅游的游客以小团体的散客居多，这类游客对于旅游活动中的体验较为重视，渴望寻求不同于一般的或标准的旅游感受。综合以上背景因素，澎湖地区比较适宜民宿业的发展，民宿不但能够来访游客提供住宿弹性更大、更多样化的住宿选择，还能提供实际体验当地文化与休闲活动的机会。林梓联和陈清渊的研究中也对台湾民宿的起源进行了追溯，认为具有典型代表性的台湾民宿大都起步于观光景点、登山口的起点以及有民俗特色或农特产观光果园等地区，产生原因主要为观光景点地区住宿设施不足，无法满足游客的需求，澎湖县即为其中之一。

20 世纪 70 年代，台湾社会着力于工商业的发展，农村人口大量流向城市，导致空置的农舍越来越多。80 年代间，民间经济情势有所好转，台湾地区居民"岛内旅游"的意识开始萌生，逐渐兴起一股国内观光风潮，民众开始热衷于到城市周边进行短途旅游。1984 年，垦丁国家公园成立，温暖的气候和美丽的海滨风光吸引了大量游客前往，因而造成当地旅游住宿设施不敷使用。当地民众恰巧有空余房间闲置者，便会到饭店或车站等地招揽住客，收取少量服务费作为家庭额外收入，久而久之便形成了固定的住宿形式。垦丁因此成为台湾地区最早实现大规模民宿发展的地区。几乎与垦丁国家公园地区民宿发展的同一时期，阿里山因知名度高，一直是国内外旅客的必游之处，景区及附近的酒店常常一到假日就爆满，使得许多远道而来的旅客因订不到房间败兴而归，需求远远超出供给。在此情形之下，邻近的原住民聚集处丰山地区，成为民宿得到发展的另一股潮流。地方民众借此契机将自身空屋整理并提供给游客作为过夜休息之处所，并从中收取部分清洁费。此举一方面缓解了游客住宿设施短缺的问题；另一方面借由提供住宿服务令当地民众获得了一定报酬，双方均蒙其利，堪称两全其美。受到利益驱使，越来越多的当地居民开始投身其中，陆续整修房舍，招揽游客上门住宿，以此逐渐揭开台湾民宿业的发展历史，其次得到发展的是宜兰休闲农业区、台北县瑞芳镇九份地区、南投县的鹿谷乡产茶区和溪头地区等，乃至于全岛各地。

总结而言，台湾民宿的发展情况主要受到以下几个因素的互相连带关系影响而产生：民间因素——当地民众有多余空房；地方建设因素——住宿设施不足；经济因素——增加额外农村收入并带动当地经济发展，以及其他因素，如社会因素、文化因素等。

在这一时期，台湾省政府并未对民宿的合法性进行认证，立法上尚未有统一明确的规范，在规划与发展上也皆未有一整套完整的规划与架构，仅要求原住民行政局各自在其部落产业发展计划中自定规则，对原住民利用其屋舍经营的民宿进行辅导，以帮助当地原住民获取一些利益，但与此同时民宿的需求又在不断扩大，为因应实际上的需要，以及受到利益的驱使，许多低质量的民宿开始出现，这给旅客自身和财产安全造成一定程度的威胁。部分民宿住宿设施水准参差不齐，并缺乏严谨与完善的管理制度，除了有人身财产安全上的隐患外，亦容易造成许多住宿纠纷问题，而在服务品质上，此时期的民宿只单纯提供旅客住宿并无早餐的供给，而住房者也大多是因酒店无法订到房间才来此住宿，因此服务的品质并不能差强人意，其本身也不具备高的竞争力。

由上述可知，在这一时期，民宿业在台湾各地区已开始出现并有一定程度的发展，但在规划与发展上皆未有一套完整的规划与体系，其发展原因仅是为了配合实际住房需求扩大之需要，而住房者也大多是在无法订到酒店的情况下无奈选择民宿。此一时期的民宿只是单纯提供旅客住宿并无或很少有早餐的供给，服务品质也不容乐观，民宿业主素质良莠不齐，产品本身在住宿市场竞争力不高。总体而言，此期民宿从基本的安全、卫生方面，到硬件的设施，软件的服务，经营管理等方面皆有相当大的提升空间。

（二）民宿业的成长与转型

1991 年至 2000 年间，台湾地区民宿业发展进入成长阶段，政府的辅助与推动是这一时期的重点。在工商业蓬勃发展的这一阶段，商业就业机会主要在都市，农村竞争力大不如前，农村人口外移严重，人口老龄化、人均所得降低，而大部分非观光地区也并未像垦丁、阿里山等知名景点一样，在休憩区出现住宿场所严重缺乏的现象，因此当地人的经营与收入就显得相当不足。为了使这些人的生活可以改善，政府开始有计划地改变原有的农村经营形态，其中最大推手是台湾农政单位。1989 年，原台湾山胞行政局开展了一系列计划辅导和推动发展休闲农业，旨在改善原住民的生活条件。台湾政府鼓励、引导原住民利用闲置土地和当地特有的自然资源，对空置屋舍进行设计和装修，改建为山村民宿，且以副业的方式进行经营。希望借由此一举动来提高农民收入，同时也可因此使得观光地区住宿问题因获得大量的供给而得以解决。1991年，农委会提出《农业综合调整方案》，大力推动观光农业的发展。这一举措更进一步刺激了民宿发展，休闲农场等类型作为新的民宿形式得以迅速发展，许多农村或山地部落陆续出现民宿。随着人们的游览区域开始延伸至偏远地区，而这些地区又往往缺乏兴建酒店的条件，游客只得求助于当地民居以解决临时住宿问题，因此在台湾一些偏远山区，例如瑞里、石壁、草岭、司马库斯等山地部落，也陆续有了民宿的踪影。民宿从这一阶段开始成了台湾一个新兴的产业。自1989年到1991年间，全台自山地乡村中选定了八个富有农、林、渔、牧、观光、人文等特色之地点推广发展民宿。1992年，南投仁爱乡、阿里山村、屏东好茶村、台东海端乡利稻村等四处也获选，得到资格进行山地民宿的推广。

随着人民休闲意识的进步，乡村旅游和生态旅游成为台湾民众追求的新热点，加之政府的支持和辅导，台湾民宿在21世纪初如雨后春笋般迅猛发展起来，因其"平民、亲民、平价"的特点深受广大游客的青睐，但由于没有明确的法令规范，民宿的经营越来越多，形态也相当复杂。民宿业者的经营水平参差不齐、管理制度落后、缺乏定价基准和服务品质评量标准等一系列问题阻碍着民宿的进一步发展。有鉴于此，民宿的立法开始萌生。1998年，在以台湾经建会为主的部门会议中，民宿管理办法被交由交通部观光局主导且拟定草案内容，该办法于2000年完成。在这期间，规范的设立在政府与业者的思考上其实相当有争议，双方对于条文的内容、民宿的规范和土地面积等事项都有着不同的想法，经过多次协商后，政府倾向放宽与开放，最终于2001年12月12日，政府通过了且实施《民宿管理办法》，将民宿纳入到休闲农业范围，并就民宿的设置地点、经营规模、建筑设计等方面进行了严格规定，确定了民宿的法源地位，也使得民宿的发展步伐更加坚实有力，这也预示着，台湾民宿业由"代工经济"转型为"品牌经济"，该阶段即为转型阶段。

这一时期正值台湾国民所得和休闲观念的提升，社会价值观与旅游习惯开始改变，民众对观光游憩及休闲活动的安排日趋重视。利用周末以家庭为单位前往附近县市乡镇进行短程旅游成为岛内民众休闲度假的主要方式。在选择住宿设施时，基于经费与交通的考量，相较于旅馆或酒店，更加便宜、距离旅游地点更近且更具特色的民宿得到消费者们的普遍青睐，而民宿营造出的"家"的亲切氛围也正迎合了此类家庭旅游者的心理需求。2001年，为了促进本岛内需、提升观光旅游，台湾政府于5月2日通过《国内旅游发展方案》来刺激岛内的旅游与消费，同年"周休二日"政策也开始正式实施。2002年台湾"行政院"在"挑战2008国家发展重点计划"中将观光休闲业列为文创产业的周边产业之一，民宿便是观光休闲业中的一个重要组成部分，这一系列政策法案更加推动了台湾乡村旅游蓬勃发展，民宿因此迎来了重要的转型契机。许多经营者逐渐开始倾向于将民宿当作毕生的事业来经营，将自己的理想、志趣和个人偏好投入到自家民宿经营中，整体和细节中都反映出具有浓厚个人色彩的生活追求与艺术品位，向客人展现并与之分享家与人生的情调和乐趣。民宿在经营理念上开始超越了一般的酒店和宾馆，成为独居魅力的地方旅游特色，而非像从前一样是因为订不到酒店和旅馆时才借以投宿的替代品。

（三）民宿业的成熟

在《民宿管理办法》通过并实施之后，台湾民宿数量和营业收入都节节攀升，产业逐渐趋向于成熟。根据台湾交通部观光局资料显示，在 2003 年 2 月的统计数据中，全台共 9 县市存在民宿经营现象，民宿家数共计 600 家，而同年 12 月份这一数据已达到 1297 家，短短一年间就增加了一倍，另有 517 家处于正在申请状态。另由统计数据可知，2003 年直至 2007 年间台湾民宿数量都处于快速增长阶段。2007 年以后，经过了三次修订后的更加完备和先进《休闲农业辅导管理办法》颁布实施，高山地区的休闲农场这一新的发展形式加入民宿行列开始得以推广。此一时期政府将休闲农业发展的重点逐渐转向品质的提升，因此开始对从事休闲农业的农户进行登记，实施等级评定和认证制度，推动民宿业实现合法化和高品质经营。受到当时文创产业大发展的驱动，民宿业者也将重心转移到将民宿经营与台湾各地区的风土人情和文化创意进行融合上，台湾民宿整体向精致化、高端服务化方向转型，进入成熟发展阶段。

2008 年台湾开放大陆游客赴台游，2011 年开放大陆游客赴台自由行，对宝岛台湾存蓄已久的好奇和热情驱使着大量大陆游客慕名前往，岛内观光旅游随之迎来了发展高峰。根据台湾国台办最新发布数据，2014 年全年大陆居民赴台人次达到 398.7 万次，同比增长 3 8.7%。也就是说，平均每天都有超过一万名大陆游客到台湾各地观光旅游。大陆已远超其他国家和地区，成为台湾旅游最大客源地。

大陆游客赴台，不仅促进了当地旅行社、航空、路上交通、汽车租赁，以及与吃住购物需求有关的游乐、旅店、餐饮、零售等服务行业，还带动了文化创意、医疗照护、观光农业等产业，这些产业合计就业人口约 145 万人，此数字占全台湾总就业人口的 14%。自 2008 年 7 月启动大陆居民赴台游以来，至今不到十年时间，不仅对台湾经济发展产生重要推动作用，甚至影响到岛内的方方面面，民宿业即为其中受到重要影响的产业之一。观光部数据显示：2014 年 12 月，台湾民宿总计 5653 家，其中合法民宿达 5222 家，房间数为 21011 间，遍及全台各县市，台湾已成为全世界民宿密集度最高的地区之一。近年来台湾民宿在增幅上逐渐趋于平稳，产业已形成一定规模，达到较为成熟的发展阶段。
台湾民宿在分布上，具有明显的空间集聚特征。以东部休闲农业发达地区、高山地区及自然景观条件突出的地区为主要集聚区，如热门旅游地花莲、台东、宜兰、南投等地区民宿相对集中，仅此四县市民宿数量即占全台民宿总数的 65%，形成了以东部为民宿主要聚集区，覆盖全岛各地的产业格局。

不仅民宿数量与日俱增，民宿业收益也不断攀升。2008 年开放大陆游客赴台游之后，民宿业营运收入以平均每年 36.42% 的较高速度逐年增加。2014 年全年民宿业营运收入总计达到 25.6 亿新台币，较 2013 年 23.3 亿提高 9.87%，产业整体呈现出蓬勃发展的态势。

自投入乡村民宿发展至今三十多年来，民宿业一直都是台湾乡村值得重视和推广的产业之一。从台湾民宿的发展过程中可以发现，民宿不仅仅是简单的为游客提供了住宿设施，更重要的是发展民宿可以起到活化乡村的作用，包括提供乡村餐旅服务，创造乡村就业机会，吸引青年回乡创业，带动地方产业发展，保存聚落文化风貌，推动乡村生态旅游，促进城乡生活交流，传承文化创意产业，协助社区营造发展，参与投入地方改革等，在多方面都对台湾乡村发展做出了重要贡献，尤其在创造就业机会方面，当民宿业在台湾掀起风潮后，有越来越多外出求学归来又怀有创业梦想的年轻人，以及离开乡村到都市谋求发展而始终向往乡村生活的夫妻，甚至具有新思维的设计师、建筑师等加入进来从事创意民宿的经营，经由民宿这一新兴产业寻觅回归自然生活的途径，完成自主创业的梦想。

然而由于短期内即达到繁荣兴盛，台湾民宿业内也存在着出现乱象的隐患，甚至近年来已有表现出此种迹象。首先，《民宿管理办法》已在设定地点、建筑类型、消防设施、经营规模等方面都进行了明确规定，但土地使用类型的区分和建筑执照的取得仍存在一定困难，目前全台各地都出现了相当数量的非法民宿，并且打着"民宿"旗号增建、扩建、滥建的现象也较为普遍，民宿市场已过于饱和。这样的违法乱建不仅使经营者本身陷入险境，更扰乱了整个民宿市场；其次，这些假借民宿之名，行旅馆之实的个体会影响到民宿业的整体品质，造成经营质量参差不齐，对民宿业的发展造成负面影响；最后，民宿的过度开发还会对乡村环境造成冲击，最终反噬发展中的民宿业。这些都是台湾民宿业在未来的发展中需要解决的问题。

二、台湾民宿类型研究

（一）按照民宿资源及经营特色分类

台湾旅游资源丰富，拥有碧海蓝天、高山森林、湖泊温泉等形态多样、品质优越的自然资源。民宿的选址也多与这些资源临近或以此为依托，在建筑风格和经营特色上，台湾民宿充分尊重并利用当地的自然和人文环境等条件，并试图融入进当地特色使之成为旅游文化的一部分。现有研究中对于民宿的分类，主要依据其所在地环境特性、文化产业及经营特色、类型作为标准。如郑诗华（1992）按照日本民宿的分类方法，以民宿所在地区的资源及特色为标准将其分为七种类型（见表 4.1）：

表 4.1 台湾民宿的类型（按照资源类型分类）

民宿类型	特色服务或活动
农园民宿	采集山菜、采摘水果、采集昆虫及自然教育等
海滨民宿	海水浴、水上运动、海草采集、钓鱼等
温泉民宿	砂石温泉浴、岩石温泉浴、天然热力运用等

民宿类型	特色服务或活动
运动民宿	滑雪场、滑草场、登山、健行等
料理民宿	河川鱼料理、自然素材料理、海鲜料理等
传统建筑民宿	古代建筑遗址、古街道、古民宅、古城、古都等
欧式农庄民宿	多位于乡村地区，周遭有较宽广的活动场所

随着台湾民众消费行为的不断改变，游客对于民宿的选择也更趋向多元化和个性化，会依据其个人喜好做出决定，并且在服务内容和品质上有了更进一步的要求，仅借助周边自然资源吸引力顾客已无法应对同业内愈演愈烈的竞争。面对市场的变化，台湾民宿经营者在依托自然资源的基础上，开始积极配合当地的传统文化或特色艺术形式将民宿之经营主题进行扩展，因此出现了更为丰富的民宿类型。以张东友与陈昭郎对宜兰县员山乡地区的民宿分类为基础，本节将民宿按照经营特色分为赏景度假型、复古经营型、农村体验型、艺术体验型与社区文化体验型五类，其地理条件与经营特色如表 4.2 所示。

表 4.2　台湾民宿的类型（按照经营特色分类）

民宿类型	地理条件	经营特色
赏景度假型	当地具有天然景观或利用旧有素材加以设计的美景	结合浑然天成的自然景观或是精心策划的人工造景，如万家灯火的夜景、满天星斗、庭院景观、草原花田或是高山海洋等，让游客在都市紧张的心情得以放松，享受无拘束的度假生活。
复古经营型	利用原有的三合院、石板屋或客家建筑等加以改建布置	此类的住宅环境均为古厝所修整而来，或以古建筑的式样为设计蓝图，有些甚至在室内装潢汇中搭配古董，提供给游客深刻的怀旧体验。
艺术体验型	当地较没有特殊的环境景观资源，但经营者有艺术品创作的才能与艺术涵养	以体验活动为经营主轴，由经营者或当地艺术创作者带领游客体验当地特色艺术活动，例如民族乐器、捏陶、雕刻、绘画、天灯制作等，游客可亲手创造艺术作品，体验乡村或现代的艺术文化盛宴。
农村体验型	多位于传统的农业乡村中	除了观赏农村景观、让游客认识农家生活之外，经营者提供游客体验农业生产方面的活动，例如制作茶叶、农作物采收、挤牛奶等。
社区文化体验型	当地具有地方性特殊产业或是文化	提供给顾客地区性产业或是社区文化的背景，让顾客了解并提供给他们深度的文化体验

1. 赏景度假型民宿

赏景度假型民宿的出现时期较早，多设立在著名观光景点或风景区等自然条件优越地区。此类民宿以好山好水的美景作为主打，为顾客提供的核心价值即当地独特的自然景观或利用旧有素材加以精心设计的人工景观。如入住于南部垦丁地区民宿的顾客可以眺望大海，清境农场民宿附近覆盖优质草皮，游客可以席地而坐或躺卧仰望满天星斗，得以纾解都市积压的烦闷与沉郁。见晴花园山庄是清净地区最早期开设的民宿之一。董事长施武忠曾是一名电工，家庭主要收入来源为高山蔬菜的种植，1998年通过学习借鉴欧洲、日本等国经验，施武忠设计建造了别具特色的清境高山民宿，浪漫的欧式建筑被围拥在一片青山翠峦中，雄伟建筑与壮阔山景相辉映，为清境山区增添一处独特风光。施武忠由一位生产农民成功转型为民宿老板，并加入台湾民宿发展协会成为理事之一。作为清境观光协会的创办者，他带领同村村民积极发展民宿，使依托清境高山优美自然生态环境和清境农场的清境地区高山民宿规模化集群经营。目前见晴花园山庄共有民宿118家，标房2 600间，年接待游客从1998年的25万人发展到2013年的150万人，很好地协调解决了山区农民的三农问题，每年吸引外国游客超过120万人，并吸引知识青年返乡经营创业，成为台湾民宿的典范。

2. 复古经营型民宿

复古经营型民宿提供给顾客穿越时光、复古怀旧的感觉。此类型民宿一种方式是设立在古城或古都旁边，甚至将某些具有历史故事的遗址加以修缮和改造后进行经营，依托遗留下来的古迹作为其经营特色；另一种方式是在建筑设计和装修风格上有意识地塑造成仿古式或欧洲古式样，如三合院式的建筑、石板屋、古堡等，并在内部装潢上加以配合，利用旧式家具、古董字画等营造出古色古香的氛围。老英格兰庄园位于四季分明、海拔1700米的清境农场。整栋城堡为经典的哥特式建筑，从地基、钢筋建设到雕刻工艺、木工实施，各项家具家饰的进口，以及周边环境绿化等共历时九年。庄园内设施完善，包括西餐厅、会议厅、户外下午茶场所等，房间设有牧歌套房、浪漫曲套房、幻想曲套房、颂歌双套房等六种房型，民宿主人致力让每一个细节都体现出优雅，让每一位到访者都感受到老英格兰庄园的老派尔雅又极富新意。住宿在此，一边远望清境农场美丽的山景，一边享受老英格兰准备的各项服务和设施，仿佛置身于欧洲贵族世界。（如图2-1）

图 2-1 清境老英格兰庄园

3. 艺术体验型民宿

艺术体验型民宿是以艺术与设计为主轴，经营者会为前来住宿的旅客提供特色的艺术体验，如绘画、雕刻、陶艺等，让游客可以亲手制作且体验艺术文化。民宿与艺术地结合在近年内已有出现，民宿除住宿服务外，会提供旅客手工艺的行程，或是老板本身从事艺术创作或是与当地艺术工作者结合形成异业联盟。以传统艺术、地方文化等去吸引游客是台湾的一项优势所在，民宿是其中一个很好的途径，透过艺术者与游客实际的行为互动实际操作，可将当地的生活形态与价值体验传到给游客，可以让游客感受到各地不同的乡间生活和文化艺术。艺术的融入让民宿更具有附加价值。台湾保有很多淳朴真实的本地艺术及传统文化，例如高雄美浓地区的中正湖度假民宿。民宿主人拥有"传唱客家民宿艺团"证书，并在家中陈列了多种民族传统乐器供客人参观和体验，主人亲自进行解说和教学，并欢迎同好者前去进行音乐交流。

4. 农村体验型民宿

农村体验型民宿以体验农牧生活为主要卖点，经营者本身是当地农家，来访顾客除了可以认识当地农家的日常生活外，还有机会体验种植、采收、挤牛奶等农业活动，一些中小学也有安排学生定期接受农业生产教育的课程。台湾"十大民宿"之一的南投县水里乡老五民宿，至今已经营了16年，非但没有陈旧的时光感，反而有种用自己步伐自在生活和成长的氛围。民宿主人五兄弟在农庄的经营中各有特色，提供了不同的乡土风味：养羊场、果酿酒厂等新形态都融入了民宿中，构成了"老五民宿"提供给游客的特色套装服务。其中倡导有机农业的五哥经营着带有日式禅意的中国唐风民宿，自然质朴的建筑浑然融入山野间而不显突兀，从视觉上就先体现出与都市生活的区别。受到大哥的影响，五哥在经营民宿前就已有了"有机"的概念，培植有机梅子、有机茶等，并且协助整个水里乡推动了有机农作物的培植和生产。开始经营民宿后，五哥决定和附近有机农家合作，除了早晚餐的食材都选用有机产品，还提供给客人亲自体验农村活动的机会，借由这些活动普及有机农业的优点以及现今所面临的弱势地位，给予农夫们支持与鼓励。除有机农作物之外，早在2002年老五民宿就率先推出一泊二食的慢活旅行和免用一次性用品的"环保"旅行，一如既往地执着于对原乡有机农业理想的实践，成为领先于趋势的环保生态旅行先驱，带领大家一起认识有机、认识环保、认识生态，通道了解和体验进而学习返璞归真的智慧生活。

5. 社区文化体验型民宿

社区文化体验型民宿是以地方性特殊产业或是特色文化为主，经营者提供给顾客地区性产业或是社区文化的背景，让顾客了解并提供给他们深度的文化体验。如同金瓜石地区是曾经的采金矿场，废弃后成为工业旅游景点。位于金瓜石黄金博物馆园区内的金矿山庄休闲度假民宿，距离九份老街及黄金瀑布等景点仅需约五分钟车程，靠近车站可方便前往猴硐猫村、水浦洞、淡兰古道等热门旅游地。游客在此住宿可以尽情徜徉于遗世独立的山城生活中，同时回味旧时采矿的那段黄金年华。金矿山庄休闲度假民宿屋内的装潢基地大量采用了木头等自然建材，搭配雅致清幽的装潢设计手法，整体呈现出淡雅闲情的日式复古风格，走近民宿不禁让人产生时光穿梭的错觉，仿佛重返到日式风华时代的美丽九份。每间客房内都设有宽大的落地窗可供观赏窗外景色，这里是观赏黄金博物馆园区的矿坑特色景观和太子宾馆的绝佳视角；另一面，直映眼前的是阴阳海的海洋风情和金瓜石地区的绝美山景，入住在此的旅客皆可以伴着山海景致入眠。另外，民宿内还设有视野宽敞的景观台，坐拥360度的无敌山海景观，右可赏茶壶山景，左可观九份山景，游客可以全角度将金瓜石的悠然景致收入眼中，纵情徜徉于山城古色中。（如图2-3）

图2-3 金瓜石金矿山庄休闲度假民宿

总而言之，民宿是以一种居家的感觉，配合当地农村、寺庙、古迹和特有用文化要素而成立，在民宿居住，可以经由经营者的说明与介绍更加了解当地的文化以达成文化的交流与传承。而随着各地景观与风俗的不同，民宿也有着不同的类型，民宿产品已由最初的提供早餐和住宿的家庭旅馆模式发展成为具有多附加值的、提供给游客多元化选择的创意旅游产品。另外，在台湾有许多不一样的民宿建筑与室内设计，虽然并不是每一种设计都可以代表台湾风味，但也不失为一种特色。民宿建筑富有弹性，可能是现有建筑而改建或是新建筑，因为建筑本身由民宿经营者所有，因此可以依据经营者的喜好设计自己喜爱的风格。相对于饭店的标准化和富丽堂皇，民宿更显得小而温馨。根据民宿管理办法规定，民宿的建地面积与房间数量均有限制，但也正因如此，经营者可以相对容易的进行修建和重新装潢，而不会像饭店因建地面积庞大且成本高昂而无法有太多的变化。许多民宿经营者也认为，"小而美"才是民宿的精髓所在。

（二）按照主功能区分类

台湾民宿形成的主要原因为著名观光景点地区住宿设施的不足，导致游客选择到当地居民家中投宿，因此，早期民宿多分布于景区景点周边，且多为当地居民利用自家闲置房间予以出租经营，然而随着民宿产业的专业化和特色化发展，更多种类的经营和投资方式相继出现，如以租赁、承包、连锁等形式进行经营的衍生类产品也加入到了民宿行业。因此，先行的民宿中可以按照主功能区进行分类。

1. 家庭副业型民宿

在民宿业发展的初期，民宿主人并非以接待住宿游客为主业，而是家中恰好有部分闲置房屋可用于经营，于是参考自身条件和能力向顾客提供住宿场所。此时房屋的主功能区仍为家庭自行居住之用，民宿仅作为副业形式存在，这一特征也被认为是狭义的民宿概念中需要强调和厘清的关键点之一。这种类型在民宿业发展的早期及现在某些建筑空间较为紧张的地区（如九份地区）有所呈现，也适用于由自有住宅修整改建的民宿。家庭副业型民宿的经营和管理相对简单，主人可根据自己的情况选择是否接待客人入住以及对接待量进行控制，提供的住宿空间多为家庭隔间的形式，即民宿主人住在一楼，将二楼及以上的房间进行出租，在餐饮等服务的提供上多与家庭成员的正常生活相结合，房间内的设施设备也是与主人共享，针对客人并无过多特殊化服务。客人像是到了外地的亲朋家借宿一般。

此类型的民宿具备以下优点：一是既是闲置房屋的再利用，意味着不需要重新投资建设或大规模装修房屋，无须另外购置或准备设施器物，且经营者都由家庭成员直接担任，因此在固定成本、人力成本甚至变动成本上的投入都非常少，相对的其价格较为低廉；二是客人与民宿经营者同吃同住，有更多机会也更容易融入当地居民的实际生活，能够体验到原汁原味的本土风情与文化，对乡村生活体验的印象较为深刻，但缺点是有门禁时间，客人需要在一定程度上配合主人的作息时间来安排旅游活动及行程，而且，与主人或其他客人同住会造成独立性与隐秘性方面存在欠缺。另外，大部分隔间式民宿无法在所有房间内提供卫浴设施，一般需要平均 2～3 个房间共同使用一套卫浴。由于价格亲民，且一般都有客厅可以与主人聚会聊天，因此这一类型的民宿较适合个人单独旅行者或出于经济方面考虑的年轻情侣选择。

2. 家庭主业型民宿

随着顾客消费水平和民宿发展水平的提高，民宿的经营目的逐渐转变为致力于为游客提供一个安静舒适的住宿场所，部分经营者也由最初的仅将民宿作为副业转变为以此为主业进行经营。2001 年《民宿管理办法》颁布实施，按照其规定条款，经营民宿不需要办理营利事业登记证，但须向各县市政府申请《民宿登记证》及民宿专用标识，民宿正式纳入政府统一管理。在规模上，每家民宿最高可设置 5 间客房，因此经营者将原有建筑进行重修和扩建，留出其中 1~2 间做自行居住使用，其他房间均以套房形式进行出租。对于这类民宿而言，虽然没有脱离住宅的概念，但由于允许其进行具有旅馆性质的商业活动，所以本质更是在为经营活动提供场所。这一转变使民宿除了满足人们对于民生问题中居住的生理与安全的追求外，更在单纯的农业部门与传统农村社会中注入一股新兴发展活力，可以为农村地区的居民带来实际利益，并可为农村社会的长久发展带来力量。

相对于副业经营的民宿，以主业进行经营的业者多会将房间以套房的形式提供给客人。套房式民宿建筑可为分栋式的建筑，一栋建筑可能包含 4-5 间的套房，门户独立，彼此互不相通。此类型民宿主要优点是：第一，多个房间之间相互独立为客人提供了更为私密和自由的活动空间，比较符合现代人讲求独立，重视个人隐私的性格特点；第二，通常房间内部设施齐全，浴室、厨房、电器等一应俱全，并且每个房间的客人都是单独享用，避免了时间上的冲突和安全卫生等方面的考量，有些空间较大的套房甚至包括有客厅。整体来说套房式的居住品质较高，因此在收费上也相应较高，适合以家庭或小团体为单位的出游人群选择，在旅游旺季房间较为紧俏或接待小规模团体旅游者时，也可以包栋的形式进行整栋出租，成员间在保持集体统一的前提下又能相对独立。这种形式较受现代旅客的喜爱，因此出租率也较高，新设计的民宿大都会选择套房式的房间形式。

3. 专业经营型民宿

进入成熟发展阶段后的民宿，类型越来越复杂和多样化，已经颠覆了传统和官方对于民宿"以闲置房间进行经营"的定义，成为更加需要专业与热忱去经营的产业。当前的民宿已不再单纯是房屋所有者自身赚取额外收入的营生，在意识到民宿市场的广阔前景后，开始有专业的个人或团体加入到行业中，实施有计划地投资和运营。这一类专业经营型的民宿从规划之初便投入了大量人力物力：首先，在建筑风格和室内装修会明显融入经营者本人的设计理念和风格，同时注重结合当地文化特色或凸显特殊的主题概念，目前台湾各地出现了大量风格迥异的创新型民宿；其次，设施设备选择考究，即便不是高档产品，也会根据各民宿的具体情况选择有质感或有设计感的文创产品，整体和细节都做到精致；第三，经营者多为专业的管理人才，注重服务品质和顾客满意度，有能力和精力为顾客提供更为专业和高水准的产品。如清境地区老英格兰庄园便是由原清境香格里拉民宿主人投资高额费用进行建设，并统一管理的。

专业经营型民宿更注重民宿的品质，除了提供住宿服务之外，还提供给游客特别的甚至定制化的深度旅游服务，使游客在旅游过程中，借由经营者专业的策划和服务，了解当地生活背景、文化特性、产业及生态环境等，达到知性、感性、趣味和学习等深度旅游的目的，这一类型民宿产品质量和服务都最为上乘，相应的价格也最为高昂，部分高端民宿在价格上已无异于星级酒店。正因为民宿业经营模式的多元化，使得民宿不再是旅客因订不到酒店退而求其次的选择，有些热门的景点地区的民宿或特色好客民宿甚至需要提前一个月进行预订。专业投资者和经理人积极投入民宿经营和管理，使民宿业俨然已成为一项新兴的休闲产业，未来民宿业的市场一定会走向专业化与制度化的经营。

三、台湾民宿业发展条件分析及两岸对比

从民宿业发展的历史和现状来看，目前国内与台湾民宿业发展的成熟度不同，分处于一产业的不同发展阶段，而造成这一现象的原因是多方面的。本研究分别选取经济发展水平、土地政策及相关产业制度、政府及主管部门及民宿行业协会以及民宿经营者这四个维度进行对比，分析大陆地区民宿业在发展过程中是否具备借鉴台湾经验的基础，以及可以在何种程度上进行借鉴。

（一）经济发展水平

一个国家或地区的经济发展水平是划分该地区旅游发展阶段的重要依据，同时也是影响该地区民宿业发展的一项重要因素。一般而言，经济发展水平与旅游支出两者间呈正相关关系，与民宿业所处的发展阶段也呈正相关关系，即一国（或地区）经济发展水平（本文中以人均GDP代表）越高，人们的支付能力越强，用于旅游方面的支出也就越大，该地区民宿业发展水平也越高。根据学者们的观点，当人均GDP达300美元时，人们开始产生旅游动机，开始有少量支出用于旅游等休闲活动；当人均GDP达1000美元时，人们开始跨入中等收入阶层，相应的支付能力也有较大增长，在旅游活动上的花费也相应增加；而人均GDP达到9000美元时，人们开始步入高收入国家行列（根据2004年世界银行对国家类型的划分），将有数百美元支出用于旅游活动。人们对乡村旅游活动以及民宿产品的支出亦遵循低收入低支出，高收入高支出的发展规律。

就目前来看，台湾地区人均GDP在数值远超大陆整体及主要省市。根据2014年的数据，台湾地区人均GDP约是大陆地区的3倍，按照物价水平是大陆地区1.5倍来算，台湾的实际生活水平和购买能力相当于大陆的两倍。更加坚厚的经济能力和消费自主的生活空间使得台湾民众的休闲生活更加多样化，可以有更多选择以适合自己的休闲生活形态。但是根据大陆部分城市经济发展的速度，已经展示出在短时间内超越台湾的趋势。事实上，2014年已经有城市人均GDP超过台湾（如新疆克拉玛依市为26831美元，超过台湾地区的23442美元），所以社会经济发展水平及民众的消费能力这一指标在未来将不再是两岸民宿业发展出现差距的主要原因。

据调查结果显示：台湾民众休闲参与以中产阶级居多，且参与频率相对密集。台湾交通部观光局发布的《中华民国102年（2013年）国人旅游状况调查》中有结果表明：2013年全台民众从事岛内旅游的比率为90.8%，年平均每人岛内旅游次数为6.85次，估算2013年12岁以上国人国内旅游总次数约为1亿4262万旅次，如含未满12岁的随行儿童，则总旅次达1亿6611万旅次；而在大陆地区，根据国家旅游局对2013年全国旅行社的统计调查情况的公报显示，2013年度全国旅行社国内旅游组织12855.72万人次，40842.95万人天，按照2013年末统计总人口13.6亿计算，平均每人全年旅游次数不足0.1次，明显低于台湾地区6.85次／人年。（见表6.1）

表6.1 2013年台湾地区岛内旅游及中国大陆国内旅游状况调查

项目	台湾地区	中国大陆
国人国内旅游总旅次	14261.5万次	12855.72万次
平均每人旅游次数	6.85次	0.09次
平均停留天数	1.47天	3.18天
国人国内旅游总费用	新台币2721亿元（美金91.51亿元）	人民币1762.11亿元（美金284.52亿元）
每人每年平均旅游花费	新台币13070元（美金439.55元）	人民币1371元（美金221.31元）

　　另有台湾交通部观光局统计数据显示，台湾利用周末或星期日从事旅游活动的人数在旅游总人数中占比最多，占总人数的 59%，近九成的旅客以"自行规划行程"方式出游，平均旅游天数为 1.47 天，而在外宿游客中，有 20% 的游客选择民宿这一住宿产品，即在台湾的旅游市场需求上，旅游时选择民宿作为住宿方式的游客比例已从 2003 年的 2.4% 逐年不断提升至 2013 年的 5.1%。台湾民众参与休闲旅游的意识及能力高于大陆居民，对民宿的认可度更高，相应的选择意愿也更加强烈。在旅游消费水平方面两岸差距较大，台湾地区每人每年平均约花费 439.55 美元用于岛内旅游，而大陆地区 2013 年全年国内旅游营业总收入 1762.11 亿元，人均花费 1371 元，约合 221.31 美元，消费水平仅为台湾地区的一半。但在游客每次旅游在外停留天数上来看，大陆地区为 3.18 天，高于台湾的 1.47 天，这一维度势必影响到人民在外住宿的考虑，为民宿等住宿接待设施提供了大量的需求来源。

　　综上所述，两岸在经济发展水平方面的差距正在逐年缩小，大陆部分经济发达城市甚至已经超越台湾。但在休闲意识和旅游消费能力方面，大陆仍明显落后于台湾地区，因此通过刺激和引导人们的休闲旅游行为，同时对民宿进行有效的营销推广提高其在民众间的认知度和认可度，未来民宿业在大陆的发展市场广阔。

（二）土地制度及相关产业政策

　　台湾自 1949 年以来共经历了三次土地改革，其土地制度是世界公认的学习典范。1949 年至 1953 年间，针对当时台湾土地制度极为不合理，土地分配严重不均的情况，国民党政府通过"三七五减租""公地放领""耕者有其田"三个阶段，以和平渐进的方式进行了一场较为彻底的土地改革。这次土改使得台湾农村中的生产关系得到了根本性改变，农户的主体由佃农转变为自耕农，大大解放了农村生产力，提高农民的生产积极性。然而，小农经济对于农业生产的推动作用是相对有限的，到了一定时期，反而会成为农业生产发展的主要障碍。60 年代开始，台湾将经济发展的重心转向劳动密集型的工业生产，相对忽视了农业生产的发展。农民收入偏低导致务农意愿淡薄，并开始找寻其他副业方式维持生计，另有大批农村青壮年劳力涌入城市；另一方面大量耕地被占用致使岛内可耕地日趋减少，地价急剧上升，并且耕地荒废和占用现象十分严重，小土地私有制限制了农田经营面积的扩大。鉴于此情况，台湾于 70 至 80 年代进行了第二次土地改革，主要目的是摆脱以小土地私有制为基础的小农经营，实现农业专业化、企业化和机械化。此次土地改革的主要内容之一是推行农地重划，另外就是辅导小农转业。第二次土地改革在背景和内容上都与第一次土地改革有很大程度的不同：第一次主要解决地权分配不均的问题，将土地化整为零，摧毁农村中的地主经济，打破"大地主、小佃农"的局面；而第二次土地改革则是在以工商业为主体的社会经济形态下进行的，将土地化零为整，扩大农业经营规模，造成"小地主、大佃农"的局面。长期以来，台湾农地政策的核心是"耕者有其田"。但随着台湾经济转入后工业化时代，继续沿用这一政策将严重制约土地流转制度的改革，导致农地制度的僵化，因此台湾于 90 年代进行了第三次土地改革，改革重点在于解决农地的市场化问题，满足经济建设和非农业部门的用地需求，改善投资环境，提高农民收入，构筑适合台湾社会经济发展的"土地规模经营"新模式。1990年台湾当局对《土地法》进行修订和调整，私有农地所有权的转移活动中受让人不再限定必须为自耕农，这一改变为土地流转制度的改革扫清了法律上的障碍。这次修订实现了两点突破：一是放弃全面保护农场的立场，不再坚持优良农地不得变更为非农业用地的原则；二是从以往的供给引导，转为需求引导，开放农地自由买卖，严格监控农地农用，落实农地管理。90年代的第三次土地改革，主要解决了岛内农地市场化问题，放宽土地流转限制，这也是应对经济全球化和加入世界贸易组织的需要。

经过三次改革，台湾的土地制度在产权分配和交易流转方面得到了较大的成熟和完善，促使人地关系相对清晰。第二次改革后土地的化零为整为经营者们开展民宿事业提供了发展基础，使得利用自有土地和房屋进行民宿经营成为可能，并增加了业主的安全感和责任心。另外台湾政府对农业用地的保护在一定程度上帮助了台湾乡村旅游的发展，进而对民宿业起到了有益的促动，但台湾全面土地私有化制度也有其弊端，可能会造成土地规模狭小和土地投机盛行，对土地的有效使用和规模经营产生负面影响。

在我国，土地归国家所有，其他任何单位或个人只有使用权和益物权，有些旧有农宅的所有权属相当复杂。这在一定程度上加大了民宿业者进行开发和经营的心理阻力。但通过对大陆及台湾地区土地政策之对比分析可知，虽然土地私有具有其制度优越性，但流行的"土地制度决定论"尚有可议之处。土地产权的不同形式并非农业生产发展的绝对决定因素，而应决定于是否有利于农业的发展。土地所有制的私有或公有只是提高农业生产力的众多手段之一，大陆土地的公有产权有其缺陷，如产权模糊问题和滋生短期行为，但当今大陆土地的村级集体所有制度值得肯定，它一方面避免了土地的高度公有和国家所有，有助于维护和激励农村基层对土地生产的积极性和责任心；另一方面也避免了在一个人多地少的国家，实施土地彻底私有所可能造成的土地交易成本剧升、土地投机蔓延、土地规模碎小、以及贫富急剧分化。我国的农村土地流转政策也为民宿的发展提供了更为宽松的条件。现下我国土地制度所要完善的是延长土地承包周期，如延长到70年为限，并在70年后根据具体情况允许续约，旨在鼓励农民进行长期投资。同时应允许各地根据不同的经济现状，进行土地所有制的多元实验，即不仅仅是土地的村级集体所有，也应允许实施私有私营、公有私营、公私合营的多元土地制度，只要有利于农村生产力的提高、有利于农民生活水平的改善，不同的土地所有制只是一种经济手段和工具而已，政府皆应允许农民自由选择、优胜劣汰。在此基础之上，一些有创业想法的农民或城市返乡人士可以得到发挥其能动性和创造性的空间，进而对民宿业的整体提升起到促进作用。

除土地制度外，台湾对于与民宿相关的农业和休闲旅游发展的相关法律法规也相对完备。农业相关政策包括：台湾当局通过《休闲农业辅导管理办法》和《农业发展条例》来规范农业经营行为，涉及休闲农业和乡村旅游的规定合计约50部，主要分为休闲农业类、地政类、水土保持类、环境保护类、观光游类、经营类、其他类等七类，规范休闲农业区和休闲农业企业的申请条件以及对休闲农业区和休闲农业企业的管理及维护等，休闲农业和乡村旅游的规划、登记及运营均需遵循相关规定。当局也非常重视规划管理、制度与相关规定的衔接，如为配套实施《休闲农业辅导管理办法》所制定的实施细则非常详细，分别有计划审查、专案辅导、用地申请、建筑物设计规范等多个方面的配套政策，明确了审批的程序和标准，可操作性强，减少了人为因素对政策实施的影响。在土地政策方面，《非都市土地作休闲农业使用与兴办事业计划及变更编订审查作业要点》和《休闲农业辅导管理办法》中对土地使用及休闲农业区的面积作了明确规定；同时，农委会规定，对准备发展休闲农业的地点，需聘请专家进行实地考察、评估和审核，对获得评审核定的休闲农业区，均由农委会提供资助经费，用于相关设施的配套建设；其次，台湾休闲农业政策发挥实效较强。由于台湾当局在休闲农业发展的起步阶段就出台相关政策，之后每一发展阶段都出台相应的政策法规，注重规划管理，制度与法令衔接的规范条文，各项条文内容详细明确，并屡次修改，以适应休闲农业的发展，确保政策法规能够真正贯彻落实到实际操作当中。

为推动民宿发展，台湾当局还出台了各种支持鼓励政策并保障其有力实施。为了提供多数民众充足的休闲时间及建立休闲的观念，政府自1998年实施隔周休二日政策，乃至2001年更进一步实施"周休二日"制度，相对的两日以上的出外旅游计划也随之大量增加。台湾民众对于生活品质及休闲生活亦趋提升，更因政府及个县市推广的各种旅游活动使得民众的休闲活动大幅增加；再者，台湾政府出台了国民旅游卡消费政策。设立国民休闲消费特约店，不仅鼓励和支持把公务活动安排到乡村民宿，还把公务员的年休假制度与到民宿消费结合起来。对每位公务员实行发放国民旅游卡制度，要求每个公务员在年休假时有一半时间要到农家乐特约店去度假，并按职位高低在消费卡中打入不等的消费经费，普通公务员是每年16 000元台币，只准刷卡消费，不准取现和跨年度使用，用不完作自动放弃处理，若超过则可享受不同等级的打折和政府再补贴。三是台湾教育部门的制度化规定。城乡中小学生每个学期至少安排一天的时间，到教育休闲农场进行农耕文化的教育和实践。除专项法规政策外，在土地、环境、旅游、农业发展等领域的相关政策法规也有力推动了休闲农业的发展。

由此可见，在台湾的民宿业发展过程中，台湾政府十分重视政策法规的同步制定及实施监管。但是，根据交通部观光局发布的《民宿管理办法》，台湾地区民宿被定性为"副业"，其产业地位、社会影响和拓展空间会受到一定程度的局限。

（三）政府主管部门及民宿行业协会

台湾民宿业的健康发展仰赖其自上而下、系统完善的管理体系，台湾当局和社会各界都积极参与其中，为民宿发展起到了推动作用。2001年台湾交通部观光局颁布《民宿管理办法》，首次对民宿的合法地位进行了认可，《办法》对民宿的经营资格、设施和服务标准等方面都进行了严格的规定，并负责对民宿行业协会进行监管，而后各地方政府以此法为基准，结合当地实际情况出台了一系列针对民宿业的法律法规，完善了政府对民宿业自上而下的监管体系。相较而言，国内与民宿业相关的政策中更侧重于民宿的品牌形象、升级上档和服务标准等方面，这有利于民宿产业的服务质量提高，但对于民宿的资质、内容控制以及投诉纠纷的处理等方面监管力度薄弱。到目前为止，国内尚无统一法规对民宿的合法地位进行有效认证。建筑物所有者或租用者的自住住所与消费者进行居住权的交易行为，从目前的法律意义上讲基本都是不合法的。许多乡村地区的民宿经营大多暗自操作，在这种经营无序的状态下，消费者无法签订合法有效的服务合同，一旦发生纠纷，其利益无法得到保障，这对于消费者的人身和财产安全都造成很大隐患，也使民宿经营者的主动性和积极性都受到负面影响。

1960 年 9 月台湾奉"行政院"核准设立观光事业小组，1966 年 10 月改制为观光事业委员会。1971 年 6 月 24 日将交通部观光事业委员会和台湾省观光事业管理局合并改成交通部观光事业局。1972 年 12 月 29 日经"总统"公布《交通部观光局组织条例》后，隔年更名为交通部观光局，执掌全国观光事业。观光局设有企划、业务、技术、国际与国民旅游五个小组，此外另设有机场游客服务中心与国家封建管理单位，在国外也设有驻外办事单位以服务在外国的台湾游客以及对台湾旅游有兴趣之外国人。根据 2015 年最新修订的《发展观光条例》第一章第四条的说明："中央丰管机关为主管全国观光事务，设观光局；其组织，另依法律定之。"由此可以确立交通部观光局在管理全国观光事业的主导地位。

由上述几项，可以大致归纳出交通部观光局在民宿观光上所扮演的角色是基础，然而中央具备的是统筹功能，只能以一个大方向以及法规的设立进行约束，没有办法对各地的实际状况以及所发生的各项问题进行一一管理，因此各地方政府在民宿的发展上也扮演着相当重要的角色。为了健全台湾民宿发展，提升整体旅游服务品质，交通部观光局于 2001 年公布实施《民宿管理办法》作为管理辅导的基本准则。根据《民宿管理办法》第一章第四条的内容"民宿的主管机关在中央为交通部，在直辖市为直辖市政府，在县（市）为县（市）政府"，因此可以看出，中央的交通部观光局对于民宿有主导地位，设立法规、统整行销，一切的主导都要以交通部为依据；另外，"民宿的主管机关在地方为各县市政府所主管"这一点在《发展观光条例》第三章第二十五条中也有所体现："民宿经营者，应向地方相关机关申请登记，领取登记证及专用标识后，使得经营"。因此民宿的管理与辅导其实是由个地方政府在进行，而第二十五条接下来"民宿之设置地区、经营规模、建筑、消防设施之基准、申请登记要件、经营者资格、管理机关及其他应遵行事项之管理办法，由中央主管机关会商有关机关定之"。从这段话可以看出中央与地方的权责关系，中央主导所有的法律规范，并且召集地方和相关单位商讨实际管理的方法。《观光发展条例》第四条也有叙述："直辖市、县市主管机关为主管地方观光事务，得视实际需要，设立观光机构"。民宿乃是观光产业的一环，各地方政府在推广各地观光时往往也视民宿为其推广的重点之一。在不违背中央法规以及政策的前提之下，各地方政府可在其管辖范围和权责之内，对民宿进行辅导和监管的作为。近年来，台湾主管部门针对民宿业发展进行了政策上的推行，例如：当地市民事务主管单位规划设计山地聚落的当地居民住宅，其具备提供旅游住宿的功能，发展山地经济，创造就业机会；农政单位提倡休闲农业政策，容许在休闲农场内提供游客住宿设施；以及交通主管单位观光部门制定民宿管理办法等，使民宿由早期仅具备提供旅客平价住宿与食宿服务的功能到如今已有很大的转变；而且其服务项目更由仅单纯满足住宿需求转变成提供住宿体验或导览当地特色资源的领域服务。

在台湾，包括民宿在内的乡村旅游发展受到了政府的高度重视，并变成了政府行为。而游离于政府管理之外，对台湾民宿业发展起到更加重要作用的是台湾民宿协会。台湾社会化服务体系中有两大民宿协会，分别为台湾民宿协会和"中华民国民宿协会全国联合会"，这两大协会会员规模较大，组织化水平高，提供的服务功能完善。台湾民宿协会系台湾最早成立的民宿团体组织，成立之初乃是由一群热爱民宿之同好，为了分享彼此的经验与成果而组成的一个属于私人性质的非以营利为目的的"台湾乡村民宿发展联谊会"。而后参与的人数逐渐增加，会员除台湾各地优质民宿主人外，还包括热爱民宿产业的投资者和赞助者。为了争取台湾民宿的法令地位，协会于2003年4月28日正式向内政部申请设立人民团体组织，并定名为"台湾乡村民宿发展协会"，由吴干正先生担任第一届理事长。因应民宿产业蓬勃且多样发展的需要，同时为提升台湾民宿之品质，协会开始扩大会员参与率，增加赞助会员名额，其角色任务也逐渐有所调整，并于2007年更名为"台湾民宿协会"，秉承"利用自然田园景观、生态环境资源结合农林渔牧生产，推展乡村地区文化及农村生活，促进民宿发展及产业交流"的宗旨，由苗栗栗田庄庄主陈智夫先生担任第二届理事长，国际暨南国际大学郑建雄教授担任秘书长。协会将自己的任务设定为以下几个方面：促进民宿产业发展及国际技术交流合作；协助会员成立民宿及经营管理；推动民宿产业策略联盟及相关产业交流；推动民宿服务品质认证及整合行销；委办会员经营民宿之权益事项；办理民宿经营讲习及教育训练；接受机关、团体委托有关民宿及其相关产业之调查、研究或规划事项等。同期，协会举办了多场全省性民宿发展高峰论坛，提升协会的社会知名度，同时邀请多名产、官、学界知名人士担任顾问。2008年台湾升放大陆游客赴台游，为更好地为台湾国际及大陆观光旅客服务，协会将开拓国际客源、加强会员服务，以及财务自主性作为这一时期内工作的重点。鉴于前人的诸多付出与贡献，协会当下已拥有专业的经营团队，努力扮演政府、学术单位、民宿经营者与游客之间沟通的桥梁，以期能透过多面向的接触，听取多方的不同声音，让协会趋于完善。当前台湾民宿协会将工作重点放在以下几个方面：积极参与国内外旅展以增进会员在国际市场的曝光度；推动教育训练辅导下一代接班人；申请商标登记以巩固会员权益，协助媒合会员两岸交流合作以应对旅游激增的趋势等。透过上述项目的完成将对会员提供更加实质的帮助，并促进台湾民宿不断创新升级，提供国内外游客更美好的旅游体验应对全球旅游市场之激烈竞争。未来协会将着重推动民宿的品牌化发展以及加强国际营销，期望将台湾民宿打造成具有独特魅力之国际级旅游品牌，吸引更多的国际游客。

台湾各地方县市也有许多民间旅游组织积极行动起来，组成当地民宿协会或策略联盟，如：苗栗县民宿发展协会、宜兰县民宿发展协会等。各协会设立的主要目的是团结各地民宿的利益以及意见之统整，进而向政府提供意见以及行销的相关建议，这些机构都必须接受中央机构的管理。根据发展观光条例第五条的叙述："民营团体或营利事业，办理涉及国际观光宣传及推广事务，除依有关法律规定外，应受中央主管机关之辅导，其办法，由中央主管机关定之"。因此各民宿协会在开发国外旅客的做法上，必须仰赖中央的辅导以及资源的提供，各地方的意见，经由各地方协会之整合，或是交由较大的民宿协会统整或是直接与中央进行沟通，在法律的规范下进行相关事务。各协会之间也通过讲座、展示等活动彼此交流经营体验，互通信息以提升住宿率。另外为民宿经营者提供休闲农业经营技术、整体行销、开展国际技术交流活动、搜集资讯提供相关产业参考、加强与政府部门的沟通联系等服务。各级民宿协会或策略联盟主要起到组织、管理、引导、创新、营销等作用。

在两岸民宿的社会组织上，大陆也明显落后于台湾地区，这也是大陆民宿业相应比较落后的原因之一。在台湾民宿业发的初期，政府尚未介入管理，民间自发形成的行业协会在此期间对民宿业的发展起到了非常重要的组织、引导和推动作用。台湾的民宿协会是伴随着产业的发展而发展的，指导民宿整合当地的自然、文化、产业和生活资源，创造出极具创意、主题、特色和景观美学概念的乡村旅游产品。台湾民宿协会由市场自发形成，会员规模大，组织化水平高，提供的服务功能也非常完善，集组织、管理、产品创新与营销等功能于一身，在台湾民宿业发展上起到了主导性作用。如今台湾民宿业已整体发展成为世界级的旅游品牌，民宿协会的角色也逐渐发生转变，由过去对行业的组织、管理转变为重视产品创新和营销。目前台湾民宿协会的主要工作：一是对会员民宿进行经营或其他方面的辅导，如办理民宿产业经营管理培训课程；二是与公共部门之间进行协调沟通，帮助会员民宿争取政府的相关营销资源等。而大陆民宿业的社会组织虽然在总体上数量可观，但其产生和发展原因大都是由于政府的鼓励与引导，例如各地区"农家乐"协会，因为其自身定位和依托政府等原因，大部分行业组织只是在专业技术指导等方面发挥了一些基础性作用，而且各地区自行其政、组织松散，相互之间缺少沟通和交流，也更加没有引导和统筹管理整个大陆民宿业的能力。

台湾民宿业发展水平较高，在于其科学的管理、健康的发展理念、现代化的经营体系配合高素质的员工，使之成为可持续发展的产业。台湾休闲农场、民宿等建设均是规划先行，注重规划建设，并配备强大的人才队伍。休闲农场在建设前期需聘请专家实地考察、评估和当局审核后才开始建设。民宿经营者是一间民宿的核心，其散发出来的个人特质会直接影响民宿带给游客的感受。在民宿体验上，经营者扮演者很重要的角色，透过主人家的特质传达出他对于这一个地方的感情与认同，再借此传达给游客，打开他们对这一地方的记忆与感觉，透过情感的传达使游客感觉到家的温馨与受到情感的重视。民宿主人是否好客、是否健谈、文化涵养、语言能力等之类的能力在民宿未来的发展上都是很重要的。现代台湾民宿的经营者大多具有大学文化程度，甚至相当一部分具有研究生以上学历。例如台一生态休闲农场董事长张国祯，毕业于台湾大学，并任台湾大学实验农场主任兼经营组长。除经营者本身具有较高综合素质和能力外，针对一些有强化提升自身能力需求的经营者，各级农会及行业协会在乡村都设有产销班，用于相关人员的素质培训与产品营销。台湾在产学合作方面也做得比较到位，民宿从建设到经营、管理等各环节都需要一定的专业能力，若经营者感到自身能力不足以满足经营需要，也可通过与学校、专家或专门的科研机构进行合作，从而寻求专业的技术支持。为加强台湾民宿业与国际先进经营理念的接轨，各休闲观光农业协会还不定期安排人员进行出国学习考察或请外国专家来台协助规划设计。除了自身能力的提升，台湾民宿经营者还注重经营手段的创新，很多民宿经营者自发与同业或异业间形成民宿策略联盟。同业联盟即当某家民宿客满时，经营者会把游客介绍到与其有联盟关系的其他民宿去，避免顾客流失。异业联盟则是以合作互惠的方式，以民宿为中心，联合运输车队、农特产品销售、特色餐厅，甚至多语种导览等行业和人员，有效运用既有资源，创造多方最大收益。策略联盟的形式使得个体之间形成了相同目标及共同愿景，各经营者之间增进了向心力，也增大了民宿的影响力，进而促进当地观光业的整体发展。

反观国内民宿经营者，多数是由当地农民转型而来。较低的教育水平决定了他们的文化素养和整体素质偏低，他们大多未经过专业系统的业务培训，在经营水平和管理能力等方面都有所欠缺，小农经济自由散漫的生活状态也使得他们缺少良好的服务意识。这样的经营者往往缺乏业务思考，单凭自己的主观意识进行运作，只关心自己的经营状况，而忽视整体的经济环境，缺乏科学的管理制度和方法。在经营状况和服务水平尚不能保证的情况下，更谈不上市场意识和促销意识。对民宿的包装、策划与推广及其缺乏，相应的民宿产品在市场上辐射能力很弱，无法形成一定的知名度、吸引力和影响力。另外，在国内现有的民宿经营上，严重缺乏创新能力。旅游产品的设计和经营形式出现非常严重的同质化现象，尤其在同一地区范围内，产品相似度很高。偶有创新，也大多局限于对环境进行简单改造，或根据自身经济情况升级硬件设施等，缺少对当地乡村文化内涵的挖掘和利用，这一点上与台湾地区差距很大；另外，经营者对身份的认知多半停留在把自己当作农家的主人，而非乡村文化的建设者和传播者。跟游客的交流和互动很少，也无心对服务对象的需求进行了解，意识不到提高服务质量的重要性，无法与游客建立良好的关系。这些都将最终影响民宿经营者的管理决策和发展判断。

通过对大陆与台湾地区发展民宿业的条件和发展现状进行对比可知，大陆地区自然条件和旅游资源丰富，文化历史悠久，发展民宿业具有优良的先天条件。在新农村建设的推动和政府对乡村旅游发展大力支持的背景下，国内民宿业在未搞清楚正确发展方向的时机下就取得了爆发性增长，因此在管理和经营上都还落后于产业发展，整体尚处于发展的初级阶段。台湾和大陆在历史文化上同根同源，在深刻体现文化特征的民宿产业上，也是有着其他民族不可替代的相近性。因此我们可以从台湾民宿业发展经验中进行理性借鉴。

完善法规政策，发展行业组织民宿业更加持久、和谐的发展，离不开研究和政策的支持。目前大陆民宿业的法律法规亟待完善，不能仅停留在对农家乐等产品进行星级评定和划分的政策引导层面，而要做到对整个民宿产业进行有效监督和统筹管理。首先要对现有民宿业的发展情况进行充分考察，结合台湾经验因地制宜地制定相应的法律法规，确保民宿的合理法源地位，并对民宿在资格认证、定价基准、设施标准等方面进行严格规范，对服务内容与质量进行监督管理，以此为民宿提升发展提供政策保障，使整个行业能够在规范的环境中发展；其次，科学布局，统筹规划。鼓励农民以土地使用权、固定资产、资金等要素入股从事各种形式的民宿经营。鼓励发展以企业法人为经营主体，依托各类农业园区和特色农产品基地的民宿项目。各级政府要按财政增幅同比建立民宿财政专项资金，研究落实用地优惠帮扶政策措施，或对其进行信贷、税收等政策方面的倾斜优惠，采取有效措施解决乡村民宿发展中的实际问题。对于地域文化突出，特色显著的乡村民宿村落或单体民宿，政府还应在进行环境建设、基本设施配套、整体促销、人力资源培训资金等项目上，应给予资金或贴息的支持。同时，政府部门要加强乡村的基础设施建设，加强力度搞好乡村旅游环境整治、乡村旅游景区及周边的环境治理，全面推进旅游型村镇建设。要加快建设水、电、讯等基础设施，保证旅游村用水、用电、通讯等基本需求，基础设施的改善能使乡村民宿有更加广阔的发展空间。

此外，目前大陆的民宿行业组织过分依赖政府而尚不能自主发挥其作用，因此要将民宿引入市场机制中，利用市场的调节作用使其在规范的环境中自发形成行业组织并充分发挥其能动性。民宿行业组织可以发挥专业优势对民宿业发展起到组织协调等作用，其触角可以延伸至政府机构力所不能及的范围。同时民宿行业协会可以通过建设示范性民宿来鼓励当地民宿的规范发展；通过互通产业信息，为民宿业者提供新鲜资讯和先进技术；通过顾客满意度调查来提高民宿的供给满意度；通过行业投诉电话来保障旅游者的利益。在各市（县）及重点发展民宿业的乡镇、街道成立民宿工作协调小组，各级政府针对各级工作小组协会安排专项资金进行经费补助，对其开展的各类活动给予支持，鼓励其在日常管理、自律约束及品牌培育等方面发挥积极作用。

民宿产品特色化，产业集聚化。

从整体来看我国民宿业仍处于初级阶段，以简单的住宿接待及从事采摘、打捞等农业活动之类低层次的产品为主，且产品类型单一，同质化严重，缺乏对于民间、民俗文化和自身发展特点的挖掘。这种现状无法满足旅游者日益提高的旅游需求，制约着民宿旅游的发展。在下一阶段，民宿产品的多样化要成为阶段发展的重点，产品类型可涉及钓鱼、骑马、打猎、远足、教育课程、休闲农场等。针对高层次旅游者需求，个性化旅游产品，如滑雪、登山、滑翔、野外生存等也会相应出现，并逐步向产品专业化、品牌化的成熟阶段发展。民宿作为乡村旅游的重要代表，必须要凸显"农家"和"文化"两大特色，当地特色是民宿得以生存的基础和得以壮大的根基。当地居民的生产生活实际、乡村艺术文化，以及各种具有乡土特色的风俗习惯等，都会引起游客的极大兴趣，也是民宿可以包装凸显的特色。可借鉴各国各地的成功经验，按照因地制宜、突出特色、合理布局、和谐发展的原则，突出自身特色资源，深入挖掘文化内涵，有效增强吸引力与竞争力。通过科学编制和详细规划、环境营造、房屋建筑规划、特色经营等形式来彰显地方特色，并把体验式营销的思想贯彻其中，强调顾客参与，了解游客需求，把民宿与欣赏田园风光、体会乡村闲适生活、感受高科技农业等内容结合起来，用创新思维为旅游者设计具有核心资源、参与性强的特色民宿产品。

另外，单体民宿本身由于规模小，很难形成有影响力的品牌。而一个产业的竞争力与绩效与其产业结构有很大关系，产业的群聚程度与产业结构有重要关系，更会进一步影响产业的竞争优势。在日趋激烈的市场环境中，个体企业无法完备的顾及生产、管理和营销等多个层面，但可以通过群聚内的成员彼此间相互合作，达到提升整个聚集区竞争力的效果。因此我们可以借鉴台湾地区的经验，根据地理条件、自然资源、人文环境等将民宿进行区域化划分和规划，推进各分散的单体民宿连线成片发展形成民宿聚集区，通过整体包装实现规模效应，强化整体的品牌效应，增强游客的认知度和辨识度，逐步将产业推向成熟。

提升民宿业者素质。

民宿经营者的素质代表了整个地区的对外形象，更是当地民宿业健康发展的保证。台湾民宿之所以有丰富的内涵、优质的服务，与经营者的文化档次和服务质量紧密相关。台湾民宿经营者基本上都是大学毕业，硕士毕业也很普遍。加上国际化需求的影响，更决定了台湾民宿的品位和服务档次。

国内民宿经营者多由当地农民转型而来，或少数由文艺爱好者充当，他们一般缺乏专业的经营管理经验和相关专业技能，这直接影响了民宿业的发展与提升。因此需要政府及民宿行业组织对民宿经营者进行积极地指导。可以通过开展多层次、多渠道、多样化的教育培训对民宿经营者进行从理论到实践进行全方面综合素质的提升，不仅提高其在管理能力和服务标准，更要提高其眼界和经营理念。专业能力包括：客房服务、餐饮服务、旅游咨询以及解说导览等。除此之外，耐心周到的服务态度在日本和台湾的民宿业中表现得十分明显。台湾民宿经营者的理念就是让游客感受到温暖而朴素的家庭亲切感，并且让其体验大自然的魅力。因此还要引导民宿经营者转变落后的经营理念，重视旅游者的满意度和美誉度，充分利用民宿的家庭氛围创造亲和力；另外，要创造条件鼓励大学毕业的农家子弟返乡创业，改善从业人员结构，争取一批高学历，有新主题、新思想的新一代经营者加入这一阳光产业，为我国民宿业发展注入新鲜血液。同时注重交流合作，开展经常性业务交流活动，加强与台湾、浙江等民宿发展成熟地区之间的深度协作发展。

民宿的发展和提升，不仅要依靠经营者的管理和运营，也要配合相当程度的营销与推广。除了利用传统媒介外，更重要的是充分发挥互联网的作用。通过网络获取信息已成为当前旅游者的主要手段，因此要指导民宿业者充分利用网络和移动终端对产品进行推介。加强民宿网站的建设，完善网站的展示页面，增加在线预订等功能。另外，微信、微博等社交工具的普及为供需双方提供了方便快捷的沟通平台，宣传、咨询、预定、支付等环节都可以得到一站式解决。民宿业者也可以随时将好的创意进行分享，与客人一起通过民宿体验文化美感，感受生活哲学。

四、台湾金门古厝民宿案例分析及启示

（一）台湾乡村民宿案例分析——以金门古厝民宿为例

台湾地区民宿发展，可追溯至20世纪80年代。随着台湾早期开发的垦丁、阿里山、溪头等风景区的兴起，每到假日就有大量的游客前来观光，当地的旅馆数量无法满足假日游客的需求，居民就把自家房屋出租给游客，民宿也应运而生。后来随着国民所得的增加，周休二日的实行，为满足岛内居民深度旅游，度假休闲的需求，投资成本低、风险低的台湾民宿由此得以蓬勃发展起来。

1. 案例选择的原因

金门岛处大陆台湾之间，就在厦门海湾口上。金门位于我国福建省南部的厦门岛的东面、厦门港口外的台湾海峡中，是一座孤悬于海上的小岛（如图2-1），金门岛隶属金门县，人文历史长达一千六百多年。金门历史悠久，最早可追溯至晋代。金门民居建筑富有特色，保存完好，是一个特别且具有特色的民居聚落。金门地区门国家公园有保存较好的七大传统聚落，它们分别是琼林、南山、北山、珠山、山后、水头和欧厝聚落。

金门是一个非常特殊的地区，它还保留着完整的传统聚落，且存有原始的闽南古建筑特色，为了防止传统聚落风貌随时间消逝，金门国家公园管理处正积极推动古厝修复及活化再利用工作。

金门地区的闽南传统建筑是以中国传统建筑对称法则为建造基础，且带有严整和封闭的个性特征。其建筑布局是以有规模客观的三开间和五开间红砖白石双坡曲燕尾脊的汉式大厝为主，极具有建筑文化价值。作为当地民俗文化载体的古厝民宿不仅能让人更深入地了解中国传统建筑，而且能让人感受到金门地区的人文内涵，因此，本节选用金门古厝民宿作为案例分析。

2. "岛与浪花"古厝民宿分析及启示

"岛与浪花"民宿位于金门县金城镇欧厝17号，处欧厝（欧阳江水祖厝）聚落群里，其建筑格局形式为闽式一落四榉头。"岛与浪花"金门古厝民宿是属于合法特色民宿，曾获得金门国家公园103年度民宿银质奖。（图2-1）

图 2-1 "岛屿浪花"古厝民宿

（1）建筑风格及修缮方法分析

"岛与浪花"金门古厝建筑装饰有花枝招展的剪瓷雕、结实堆砌的水车堵、色彩斑斓的镜面墙、细密花纹的花岗石、鲜艳欲滴的烟炙砖，这些建筑装饰都流露着地域文化的风骨。"岛与浪花"金门古厝山墙装饰古朴简洁，较平缓的垂脊是为防止大风挂落砖瓦。"岛与浪花"金门古厝民宿门口有尊风狮爷，"风狮爷"寓为止风辟邪、制煞压胜的镇物。金门地区临海多台风，所以岛上随处可见英姿飒爽的风狮爷。

"岛与浪花"金门古厝民宿建筑的改造工程包括从水电到拆除加固处理，这主要考虑到以下五个方面：第一，考虑到民宿需要使用大功率电器，所以总电量必须配足，避免出现用电高峰期出现跳闸现象；第二，排水问题，为了避免排水管出现堵塞现象，单独外接新管，避免污染环境；第三，外墙的防水除了加固防水防潮防蚁虫措施；第四，建筑屋顶砖瓦的修补需翻新，隔若干片瓦用混凝土黏合红砖压实避免起风刮落瓦片；第五，屋梁柱这些承重构件要重新进行加固，开裂部分借助钢筋或新木材接缝支撑，重新涂抹防腐油漆。

（2）室内空间规划设计分析

"岛与浪花"古厝民宿空间划分细致，空间利用的弹性大。根据民宿所需要的空间功能来进行的规划，民宿室内有例如轻松休闲的庭院休憩区（如图 2-2），气氛热烈的公共大厅、摆放书籍安静闲适的小阅读区（如图 2-3），干净整洁的房间等。

图 2-2 庭院休憩区

图 2-3 公共大厅

"岛与浪花"民宿共有三间客房，其中包括两间阁楼双人套房，一间标准双人套房。客房各个房间的主题风格不同，且每间房间都配有一张双人大床及一套独立卫浴。标准双人间使用大面积的绿色，显得房间格调清新淡雅。

阁楼双人套房中内附一小阁楼，从扶手梯可爬上。阁楼房室内大面积采用粉红色，进而营造出一种浪漫的氛围。

由于"岛与浪花"古厝民宿年久失修，因而要以室内空间所能负荷的限度为前提，修护建筑主要的承重结构部位的强度与稳定的加固，在此基础上对建筑的空间与结构潜力进行二次开发，提高内部空间的可塑性。多数古厝外墙少窗、室内空间较为封闭且潮湿，"岛与浪花"古厝民宿运用开放式设计理念适当增加将光线进来，它不仅在外墙开窗，在内墙高处也安置半开敞式窗增加通风使得空间更加通透明亮。

金门古厝是时间积淀出的文化载体，历史文化内涵结合现代生活方式成为创造人文环境的最佳途径，突出空间的怀旧主体，引发人们对相关生活环境的联想。"岛与浪花"古厝民宿正是利用用现代的施工手段补充原有缺损的建筑主体构件达到新旧混搭，并保存原建筑空间的生活痕迹，用这种手法向人们展示时间的印记。"岛与浪花"古厝民宿厨房内还保留有中国传统民间家具乡村家具，经营者还别有用心地收集了金门地区所独特的物件，来对室内进行陈设。例如旧窗棂、旧条凳、旧门扇、古式面盆架、红眠床等，这些传统地域材质的家具无时无刻投射着旧金门的影子。

（3）台湾乡村民宿设计的启示

在台湾乡村民宿业者不断融合当地特色与生活美学，并发挥高度创意的努力下，台湾民宿产业市场已经可以依民宿主题风格区分出众多的次市场。尤其是旅游杂志或其他旅游资讯媒体都是消费者接触民宿产品的重要渠道，将民宿产品以主题特色分类，能让消费者依其偏好选择不同主题的民宿，以满足其休闲需求，例如欧风民宿，让游客有仿佛置身在异国的感觉，怀旧复古型民宿，可满足怀旧旅游者的情感需求，田园乡村型的民宿则可满足想放松身心的都市旅游人口。

台湾乡村民宿产品除了民宿原本应具备的基本服务如"床""早餐""主人"与"家"外，业者为能提升服务品质，主动导入了餐旅产业的专业服务内涵，例如菜单设计、用餐环境、服务礼仪、客房管理、紧急事件处理、解说导览、旅游资讯提供等，使得民宿产品因具有高品质服务的附加价值而产生创新。

台湾乡村民宿建筑本身就是一大亮点，它和当地的人文、自然景观和生态特色融合在一起，成为旅游文化的一部分。游客入住乡村民宿中，不仅能够欣赏自然风光，还有种做客人家的家庭归属感。游客可同民宿经营者亲密接触与沟通，一起体验精致的山居生活。

通过对金门古厝民宿的研究分析，我们可以看到自身地域建筑文化保护的缺失且改造的形式陈旧无新意。发展势头良好的金门民宿给我们提供：大量参考和借鉴意见，利用固有资源不需要大规模资金投资于建筑外墙或是内部装潢，只要提供从容舒适的家居环境即可。同时，发挥民宿的独特性让旅客感受到的不是视觉上的富丽堂皇，而是当地的人格气质与精神文化。主题风格台湾乡村民宿经营者从当地人文、自然生活中提取要素，创造出多样化的民宿产品，满足了旅游市场上的多元需求。

第三篇　服务篇

第五章　酒店服务的价值理论阐述

一、价值增值理论内涵

传统的价值理论认为，构成生产要素是劳动力、土地和资本，而把知识和技术看成是影响生产的外部因素。知识经济的兴起和发展，使许多经济学家把知识和技术列入生产要素的范畴，肯定了知识在推动经济增长中发挥的重要作用，开始了知识价值论的研究。随后有关价值理论的研究向纵向横向不断延伸，出现了诸如品牌价值研究，顾客价值研究等多项分支。

（一）劳动与资本价值论

对于价值的产生来源问题一直是价值理论争论的焦点。17世纪中叶西方古典经济学派代表威廉配第等开始针对价值理论的一些基本问题进行探讨。1817年大卫李嘉图批判地继承了亚当·斯密价值理论中的劳动价值论的观点，在既有理论的基础上进一步发展和完善了劳动价值理论，但李嘉图认为使用价值是交换价值的前提，商品中的劳动量规定商品的交换价值。李嘉图理论体系存在两大难题：一是资本和劳动的交换如何同价值规律相符合；二是等量资本提供等量利润如何同价值规律相符合。马克思在《资本论》中说明了商品的价值源泉、价值实体和价值决定。指明商品二重性是使用价值和价值，同时，劳动也具有二重性，即具体劳动和抽象劳动。爱德华内尔对与马克思的劳动价值沦的理解非常具有代表性，将其分为一般劳动价值论和特殊的劳动价值论。熊彼特认为相对以前的古典政治经济学的价值论，马克思的劳动价值沦没有进步。哈伯尔梅斯认为劳动价值论已经过时，由于技术和科学成了主要的生产力，要计算科学研究中的资金投资总额以及在不合格的（简单的）劳动力价值基础上的发展，再也没有什么重要意义。我国学者谢富胜认为劳动价值论是商品经济的理论概括，适用范围就是商品经济。马克思则是从物物交换关系中揭示出商品交换的本质，从揭示出来的价值本质中分析交换价值和价格的。仇德辉认为不断地进行创新与争论使得劳动价值论产生和成长，因此，马克思的劳动价值论只是劳动价值论的一个发展阶段，并非劳动价值论的终点。

伴随着经济的不断发展，资本逐渐取代劳动力成为企业价值创造的主体。不仅劳动创造价值和财富，资本也开始大量为企业创造价值和财富。价值的构成范围在随之扩大。新古典经济学的奠基人马歇尔把资本定义为一个人从他的资产中期望获得的收入的那部分，包括为营业目的所持有的一切东西在内。新古典综合学派的代表人物保罗萨缪尔森在其影响很大的经济学教科书中，给资本下的定义是用来表示一般的资本品，强资本在本质上意味着时间的耗费和间接的生产手段。资本分为有形资本和无形资本，其中有形资本如企业生产使用的厂房、机器、原材料等，是最基本的生产要素。美国的路易斯凯尔索和杰阿德在其合著的《资本家宣言》中指出既然劳动价值论是虚幻的，资本和劳动一样都是财富的生产者，那么一切从劳动价值论引申出来的结论，就完全没有根据。资本创造价值逐渐呈现出由有形资本向无形资本转移，由物质资本向人力资本转移的趋势。张晋光认为企业无形资本价值是由企业内部各方面因素综合作用所决定的，这其中包括产品创新和人力资源状况。

（二）顾客价值理论

资本价值理论顺应时代变化，大大拓宽了企业进行价值创造的思路，扩大了价值来源的范畴，但价值提升对企业核心竞争力提升的促进作用仍有待完善。通过价值创造企业新的竞争力，通过价值提炼企业新的竞争力，以企业价值链中基础和核心活动作为价值提升的起点。如何将价值创造完全有效的转变为价值实现，是需要理论界继续深入研究的课题。实践的不断演进逐步推进传统资本价值理论向顾客让渡价值理论的观念和方法转换。20世纪90年代很多经济管理学者从不同的视角对顾客价值进行了研究，包括价值链理论。Woodruff通过实证分析，提出顾客价值是顾客对特定使用情景下有助于实现自己目标和目的的产品属性、这些属性的实效以及使用的结果所感知的偏好与评价。顾客价值让渡理论是在不改变企业价值总量的前提下，通过不断调整企业价值结构，平衡企业核心竞争力与非核心竞争力，把企业所获取价值以企业和消费者共赢的方式进行新的结构划分，从而让消费者在感受到自身价值不断提升的同时，为企业赢得了新的客户源和市场价值，改变了消费者对企业传统盈利模式的认知。

消费者感知产品价值理论指出消费者是通过比较产品成本与获取的功能后对产品价值进行的再认知和再实践，体现在产品效用的重新组合。1996年美国市场营销专家菲利浦科特勒通过对几百家企业的调研在世界范围内提出顾客让渡价值理论。相比对美国营销界影响最大的定位理论，顾客让渡价值是指消费者在企业购买所需产品及服务后取得的总价值和支付的总成本之间的差额，其中顾客总价值包括产品价值、服务价值、人员价值等；顾客总成本包括货币成本、时间成本、体力成本等。顾客在购买产品或服务时，通过所获取产品的实际应用价值和消费者所支出的成本进行比较，在一系列可能选项中挑选出产品价值相对最大，支付成本相对最低，也就是顾客让渡价值最大的产品或服务再进行购买。目前，学术界对顾客价值认识尚未达成统一意见，而且随着网络等新型消费方式的发展，顾客消费行为、顾客价值都出现了新变化和新特点，因此有必要对不同背景下顾客价值进行进一步的研究。

（三）文化价值理论

企业文化理论兴起于 20 世纪 80 年代。九十年代以后，越来越多的企业意识到组织文化对企业发展的重要性。企业文化理论研究也逐渐向应用研究方面发展。美国学者威廉·大内在《Z 理论——美国企业界怎样迎接日本的挑战》著作中以美国各类企业为例，对企业类型、企业结构、企业市场拓展与企业文化的关系进行了系统比较分析，在此基础上提出不同于传统理论的 Z 型结构企业组织及相关结构。美国麻省理工学院教授爱德加沙因《企业文化与领导》中，以福特、迪士尼等美国企业的文化价值与松下、索尼等日本企业的文化价值进行对比分析，总结出美国企业文化更多是在尊重个体价值基础上的集体认同与相互作用，并形成企业内部的整套价值规范体系。

特雷斯迪尔和艾兰肯尼迪在《企业文化》中提出，构成企业文化的要素总共有五项，即企业环境、企业所认同的共同价值观、企业历史上出现过的集体英雄、企业各类文化仪式活动、企业成员间相互作用形成的文化网络。许多学者对企业文化的类型展开讨论，比如美国哈佛商学院教授科特勒和詹姆斯，赫斯克特共同完成的著作《公司文化与经营业绩》。美国麻省理工学院沙因教授通过接触大量美国及其他国家的制造业和服务业企业，总结出企业文化新模式，并在 20 世纪末出版专著《企业文化与领导》。随着经济的发展，西方企业面临来自不发达地区各方面力量的综合竞争和市场挑战，相关企业文化理论研究也逐步从对企业文化的概念内涵和基本结构框架的设计演变到对企业文化运行规律及内在机制的研究。90 年代初期美因哈佛商学院教授科特勒和核斯克特出版《企业文化与经营业绩》，提出重视企业文化的公司经营业绩远远胜于那些小重视企业文化的公司。

近些年国内学者对企业文化对提升企业竞争力方面也进行了大量研究。与国外企业文化研究相比，中国的企业文化研究比较薄弱。中国的企业文化研究还停留在粗浅的阶段。赵曙明（1993）教授在中日美欧企业文化比较及跨文化管理中对中日美三国的企业文化发展及差异作了比较研究。贾春峰（1995）在《文化力》中对企业文化要素做了分析，并分析了文化力对企业管理的作用。刘兴国（2002）认为，知识经济是以知识为基础的经济，它以信息经济和网络经济为技术基础和发展平台。潘宇（2004）等提出企业文化是企业在经营过程中其商业价值取向和专业价值取向的总和。倡导健康的企业文化是维持企业发展、促进企业进步的关键所在。刘元芳（2005）提出技术创新和企业文化已成为现代企业可持续发展的两大驱动，优秀企业文化对技术创新有着深刻的影响和推动作用。成斯利（2005）认为企业文化是企业在长期实践中逐步形成的群体意识和价值观念。随着市场经济的发展和现代企业制度的建立，建设和培育优秀的企业文化成为企业制胜的法宝。梁琳娜（2006）提出企业的优势来源于企业培育的核心竞争力。通过对企业文化与核心竞争力关联性的分析，提出创建优秀企业文化提升企业核心竞争力的途径。吴健（2007）从观念的更新、制度和技术的创新、企业文化内容的创新、诚信文化的建立、企业文化的执行、企业价值观的培育等方面对企业文化的创新进行了阐述，最终达到提升企业竞争力目的。

（四）创新理论演进

近几年来，创新型国家概念的提出，使得创新成为各领域发展的重要因素，而面对越来越多的竞争压力，产品创新也已经成为各个企业占领市场，取得竞争优势以及企业持续发展的需要。但在诸多创新研究中，目前相对注重于技术创新及有形产品创新的研究，对服务产品创新的研究有所忽略。

从宏观上组织实施创新可以追溯到工业革命之前，其雏形最早出现在 1640 年前后工业革命发源地英国科学社会活动家约翰威尔金斯极力倡导提出的哲学学会。但创新理论却是在 20 世纪初开始形成。创新理论发展经历了四个比较明显的发展阶段，主要代表是以李斯特创新思想为首的早期思想，熊彼特的创新理论，新熊彼特理论以及国家创新理论四个时期。德国经济学家李斯特在对创新相关研究进行总结基础上结合德国工业发展实际状况对创新理论进行了框架设计，并在 1841 年出版《政治经济学的国民体系》，率先提出了政治经济的国家体系的概念。此外，他还明确地强调了一国内生性科学技术能力的重要性，并提出了四种可供选择的政策工具，但他的理论体系还比较粗糙零散，还不完整。美籍奥地利学者熊彼特真正从理论上提出创新问题，并为后来的学者指明了分析方向，并于 1912 年出版《经济发展理论》。由于受新古典微观经济学的影响，早期以熊彼特为代表的创新研究，多将企业简单地看作是生产函数，侧重于单个企业的技术创新研究。20 世纪 70 年代后，国际上出现了五种具有代表性的企业技术创新过程模型：技术推动模型，需求拉动模型，技术与市场交互作用模型，一体化模型，系统集成网络模型。此外 Kline，Rosenberg（1986）提出了创新的交互模型，Foray（1993）提出了创新的重组模型，Henderson，Clark（1990）提出了结构创新模型，Gallouj（1997）提出了创新模式分为根本性、改进型、渐进性、独特性和重组性创新，以及 R.Nelson 和 Nathan Rosenberg 的技术国家主义观念和国家创新系统的比较分析。

（五）技术创新理论

技术创新理论是研究创新理论的基石。通过整理和分析技术创新的相关研究成果，为酒店服务产品创新提供理论前提。

1. 技术创新理论的内涵与发展

技术创新理论是由经济学家熊彼特 1912 年在《经济发展理论》中首先提出。熊彼特认为创新是一种把技术进步和社会经济发展联系起来的机制。他把技术创新定义为建立一种新的生产函数或供应函数，即企业家对生产要素进行新的组合。之后众多创新领域的研究者从不同的角度和层次，对技术创新进行了研究。爱德温，曼斯菲尔德认为技术创新是一种新产品或工艺首次引进市场。世界经合组织把技术创新定义为包括产品创新、工艺创新，以及在产品和工艺方面显著的技术变化。随着研究的不断深入，技术创新理论研究逐渐发展成为创新理论研究的一个重要分支。主要研究代表如 Edwin Mansfield 的模仿论，

Morton I.Kanmlen 和 Nancy L. Schwartz 的市场结构论，G.Mensch 的技术僵局论，P.Stoneman 等人的扩散模式论与新扩散模式论。他们从技术推广、扩散和转移，以及技术创新与市场结构之间的关系等方面对技术创新进行深入的研究，其中众多学者对技术创新动力因素的进行了相关研究。Carl P. Carlucci（2002）认为，企业的制度与管理是技术创新动力的构成要素之一。Miller，Friesen（1982）认为企业家导向是技术创新动力系统的构成要素，Lumpkin，Dess（1996）也对此进行了验证。彼德鲁克在《创新与企业家精神》中探讨了企业家创新精神的动力。Harst Albach（2001）则认为企业文化是动力系统中的主要因素。

2. 技术创新的类型和结构

研究技术创新类型结构，主要在于剖析技术创新的不同形态及其形成的条件与影响因素，进而正确抉择技术创新的方法与途径。关于企业技术创新的类型，国内外学者从不同的角度进行了多种划分，其中有代表性的分类方法有：英国学者弗里曼根据创新的性质将技术创新分为渐进创新、基本创新、技术体系的变革和技术——经济范式的变革四种类型。我国学者傅家骥根据中国的实际情况，将企业技术创新也分为增量型创新、技术开发型创新、市场开发型创新和根本型创新四类。我国学者远德玉、王海山提出企业技术创新的类型结构。陈文化在总结国内外学者技术创新分类的基础上，提出了更详细的分类体系，并提出了整合创新概念。企业技术创新按创新内容分为意识创新、技术性创新、市场营销创新、制度创新、组织管理创新，按当代技术创新的整合特征划分技术性整合创新、结构性整合创新、功能性整合创新。

3. 技术创新应用研究

我国学者对技术创新的研究于近十几年起步，随着研究深入，对技术创新的研究由单纯的介绍西方技术创新理论逐渐转向对我国企业技术创新活动的实证研究，研究包括对创新内涵的诠释、创新动力的分析及运行机制等。浙江大学项保华博士提出了技术创新动力的分析模式，武汉理工大学万君康教授提出了技术创新的期望理论，许小东提出了技术创新期望风险动力论，王海山提出了技术创新动力的 EPNR 综合模型，谢薇提出了技术创新动力的 E-E 模式。傅家骥将技术创新活动的激励分为两个层次、四大因素，四大凶素包括产权制度、市场制度与结构、政府政策和企业制度，两个层次体现在企业的微观层面和国家的宏观层面。中山大学的张永谦，郭强认为对企业技术创新活动最主要的激励形式有两种，即市场激励和社会激励。

王彬彬（2006）以白丰创新的动力系统为研究对象，分析了政府、企业等在自主创新过程中的功能定位，对技术创新的动力机制进行了研究，并构建除了协同动力模型。陈劲等（2006），通过对宝钢创新管理机制的研究，分析了技术和市场协同创新过程中各要素间的协同联系和协同功能。郑刚、梁欣如（2006）从全面创新管理的理论视角了对技术创新过程中各关键要素的协同机制进行了探讨，提出了各创新要素全面协同的概念。许庆瑞等（2006）从理论和实证角度分析了企业技术与制度创新协同动态性，提出在企业生命周期的不同阶段创新协同体现出技术创新主导型、制度创新主导型、技术创新与制度创新共同主导型等三种模式，构建了创新协同演化模型。李垣等（2007）在对河南省 300 多家企业问卷调研结果分析的基础上，研究了企业自主创新动力因素如何影响并促进企业自主创新活动，并对各个动力因素的重要度进行了评价和比较。实证表明：企业家精神推动和市场推动是促进企业自主创新的主要因素。

王慧，康璞（2008）对企业技术创新的过程进行系统分析，提出具有实用性和可操作性的企业技术创新能力的评价指标体系。尹建海，杨建华（2008）分析了目前企业技术创新绩效评价体系中存在的缺陷和不足，结合企业技术创新的特点和现代企业技术创新的发展趋势，创新发展了平衡记分法应用于新领域，提出了更为重视社会生态环境和未来发展的增强型平衡技术创新记分法，从财务、客户、流程、发展及社会生态等 5 个方面全面设计建立了企业技术创新绩效评价指标体系，并对每项指标进行了详解。刘宗葆，彭艳（2008）从实用角度出发构建了基于技术创新能力的高科技产业竞争力基本要素，包括技术水平与创新能力、人才资源开发利用、产业平均成本、产业规模、产业组织制度、产业发展环境、市场占据能力及市场占有率等七项指标。柳飞红，傅利平（2009）采用三角模糊数构造三角模糊数互补判断矩阵，进而确定各指标的权重，符合企业技术创新能力模糊性的特点，能够比较科学地客观地确定技术创新能力评价指标体系中各指标的权重。刘中文等（2009）在文献调研和专家筛选的基础上，根据评价指标体系设计的原则，从技术创新投入能力、技术创新支撑能力、技术扩散能力、技术创新产出能力和可持续创新能力五个方面选取了 22 个要素作为评价指标，构建了一套系统、量化、适用的区域技术创新能力评价指标体系。田依林（2009）构造了判断矩阵并计算出各指标的相对权重值，进行了一致性检验，建构了企业技术创新能力评价指标体系基本模型。徐新，高山行（2009）为了建立测量指标，应用文献归纳法将资源、能力和成果归属指标可操作化，最终确定以 19 种资源、33 种能力及合同中约定的技术成果归属来表述企业技术创新的自主性内涵。技术创新是提高企业竞争力，促进企业持续发展的主要途径，而技术创新风险因素的识别和技术创新风险指标体系的设计，是对技术创新这个高风险活动进行有效管理的一项重要的基础性工作。史宝娟（2010）建立了三维技术创新风险指标体系，并运用灰色关联分析方法对各技术创新风险因素的重要性进行了分析，归纳出需要重点考虑和防范的关键因素。葛红岩等（2010）通过分析影响企业技术创新的内外部动力因素，构造了一个企业技术创新的动力机制模型，然后建立了相应的评价指标体系，最后提出了研究设计与数据处理方法。

（六）产品创新理论

产品创新对于提升企业的核心竞争力具有重要作用。Bowen 等认为开发新产品是产业的基本过程，也是竞争力及其更新的来源。20 世纪六七十年代开始，学者们开始从事产品创新领域的研究，研究涉及产品创新定义，产品创新成败，产品创新组织，产品创新的方法研究以及产品创新实证模型研究等方面。

1. 产品创新的定义及案例研究

产品创新案例研究主要是以案例调查为主。Rothwell 通过大样本调查与对比分析的方法，归纳总结产品创新成功与失败的影响因素。Rothwell 对以前的研究进行了总结性回顾，归纳了与产品创新成功相关的影响因素，如组织内外部良好的交流合作环境，仔细的计划、项闪控制程序的执行，有效的产品开发相高质量的生产和管理，有效的售后服务，创新人物的出现，等等。国际经合组织从市场角度对产品创新进行定义。浙江人学许庆瑞教授和清华大学傅家骥教授分别从产品的技术、市场、创新角度出发，对产品创新的内涵、要素、结构、特征进行了定义。武汉理工大学胡树华教授研究认为现代企业产品创新是建立在企业产品整体概念基础上的，以企业市场为导向的系统工程。Cooper 教授认为产品创新的关键在于产品各方面力量的协同推进。Polk（1996）等在考虑高技术产品创新的特定背景下，从技术风险角度探索高技术产品创新项目的成败影响因素。Griffin，Page（1996）重点研究了产品创新成败标准的测度，认为针对不同类型的项目战略应当有不同的成败测度标准。

2. 产品创新组织及方法研究

Brown 等从组织视角分析公刊产品创新，认为产品创新成功的关键因素是组织的联盟和团队，从而保证新产品开发成功。经济学家们对复杂产品的创新进行了大量研究。Mike Hobday（1998）认为复杂产品指的是高成本高技术系统化集成的产品。复杂产品的开发研究涉及领域广泛，需要许多机构配合完成，产品开发成功后对经济社会影响火。因此研究复杂产品创新意义重大。Davies（1998）认为复杂产品创新分为两个阶段，首先是概念产品形成阶段，然后进入到复杂产品开发制造阶段。实际上随着经济技术的不断发展，并没有一种创新模式能够完全涵盖复杂产品创新的各个阶段。陈劲（2004）通过对复杂产品系统和企业技术能力的分析，提出从技术宽度和深度两个维度来认识复杂产品系统，构建出复杂产品系统技术研究开发的选择模式。缪小明等（2005）通过相关文献分析，发现产业集群在复杂产品创新过程中发挥了积极的作用，这主要是由于集群内企业之间的知识外溢，以及集群内企业之间的相互理解与支持，而这些正是复杂产品创新成功的关键因素。

3. 产品创新模型与实证研究

申元月通过对产品加速化创新存在的各种风险的分析，指出在产品加速创新过程中始终存在着产品性能与开发周期之间的矛盾通过建立产品创新最佳周期选择模型，确定出最佳周期及最佳性能。胡树华在《产品创新管理》一书中开创性地提出并建立起了产品寿命周期的战略分布模型。管顺丰等将该理论研究与实际结合，进行实证研究。指导企业有效集成企业的创新资源，帮助企业建立起系统、高效的产品创新管理系统。陈劲（2005）在案例研究的基础上，提出了复杂产品创新的过程模型，并对诸阶段分别加以详述。在复杂产品创新过程中，还有许多问题值得深入探讨，例如复杂产品系统创新过程的组织结构、风险的控制、能力的评估等，还需要进一步系统分析，以期未来能将理论更好的应用到生产实践活动中。

（七）服务创新理论与蓝海战略

Gronroos 认为从满足顾客的需求上看，服务产品由核心服务，便利服务和支持服务构成；从顾客服务感知过程看，服务产品分为叮达性、顾客、生产者的相互作用和顾客参与等因素；从企业形象和营销沟通上看，服务产品包括形象因素和市场沟通因素。国内李江帆教授认为服务产品即以非实物形态存在的劳动成果。金周英和任林认为服务指通过提供必要的手段和方法，满足接受服务之对象的需求的过程，服务产品包括了物质服务和非物质服务，核心技术为软技术。清华大学刘丽文教授认为服务应该包括四个组成要素：显性服务要素，隐性服务要素，物品要素，环境要素，而服务提供系统形成的服务特色就是服务产品。在服务创新动力及影响因素研究方面，Keegan 和 Turner 认为，推动创新的关键因素之一是和外部技术组织的良好交流，首要的是对市场的关注，以及通过教育和帮助加强用户参与。Kuusisto 和 Meye 的调查结果显示，信息技术是服务创新的关键驱动力，同时购买者行为也是减缓服务创新的因素之一，创新服务的流动受到顾客使用新服务能力的限制。此外，反常规的变化增强了竞争，使得新型服务被开发出来并提供给顾客，而行业结构的刚性、竞争的缺乏、生产能力的过剩则导致服务创新驱动力不足，形成服务创新障碍。

国内学者对于创新效果研究在 20 世纪 90 年代开始逐渐增多，但大部分集中在技术创新效果方面。目前，我国对于服务业创新效果方面的研究还处于初始阶段，现有的研究成果较少。徐仰前等在对酒店服务产品创新的不同层次进行分析的基础上，运用多层次模糊综合评价方法给出了酒店服务产品创新效果评价的指标体系及评价过程，实现了对酒店服务产品创新效果的定量评价，因此，对于服务业创新效果的评价研究还有待深化。

1. 蓝海战略内涵

蓝海战略由著名学者钱金和勒妮莫博涅于 2005 年提出，他们首先假设市场空间由红海和蓝海两种海洋组成。红海是指目前已经存在的行业，是已知的市场空间，其特点是市场渐近饱和，利润空间小，各企业间竞争激烈；而蓝海则指当前还未出现的行业，即未知的市场空间，其特点是市场尚未开发，利润空间大，竞争不明显或不存在竞争。基于对市场的划分，企业所执行的战略也有所不同。红海战略是指企业在红海市场中实施的发展战略，例如波特的竞争战略；蓝海战略是指企业在蓝海市场中实施的战略，钱金和勒妮莫啤涅指出蓝海战略制订与执行时应遵循的原则，并首先提出了蓝海战略模型，包括战略布局图、四步动作框架以及剔除、减少、增加、创造坐标格等工具，可以帮助企业重新制订分析框架，构建买方价值因素，创造新的价值曲线，从而制订自身的蓝海市场战略。

同时蓝海并不是静止的，当一家企业成功开创出一片蓝海后，会吸引更多的企业争相加入，蓝海就会逐渐变成红海。此时企业若要保持竞争优势，最佳选择就是通过寻找下一片蓝海，来拓展企业生存市场，因此需要企业持续的创新能力来开创并经营好蓝海市场。

2. 蓝海战略的理论核心

蓝海战略提供了一种新的战略思考范式，从基于竞争对手的考虑转换为基于顾客需求价值的考虑，直接针对顾客的需求，分析顾客的真正需求及潜在需求，并针对这些需求实现价值创新。价值创新与传统的产品创新和技术创新不同，传统的产品创新或技术创新是在现有市场中提供可替代的新产品或通过改进技术，提高生产率来保持市场占有率，打击竞争对手，并没有从本质上改变所提供的效用价值；而价值创新是挖掘现有市场边缘的潜在需求，并提供差异化的有效服务，突破现有行业结构，为顾客提供新的效用价值，从而开拓出一片新的蓝海市场。

钱金和勒妮莫博涅也在《蓝海战略：超越产业竞争、开创全新市场》中指出：价值创新是蓝海战略的基石，并认为在企业行为对企业成本和客户价值同时带来正面影响时，就会实现价值创新。由于企业初始进入一个行业，蓝海战略是以低成本为顾客提供效用价值，同时得到极高的企业价值与顾客价值，进而获得了价值创新。因此，价值创新贯穿于企业的各部门，体现在企业的成本、价格及效用上。也有学者认为蓝海战略所体现的价值创新包括效用创新和成本创新，对需求方顾客来说，是效用价值创新，对供给方企业来说，是成本价值创新，使双方各自获得的价值都出现飞跃。由上述学者观点可见，价值创新作为蓝海战略的理论核心，区别于产品创新与技术创新，不是作为企业的内部系统战略，而是企业整体行为决策体系的战略问题。蓝海战略要求企业的整体运作体系，在实现企业价值的同时，满足顾客需求，实现顾客价值。将企业价值与顾客价值结合起来，做到价值创新，实现成功开创蓝海。

（八）价值创新的内涵

酒店服务业价值创新是建立在对顾客需求全方位、多角度感知基础上，结合当地经济、社会、文化环境，立足酒店服务的各个层面，以满足需求、引导需求、超越需求作为服务导向，将餐饮、客房、娱乐设施等有形环境与服务理念、服务标准、服务形象等多样形态有机结合，形成模块管理、特色衔接、顾客认同的服务创新体系。在文化创新的大背景下，酒店服务业作为城市的窗口，更应在酒店服务的方方面面体现地域文化特色，以文化影响力提升价值创新度。

酒店服务业价值创新效果可以通过客房入住率、单位面积利润率、顾客投诉率等多个指标直观反映，以此建立价值创新效果的逆向追溯体系。价值创新的整体定位需要酒店服务业既能与周边环境融为一体，但同时又能在区域环境中凸显自身主题特色。价值创新效果与价值创新意识密切相关，与酒店规模、资金投入并无明显关联，价值创新也是规模较小、资金有限的酒店超越人型酒店的有限途径。当顾客被酒店价值创新所带来的服务冲击影响时，自然会降低对酒店硬件设施的苛求，通过价值创新使精神文化的享受超越了物质文化的层面，更降低了对酒店服务业各类价格的敏感度，因此，酒店服务业价值创新可有效提高服务质量，提高顾客对酒店的价值诉求和精神享受，超越顾客对传统酒店服务业的价值认知，以整体价值创新感染和影响顾客，改变顾客的消费认知，降低顾客的价格敏感程度，以思维冲击提升顾客对酒店服务业的品牌认同，最终实现顾客需求与价值创新的融合，以价值创新拓展酒店服务业的服务范围和空间，提升酒店服务业竞争力，推动服务理念的不断创新。

二、酒店服务业创新与价值增值的内在联系

（一）酒店服务业创新的内涵

1. 酒店服务业创新的定义

酒店服务业创新是指针对满足顾客食宿、休息及娱乐等需求而提供的一系列的与此相关的酒店服务业的改进与更新。这种创新既可以是开发一项新的服务，也可以是对原有酒店服务的改进和优化。酒店服务业创新从服务创新的程度可分为始创业务，在服务市场中引入的新服务，服务产品线扩充，服务改进、风格和形式的变化等。从服务创新涉及的范围可分为战略层酒店服务业创新，是对酒店发展具有长期影响的酒店形态的创新，如选择何种类型的酒店，主题型、商务型、度假型等；选择何种经营方式，公寓式、分时度假型等，如何在分析顾客需求变动之上选择新的未出现的酒店形态等。战略层的酒店服务业创新有助于企业避开红海（即竞争激烈的已知市场空间），驶入蓝海（即蕴含庞大需求的新市场空间）。战术层服务业创新指在既定的酒店形态中所选择的用于满足顾客的具有酒店特色的服务形式及运作方式的改变及创新。如对于商务型酒店选择什么样的客房产品作为服务产品等。操作层服务业创新是对顾客提供各种服务时的一些服务细节、服务流程、服务方式、服务态度等创新以及服务对象需要消费物品的创新。

2. 酒店服务业创新的特点

酒店业的服务创新与其他行业有不同的地方，它的特点体现在：

①酒店服务业创新包括有形产品和无形服务创新。包括：服务产品品牌、服务方式、服务流程、服务环境等无形的产品；还包括与此相关的有形物品创新。

②酒店服务业创新相对难点在于对创新过程进行控制，尤其是与操作方式等有关的服务创新，其具体实施与酒店的基层员工的服务水平、态度以及对创新后服务方式的把握更为相关。

③酒店服务业创新相对于一般产品创新更需要员工的支持与执行。酒店业属于劳动力密集的行业，酒店员工对酒店服务创新工作的支持与认真执行，才能够确保服务创新的实现。

④酒店服务业创新一般不能用知识产权和专利进行保护。酒店服务主要以无形产品为主，因此对于这些很少能用知识产品和专利进行保护。

⑤酒店服务业创新很容易被模仿，技术门槛较低。酒店行业属于低技术性行业，服务的技术多为软技术，这些技术只要对员工加强培训就能够进行把握，因此其容易被模仿；但同时酒店行业也属于固定资产密集型行业，对于酒店形态等创新，虽然较为容易模仿，但由于需要资金大量投入，因此又不容易在短时间被竞争对手模仿。

（二）酒店服务业价值增值内涵

1. 竞争优势和长期获利能力的基础

价值形成于人类对财富的转移和交换活动。所谓价值是指物对人所意味的利益，是物的效用和人的需求的统一。价值概念包含着不同层次和内涵。对消费者来说，商品价值是指商品能否或在多大程度上满足需要；对生产者来说，价值就是花费成本生产出来的商品能否或在多大程度上带来效用或利润。商品本身是价值关系得以建立的起源和前提，人的需求是其动力和目的，价值关系是两者的对立统一。迈克尔波特在《竞争优势》中明确了竞争优势与价值的关系，认为从竞争观点出发，价值是顾客对企业提供给他们的产品或服务所愿意支付的价格。价值由总收入来衡量。竞争优势源于企业能够为顾客创造的超过创造的成本的价值，这个价值则是顾客为所需要的产品所付出的价钱。

从市场和会计学核算角度来理解，企业价值指企业的总资产价值、股权价值、投资价值等。从马克思政治经济学角度来理解，企业作为一个商品具有的价值与使用价值，其价值表现为其被吸收或合并时的交换价值，其使用价值在于企业能够持续创造价值的能力。从顾客角度来理解。企业价值源于顾客对其产品的满意程度与认可程度。可以通过顾客对企业提供给它们的产品或服务所愿意支付的价格来衡量；另外，企业价值也可以指企业的社会价值，表明企业为社会创造财富、对社会的贡献大小，社会对企业的认知程度等等。酒店是经营性企业，其企业价值也可以从多个角度进行理解和衡量。酒店价值是酒店长期的、未来的获利能力的反映，是指酒店持续经营并不断创造价值的能力，是酒店所处经营环境中各种客观和主观因素共同作用的结果，是酒店这一特定资产综合体的价值。酒店作为典型的服务行业，其企业价值与顾客价值从根本上是统一的。酒店经济价值是酒店获得的利润与支出费用之比，是酒店经营者价值、股东价值和员工价值的体现，而顾客价值可以通过顾客愿意支付给酒店的价格来衡量。只有提高顾客价值，才能赢得顾客的认可，从而实现酒店的经济价值。通过获得酒店的经济价值，增强酒店繁体实力，从而谋求更高的顾客价值。

2. 顾客让渡价值的深层挖掘

战略层面上，蓝海战略提出带来了一种全新的战略思考模式。蓝海战略的核心思想是跳出竞争激烈的红海，开发新的利润区，实施价值创新。挖掘现有市场边缘的潜在需求，并提供差异化的有效服务，为顾客提供新的效用价值，从而开拓出一片新的蓝海市场。当企业初始进入一个新的利润区，以低成本为顾客提供效用价值，可以得到极高的企业价值与顾客价值，通过价值创新，实现整个企业价值提升。从企业具体经营层面来说，价值链理论、顾客价值理论可以帮助分析企业价值的构成以及创新战略的具体实施环节。波特价值链理论认为，企业经营是从设计、生产、销售、发送和辅助其产品的一个完整过程。这些活动构成了企业活动的价值链。价值链理论作为一种分析工具，可以将企业价值进行分解，将企业价值具体到企业内部各部门、各环节价值，企业通过协调价值链各个环节，可以提高企业整体经营水平，从而提升企业整体价值。

现代营销理论中提出了顾客让渡价值理论，顾客让渡价值指总顾客价值和总顾客成本之间的差额。总顾客价值指顾客期望从某一特定产品或服务中得到的一组利益，可以是产品价值、服务价值、品牌价值、人员价值或是其他顾客体验价值；总顾客成本指顾客为获得、使用产品和服务时的花费的总费用，可以是花费的货币、时间或精力等。用公式表达为：顾客让渡价值＝顾客总价值（产品、服务、人员、品牌等）—顾客成本（货币成本、消耗时间、消耗精力等）。当酒店企业通过创新战略不断改进服务质量和提供优质产品，即提高了顾客的效益或降低了顾客的成本之时，企业的价值就得到了提升，实现了较高的利润回报。

3. 价值增值点的协同整合

价值工程理论认为企业的价值涉及两个方面：一个是输入的资源，即企业成本；另一个是输出的绩效。企业资源是企业竞争优势的来源，是决定企业价值的最终因素。资源由企业的资产，能力，组织结构，体制，信息，知识，人力资源等组成，是企业实施创新的对象，是企业价值的重要决定因素，对企业的价值的研究，就是要找到成本和绩效间的关系。在同样的绩效时，较少的资源投入带来较高的价值；同样的成本时，较好的绩效对应较高的价值。因此，用绩效与成本的比值来作为衡量价值的公式，即价值＝绩效／成本。绩效上升和成本下降都可以带来价值的提升。

综上所述，价值产生于企业经营的各个环节。劳动力、资本、服务、管理以及企业文化等等都可以给企业带来价值。通过将企业各个经营生产环节分解，找到价值增值点，才能找到创新根源和动力，通过整合各生产要素，协调生产环节不断创新，才能有效提升企业产品价值，为企业带来更多利润。

酒店服务业与制造业企业有很多不同之处。制造产品都是有形产品，而酒店服务产品包括有形产品和无形产品两个方面。有形产品例如酒店餐饮等，无形产品包括为顾客提供的住宿、娱乐、购物等服务，以及顾客的感官享受，例如由饭店建筑、装潢、环境气氛、员工服务质量和服务态度等带给人的感受。酒店价值是由酒店未来获利能力决定的现实市场的交换价值，是酒店现有基础上的获利能力价值和潜在的获利机会价值之和。价值产生于酒店经营的各个环节。价值受酒店内部软、硬件条件以及劳动力、资本、服务、管理、制度、企业文化等等多方面因素影响。酒店价值提升，就是要找出影响酒店价值的因素，分析这些因素对酒店价值的影响方式及影响的大小，找出价值增值点，通过整合各生产要素、协调生产环节、不断创新，达到提高酒店企业的价值，实现酒店价值最大化目的。

（三）酒店服务业创新与价值增值的内在联系

酒店服务业创新目标是为了获得新的利润来源，通过构建酒店服务业创新体系提升酒店服务业价值，实现酒店服务业持续不断的盈利目标。

1. 通过酒店服务业战略层面创新实现价值创新

随着酒店服务行业竞争愈发激烈，利润早已被瓜分殆尽，要想使企业获得新的利润增长点，避开现有领域的过度竞争，必须要本着不断创新的精神，跳出竞争激烈的红海，挖掘新的利润空间，实行酒店战略经营创新。这包括选择何种类型的酒店，主题型、商务型、度假型等；选择何种经营方式，公寓式、分时度假型等；如何在分析顾客需求变动之不二选择新的未出现的酒店形态等等。

2. 通过酒店服务业产品层面创新实现酒店服务业产品价值提升

创新的最终目的就是要盈利。任何一个企业进行改革创新活动的亩地，都是为了使其盈利并不断的生存发展下去。酒店服务创新的目标之一也是如此。现阶段酒店行业存在着大量的低层次无差别的竞争，竞争激烈导致的后果就是实行低价竞争策略，这使得酒店行业由高利润行业向低利润行业发展。

在已有的经营竞争模式下，必须要通过酒店内部不断创新，提升酒店服务的价值含量，提升顾客价值，使得顾客在同等支出情况下得到超值享受和体验，进而大大增加顾客的满意度和好评度，为酒店提供源源不断的利润来源。具体创新活动，包括如：餐饮等有形产品的创新活动，服务质量改进活动，制度和管理方式的创新完善，营销方式的创新，酒店硬件设施和功能的不断完善，企业品牌文化的创新等等；另外，通过服务质量和服务流程的不断改进，同时也可以降低经营成本，减少顾客的花费，进一步提升顾客的感知价值，促使顾客愿意花费更多来进行酒店消费，提升了酒店的盈利能力。

通过酒店实施战略创新活动，可以为酒店发掘更多利润空间，实现价值创新。同时，对酒店企业内部实施创新活动，提升企业服务产品价值，进而增加顾客满意度和忠诚度，扩大了酒店的市场份额，最终提升了企业盈利能力和市场竞争力。酒店服务业创新与价值提升的关系。

三、酒店服务业价值创新的相关理论

价值链作为一种分析工具，可以将企业价值进行分解，将企业价值具体到企业内部各部门、各环节的价值，使得提升企业价值成为企业全体员工的共同任务。迈克尔·波特在《竞争优势》提出的价值链主要涵盖企业内部的各种活动，因此概念更侧重于企业内部价值链。企业内部价值链是企业创造更多价值和提升竞争力的各种活动的集合。企业通过协调价值链各个环节，可以提高企业整体经营水平，从而提升企业整体的价值。John Shank（1992）和 Vijay Govinclarajan（ 1993）对于价值链提出不同观点，认为任何企业都应该将自身的价值链放入整个行业的价值链中去考虑、审视。他们提出的价值链更加广泛，将供应商、企业、分销商与顾客一起包含进来，因此基于价值提升的酒店服务业创新过程，上游价值、渠道价值、顾客价值共同与酒店价值链相连，构成一条完整的产业链，

同时通过发展环境和发展能力的差异，形成酒店服务业的差异化创新模式和路径，借助价值传导过程整合资源，提升酒店服务业创新能力，融入绿色酒店引领的低碳环保价值理念。

（一）创新基础环境与价值创新能力

作为第三产业，酒店服务业的多元化业态组合、本地经济的强关联性促使酒店服务业发展体现出价值差异与区域差异，客观上推动了酒店服务业的差异化发展。一般认为，酒店经营市场周期跟宏观经济联系是 0.914 的关联度，GDP 上涨 10%，酒店业绩上升 9.14%，供给随之增加。2016 年全球平均每间酒店可售客房收入增长了 6.4%，中国平均每间可售客房收入增长最高为 11%，美国平均每间可售客房收入增长了 8%。通过对酒店服务业发展环境与发展能力分析，为酒店服务业创新模式与创新路径选择提供依据，更好推动酒店服务业的差异化发展。

国民经济和旅游业的持续繁荣增长为酒店服务业发展提供了广阔空间，同时酒店服务业的价值差异和区域差异趋势更为明显。"十一五"期间，中国国内生产总值年均增长率 11.2%，合肥、西安、天津和武汉增长率位居前列，这几个城市的仅国际品牌酒店客房供给量复合增长率分别是 38%、10%、27%、13%。"十二五"规划国内生产总值年均增长 7%，2015 年服务业增加值比重增加 4 个百分点达 47%。贵阳、济南、西安、武汉、哈尔滨、南京的第二产业所占比重较大，苏州、天津、宁波、合肥第三产业发展迅速，这些城市的住宿需求将进一步增长。2016 年中国旅游收入总额为 1.57 万亿人民币，同比 2015 年增长 21.7%。其中国内旅游收入为 1.27 万亿人民币，占总收入的 81%。国内旅游人数由 2005 年的 12.12 亿人次上升为 2015 年的 21.04 亿人次。据世界旅游组织预测，2020 年，中国将成为世界第一大入境旅游接待国和第二大出境旅游客源国。全国已经有 27 个省区市将旅游业确定为国民经济的支柱产业并大力加以培育。全国有 20 个省区市已经出台或正在研究制订一系列具体措施。在资金支持上，多数省区市旅游发展资金增幅都超过 50%。

星级酒店的类型划分使酒店服务业的服务价值差异更为明显，三星级酒店 2015 年出现亏损。2015 年全国星级饭店利润总额为 54.4 亿元。全国 595 家五星级平均利润总额 1100.2 万元，2219 家四星级平均利润总额 9.5 万元，6268 家三星级平均利润总额 -22.036 万元，4612 家二星级平均利润总额 1.032 万元，297 家一星级平均利润总额 4.823 万元。相比历年我国星级饭店全行业利润总额，1990 年 4 亿元，1997 年 8.14 亿，1998 年至 2004 年连续亏损，1998、1999、2000 年三年亏损额分别为 45.56 亿、53.64 亿和 26.43 亿，2005 年利润 10 亿，2006 年 33 亿，2007 年 55 亿，2008 年 32 亿，2009 年亏损 12 亿。服务业、旅游业发展推动酒店业发展，但酒店服务业并未出现持续盈利。

本地经济使酒店服务业发展呈现出明显的区域差异。2015 年星级饭店总数超过 500 家的省市包括广东 1175 家，浙江 1067 家，山东 904 家，江苏 863 家，云南 766 家，北京 708 家，湖北 607 家，湖南 549 家，河南 501 家。8 个省区市饭店总数比 2009 年有所增加，增加最多的是广东省，为 128 家。减少最多的云南省，为 60 家。2015 年酒店平均房价前十位省市包括上海、北京、天津、广东、海南、浙江、江苏、四川、山东和吉林，其中上海为 681.94 元，远超过其他地区；较低的省区市有新疆、广西、西藏、甘肃、云南、贵州、江西、河南和青海，最低为 167.15 元。平均出租率前十位省市包括湖南、山东、上海、四川、福建、新疆、贵州、浙江、湖北和河南，其中湖南为 71.33%；较低的省区市有西藏、青海、黑龙江、天津、甘肃、云南、内蒙古、吉林、宁夏和北京，最低为 43.62%。

（二）价值创新维度与模式

不同发展环境与能力下的差异化发展的酒店服务业对创新模式和路径产生了不同需求，也为酒店服务业创新提供了不同维度和业态组合。通过价值链导向的酒店服务业创新模式与路径选择，更好定位酒店服务业创新环节，酒店服务业的一次投入、多次收益模式使酒店服务业更易受投资者青睐。投资界公认最理想的投资是金融、房地产、稀有资源三大类，酒店业包含了金融、房地产两大类优点。酒店业不存在超市、卖场等应收账款、多角债务问题，客户付账足即时进行的，同时商家将地产资本转向酒店投资还可以避税。全球酒店业务市盈率为 25 至 30 倍，地产业务则为 8 至 10 倍。1999 年到 2007 年，中国酒店业每年的投资额从 78.46 亿元上涨到 925.07 亿元，年均增长 36%。2005 年到 2015 年五星级酒店年投资额增长高达 361%。2011 年中国酒店客房总数为 200 万间套，预计 2020 年可达到 500 万间套，目前还有 1700 家星级酒店正在建设中。城市化带动酒店投资额增长迅猛，中国 100 万以上人口的城市有 171 个，美国是 50 个。2015 年中国的城市化率已经达到 56.6%，以每年不少于 1 个百分点的速度增长，3 年内城市化率就将超过 60%。中国酒店业发展的最大动力是城市化速度的加快，中国城市化率 56.6%，比较全球平均 49%、发达国家 90% 的水平，发展潜力极大。

房地产企业逐渐成为酒店服务业投资主力，为酒店服务业的创新经营带来了不同思路和发展方式，涌现出按商业地产的经营思路去经营酒店，按经济型酒店经营思路去经营星级酒店。房产开发商把企业所得转化为饭店的固定资产投资以减少税款，可从银行或基金拿到大额贷款，同时饭店每天能够产生较大的现金流。高端酒店能够提升周边区域的整体价值，带动周边地价上升 10% 到 30%。万达已开业 19 家五星级酒店，计划 2012 年累计开业五星级标准酒店 38 家，营业面积 170 万平方米，已与凯悦、希尔顿、雅高、喜达屋、洲际等 15 个品牌建立管理关系。城市旅游综合体万达广场现在国内有 100 个，总投资量约 1700 亿。

（三）价值创新能力评价

酒店服务业创新模式和创新路径最终都是为提高酒店服务业创新能力服务，酒店服务业创新能力也是对创新模式和路径的有效体现。如何有效衡量酒店服务业创新能力，更好引导酒店服务业创新模式和路径调整优化，更好体现酒店服务业的差异化发展，是酒店服务业创新理论的重要组成部分。2015 年全国有 27 个省市申评五星级酒店，河南、湖南、甘肃、西藏 4 个地区没有申评。全国星级酒店评委共收到全国各地中评五星级酒店报告 123 份，其中广东 21 家，其次是上海、江苏、浙江等，中部地区湖北 5 家、安徽 5 家、山西 3 家、江西 2 家。可以看出：星级酒店是目前国内酒店服务业衡量规模实力的主要标准。

亚太地区已成为酒店服务业发展最为活跃的板块，中国市场占主要份额，在此基础上，如何更好体现中国元素和特色已成为酒店服务业衡量创新能力的重要标准。世邦魏理仕研究报告指出，2015 年以来的亚洲酒店投资中，中国内地地区投资量占整个亚洲地区总投资的 31%，香港占 12%，台湾占 3%。全球在建的酒店中，亚太地区在建酒店数占总数45%。

多样化、多元化、个性化潮流进入酒店业，美国著名未来学家托夫勒在 20 世纪 80 年代发表的《第三次浪潮》中曾预言，工业化时代的规模经营将被信息化时代的多样化、多元化、个性化所取代。20 世纪 70 年代以建设纽约迪斯科舞厅第 54 演播室而闻名的施拉格，现在是全世界十几家富有创新性的酒店的所有者和经营者，其中包括洛杉矶的蒙德里安、伦敦的桑德森、迈阿密的德拉诺和纽约的哈德逊，他认为现在的一种实际变化就是放弃迎合大众市场的、70 年来一统天下的、千篇一律和单调乏味的酒店，酒店正在变得较有独创性，单一性不再是一种美德，从现在起 25 年后，人们将不会待在连锁酒店里。20 世纪 80 年代开始，旅客对艺术、文化和历史兴趣的升温，带动欧洲出现了一批设计师利用老建筑改造成的复古型酒店。拥有许多古色古香酒店的费尔蒙特酒店与度假胜地公司总裁兼首席运营官卡希尔预言，旅行者将厌倦千篇一律的连锁酒店，科技的不断进步和常住客旅馆的不断涌现，未来的旅馆越来越趋向于为客人设计而不是为酒店设计。

国内北京现代风格的有工体旁如魔方般的 HoteLG、复古风格的有故宫旁的皇家驿站，上海由老电影院改造的春藤宫、薇阁、老时光等，深圳有佛教主题的菩提宾舍，杭州、厦门、桂林、苏州等旅游目的地也有不错的设计型酒店。TripAdvisor 中国官网到网的中国最佳酒店排行调查，最受游客欢迎的酒店是成都文殊坊旅游景区内圆和圆佛祥客栈主题酒店、JIA 精品酒店、新地球村度假饭店等主题精品酒店占据了三成左右，其他入选的包括香格里拉、丽思 - 仁尔顿、文华东方等。2011 年 7 月喜达屋宣布个性化旅游的项目，要求喜来登、威斯汀和 W 等连锁酒店的 1051 家酒店针对中国游客提供一系列特别服务，包括迎合口味的新菜品和食品，配备电热壶和拖鞋，提供翻译服务。将从纽约、伦敦、墨西哥城、首尔和旧金山等城市的 19 家酒店开始实施，2012 年底覆盖旗下所有酒店。旗下所有酒店将开始招聘至少一名会说中文的工作人员。入住酒店的中国客人将收到一份翻译成中文的总经理欢迎信，信上列明了酒店提供的便利设施，比如茶壶、剃须刀、牙刷和梳子。2011 年 7 月希尔顿宣布希尔顿酒店将实施希尔顿欢迎中国的项目，各家酒店可自愿选择参加。参与该项目的酒店必须配备一名汉语普通话流利的前台工作人员并开通一家中文电视台的电视节目，还需提供完整的中餐早餐服务，所供应食品包括点心、粥和油条等。

第六章　现代酒店服务的创新

一、环境维度

（一）创新的支撑环境

1.提高酒店服务业竞争力的需要

有竞争才有发展，服务产品一个最大的特点就在于它的技术含量相对较低，产品易于模仿性。一种服务产品一般在短时期内就会遭到竞争对手的模仿，在模仿基础上的进一步改进、创新。这就使得竞争方为了获得市场，获得利润而不断地推陈出新。作为竞争的另一方，如果一味地模仿竞争对手，会造成竞争对手总是快一步成为某种服务产品的第一个掘金者，后来者只能拿到薄利，并在竞争中处于不利的地位。如果在某种创新产品成功推出后，沉迷于一时成功会给竞争对手模仿并进一步创新的机会，丢失自身的市场份额。

对于酒店服务产品创新，尤其是与高科技结合起来的服务产品创新，如智能化服务的提供，IT技术在酒店中的应用等，使得酒店服务产品创新的技术含量人为增加，高技术含量会使得竞争对手的模仿难度加大，增加其住模仿时的成本，因此在一定时间范围内给了酒店以获利机会空间。新技术的应用使酒店有资本将服务产品价格提高，这就给酒店带来了更大的利润空间。

2.提高酒店服务业顾客满意度的需要

企业的最终目标有两个，赢利和发展。要赢利就必须有市场，服务产品创新就是为了使顾客满意，进一步扩大市场，而顾客满意取决于顾客的基本需求、心理需求等。酒店顾客的基本需求为食宿，任何一个酒店都能够满足。顾客心理需求包括顾客在使用服务产品时的心理感受程度、满意程度等。顾客让渡价值理论中提出，顾客的满意度与顾客实际得到的总价值和消耗的总成本密切相关。顾客总价值是指顾客购买产品或服务所期望获得的利益，包括产品价值、服务价值、人员价值和品牌价值等。顾客总成本是指顾客为购买某一产品所耗费的货币、时间、精神、体力等。顾客在购买产品或服务时，总希望花费最少的货币支出、时间和精力，同时得到最大限度的价值，以获取最大效用，因此，通过酒店创新活动来进行服务方式、流程的改进，提升服务效率，改进酒店设施，提升顾客感知和体验价值，同时尽量减少顾客支出成本。通过提升酒店服务产品的价值，可以提高顾客的满意度和忠诚度。

3.建立酒店企业持续竞争力的需要

创新不是企业的一次性行为，而要建立一个良好的创新机制，使企业能够持续不断的创新，持续不断的快速创新，持续不断地推出能够盈利的创新。持续的酒店服务产品创新可以使酒店服务产品不断改进及多样化发展，有助于满足目标顾客群不断增长的需求，吸引更多的目标顾客。任何一个处在竞争中的企业都是不进则退的，酒店业也不例外。

要想保持并增强酒店在行业中的地位，就必须保住原有市场，并进一步扩大市场份额，吸收更多的潜在顾客，扩大目标顾客群。结合目前酒店行业竞争过剩以及行业利润低的发展情况，要做到增强酒店的竞争力、提升利润率，扩大酒店市场份额，就需要酒店在服务产品上下功夫，不断进行服务创新，实现价值创新和酒店产品的价值提升，才能保持持续稳定的利润来源和较高的竞争优势。

（二）创新的吸收及本土化价值转换

要使企业价值得到提升，保持竞争优势，实际上就是在价值链某些特定的战略环节上保持优势，企业通过对企业价值链的分析可以发现企业关键价值的产生区域，通过创新和培养在价值链的关键环节上获得的重要核心竞争力，以形成和巩固企业在行业内的竞争优势。

服务业企业价值实现过程与一般性制造业有较大区别。制造业企业首先通过创新主体应用先进生产技术进行研发设计，即产品创新研究，然后制造形成商品，经过市场营销、售后服务等环节使产品变为商品，最终到达用户手中，满足用户，需求。生产企业工作人员只与产品接触，不直接与客户接触，中间要经由流通市场，即营销环节。而酒店等服务企业的生产与一般制造业企业不同。酒店的硬件设施、服务人员都直接与顾客接触，不通过流通过程，直接由酒店服务生产者提供给消费者。

酒店通过提供有形产品和无形产品，满足顾客住宿、饮食、购物、娱乐等需求，实现酒店价值，获取利润。顾客在酒店的消费是一种组合产品的消费，包括物质产品，酒店通过采购、生产加工提供给顾客进行消费，如食品、饮料；感官享受，酒店通过硬件设施、装修布局、酒店员工服务等满足顾客住宿、娱乐等需求；心理感受，酒店服务技术和服务态度、品牌文化等带给顾客心理上的感受，如顾客的地位感、舒适度、满意程度等。酒店服务价值实现过程主要包括生产和交换两个环节，酒店企业价值包含了生产环节中服务劳动价值、营销环节中的市场价值、酒店提供的物业价值以及酒店管理、文化内涵等深层次价值。酒店企业生产和交换过程通常不可分割，服务人员提供服务的同时顾客也享受到了服务，即生产活动的同时也完成了产品交换过程，实现了价值转换，获得利润。

二、投入维度

服务业创新活动与制造业创新活动应当有所区别，人们通常错误地认为技术是服务创新的唯一影响因素，服务中的创新是技术性的。服务创新可以在不使用技术的情况下实现。另外服务业中存在着大量针对特定顾客的专门创新和定制化服务创新，与制造业中的创新相比，具有明显的不可复制性，但它的确是服务业中常普遍和重要的创新形式，在酒店创新活动中需要注意：第一，在创新活动中实现价值创造和提升，是一个系统、连续的过程，存在着上下游的互动关系，不可分割。在进行酒店服务创新时，应从整体考虑各个环节的附加价值，通过创新活动，优化相关要素组织和生产结构，实现将各种生产要素转化为酒店价值，提升服务的附加值，将其有效整合以增强整体的创新效果，最大程度上实现价值增值；第二，创新价值的过程必须强调分工协作与系统的优化整合。在不同创新活动环节，存在不同的创造价值的主体，每一个主体都有明确的定位和作用，任何一个环节出现问题都会降低整体价值提升的效果，因此必须注重每一个环节上的分工合作、相互协调，使得每一个环节上价值创造主体在创新活动中实现价值创造最大化，通过优势互补，相互合作，共同提高创新效果。

（一）增加酒店服务业的创新投入，强化价值提升基础

一项新的服务与产品从想法到推广都需要投入，尽管创新投入与价值提升幅度不是完全成正比，但是产品的价值提升需要重视对创新的投入。国内酒店目前对服务创新的专项投入少，缺乏专项的创新基金：对员工的创新思想与行为主要靠精神鼓励，缺乏物质奖励，这在一定程度上会打消全体员工的创新积极性，使得创新活动即使开始，也有可能因为资金不足而中止；或者员工有创新想法，由于得不到应有的奖励，也不愿与上级管理者分享，错过产品创新的最佳时机，无法为价值提升提供铺垫。

提高酒店服务业服务创新能力投入，保障酒店服务业价值提升效果。现在的竞争是非常激烈的，常常是谁的能力强、动作快，先推出新产品，谁就首先提升本企业产品在行业中的价值，赢得市场的先机。国内酒店对市场反应速度都较为迅速，但是从酒店自身的发展而言，发展仍然相对较慢，往往是市场出现了需求，才会去改进产品，很少是在对需求发展预测的基础上进行产品创新，而且推出创新活动的频率很慢，创新活动的周期较长。这种做法能够较大程度地避免市场风险，但此时酒店推出的新产品价值提升的空间就很小，创新能力不足会严重阻碍酒店产品的价值提升，为酒店盈利设置了障碍。

员工是创新的源泉，是价值提升的基础。酒店员工主动创新意识几乎没有，员工几乎都认为创新是企业的管理层或企业领导者的责任，作为员工只要做好执行工作就行了，更谈不到对产品价值提升的认识了。在企业文化的建设过程中，缺乏对员工创新意识的培养，对新事物的敏感性较低，对于服务产品创新，大多数是在向外学习的基础上改进，很少将酒店与新生事物主动联系获得创新机会来提升酒店产品价值。

（二）建立酒店服务业的产品服务创新体系，提升产品价值

创新是企业不断发展的根本，只有不断创新，企业才能不断挖掘新的利润来源，不断提升企业价值，因此产品服务创新是酒店价值提升的基础与根本，而企业要想快速、持续的创新，必须要有相应的体系作为支撑，由专门的机构和人员负责创新活动的制订和推行，

并随着产品创新的完成，对产品价值进行推广和提升。国内多数酒店都缺乏有效的服务创新体系，没有专门的机构或人员负责企业的产品创新，创新只是零星的自发行为，其动力主要来源于受到客户的投诉与竞争对手的模仿。基于目前国际大厦的创新体系管理现状，缺乏建立持续的创新机制，产品创新不可能持续，价值提升也就无从谈起。产品创新的提出、研究、开发、评价与运行应有一个规范的程序来保证，否则创新过程就无法掌控，创新出来的产品可能就是一个失败的产品，创新活动不仅没有达到提升酒店产品价值的目的，甚至会给酒店造成人力、物力和财力的损失。目前很多酒店关于服务创新的相关规章制度几乎没有，对一项产品的创新与推广主要凭企业高层领导人员的判断，缺乏相应的市场分析做支撑，产品创新活动的制订与执行没有规范的规章制度做指导，使得产品创新效果及市场反应一般，产品价值提升程度不高。

三、产出维度

（一）酒店服务业价值创新的产出层次

1. 酒店服务业创新的战略理念指导层

首先创新服务理念，提供人性化服务。酒店提供的服务，最终目的就是要满足客人的需求，在服务过程中强调尊重顾客、关心顾客，全身心地由衷为顾客服务；按顾客的需求提供产品和服务，并根据顾客需求的变化而不断创新产品和服务，做到随时满足顾客的要求。其次创新服务内容，提供个性化的特色服务。随着社会的进步和经济的发展，对于顾客而言，规范服务只是人们对服务质量的基本要求，顾客更希望得到更加细致刷到的、符合个人特点和需求的创新性的个性化服务。面对顾客的个性需求呈现多元化趋势，酒店需提供史多、更好的服务，使顾客得到更好的满足和更多的感知价值；面对日益激烈的竞争环境，不断创新服务内容是酒店生存发展的摹本途径，酒店必须随时创新提供的服务内容，根据时间、地点、服务对象的不同，提供给顾客不同的所需服务。例如，为满足高端顾客的需求，有些酒店推出私人管家服务，提供细致周到的贴身服务。这种创新型服务内容是顾客所期望的，同时也是酒店应尽力提供的。

最后创新服务方式，提供先进的智能服务。随着社会科技的进步，现代酒店业也不可避免地进入了信息化经营时代。许多酒店在设施和设备方面应用了许多高科技技术，使酒店的硬件设施更加先进。与此同时，顾客的要求也更加特殊和广泛，需要不断创新服务方式，提供更加先进的智能化服务，以节省人工成本，提高顾客满意度。例如，建设酒店网站，做好酒店展示平台：开通网络营销，使顾客可以在网上预订客房及其他服务；提供先进的电子支付平台，节省顾客时间等，通过创新各种服务方法，提供先进的高效服务，提升酒店竞争力。

2. 酒店服务业创新的客房核心产品层

随着社会的迅速发展，酒店面临着顾客越来越多的需求，想要依靠一成不变的产品为酒店带来长期收益是不可能的。只有不断进行酒店产品创新，及时推出满足顾客个性化需求的新产品，提升产品价值，才能提高顾客满意度，扩大酒店的市场占有率，从而提升酒店市场竞争能力。创新酒店产品是指根据市场需求及预期变化，围绕客人的需求对酒店现有产品进行改造创新，推出更多可供选择的产品，达到提高服务质量，提升顾客满意度，增强市场竞争力的目的。酒店具体产品创新主要包括酒店客房、餐饮及娱乐方面的创新。客房作为酒店服务的核心产品层，酒店通过将客房的设计与顾客的需求、酒店的风格相结合，设计出特色客房。现代客房的创新主要由设施与装饰、管家服务以及客房与宾馆内其他部门服务连接三个方面构成的，可考虑以下几方面创新：

①主题客房。饭店产品发展到今天，已经明显感觉到标准房的乏味。为了满足客人的需求，主题客房成了客人的新宠。主题饭店具有独特性、浓郁的文化气息、针对性等特点，有很多种分类方法，比如以某种时尚、兴趣爱好为主题，可分为汽车客房、足球客房、邮票客房、电影客房等等，还有以某种特定环境为主题的客房，监狱客房、梦幻客房、海底世界客房、太空客房等。

②绿色客房。随着地球环境的恶化，人们更趋向于和自然和谐共处的绿色意识。因此绿色客房将是 21 世纪客人的向往。美国著名管理大师乔治温特在《企业与环境》中指出总经理可以不理会环境时代已经过去了，将来公司必须善于管理生态环境才能赚钱。绿色客房要求节约能源，环保的设施设备，健康的客房环境，可回收的客房物品用品等等。同时，要设置绿色告示和绿色环境的宣传资料。

③个性化客房。希尔顿集团在美国洛杉矶富豪豪区的比华利山酒店推出自己的特色概念睡得香客房。客房中有加厚的床垫、高雅而又不透光的艺术窗帘，闹钟铃响时台灯自动开启，按各人生活习惯设置的生物钟可调灯箱等。希尔顿还推出两个新概念客房，即健身客房和精神放松客房。客房内增设按摩椅，放松泉池，瑜伽术教学录像带等。

④女子客房。随着女性地位的提高，女性在住店客人中的比重越来越大。针对这一现象，专门设计为女性客人特别准备的客房将成为趋势。女子客房的室内装饰要富有浪漫情调，室内气氛更为温馨雅致，悉心考虑女性的心理特点，充满女性气息。室内有女性的专用毛巾、梳子、梳妆台、试衣镜、香皂、睡衣、适合女性使用的吹风机、熨斗、女性杂志。并提供美容美发服务信息，出游最佳方案。

⑤无烟客房。目前，无烟客房已成为趋势。北京天伦王朝饭店和京广新世纪饭店等饭店的无烟层均吸引了大量回头客，这些饭店既创造了市场营销的机会，留住了一些客人，也为饭店赢得了较好的口碑。北京长城饭店客房部负责人估算，该饭店每 10 个外宾中，至少有七位选无烟楼层。近几年来欧美、新加坡，台湾的游客大都选择无烟楼层，因此很多饭店都将进行无烟客房尝试。

⑥钟点客房。钟点客房是一种按小时收费的经营模式，以其灵活性和便利性受到客人

的欢迎，这种经营模式尤其适用于中、低档酒店和位于机场、车站等流动人口较多的地方的酒店。比如：每年高考以前，学生都会定客房，"考生房"进一步扩充了钟点的概念。同时，配合酒店自身经营特色及主题风格，创新服务项目、房间布局和装饰艺术。客房的创新还体现在服务细节的创新。鼓励员工不仅要注重标准化的服务，同时还要注重细节服务、个性化服务；另外，客房的创新还体现在客房管理层面，应加强酒店客房现代化与信息化管理，提高工作效率。

3.酒店服务业创新的餐饮娱乐附属产品层

首先体现为餐饮，酒店餐厅的服务目标，不仅仅是给顾客以满足填饱肚子的需求，还要达到给客户以饮食营养及美味感受。面对现在饮食行业的快速更新，酒店餐饮产品也应及时更新改进，其创新包括烹饪方式、手法的更新，表现为传统菜品的推陈出新，各大菜系、中西菜点的融会贯通，等等；又如有些酒店允许顾客自己设计菜单，在厨师的指导下进行烹调，可享受到自己烹调好的饭菜；同时开展多种服务方式，送餐上门、多种风格的饮食准备等；另外，就餐环境也同样创造价值，好的环境使人们在就餐同时既能享受到美味的菜品，又能感受环境所诠释的企业文化、装修风格与品位，因此餐厅的装修布局也需要不断创新，体现酒店特有风格。给新顾客以新鲜感受，不断提高餐饮对顾客的吸引力，提升餐饮竞争能力。其次体现为娱乐，酒店的娱乐服务是酒店重要的服务项目，不仅具有很大利润拓展空间，同时也是酒店经营的重要特色。其所能提供的服务类型与质量，决定了顾客满意度，甚至直接影响顾客是否再次入住和长期消费。酒店要进行娱乐服务的创新，应从现实的娱乐需求及趋势出发，考虑到顾客工作与健康的因素，结合酒店所处地理及人文环境特点，提供多种健康而又能使客户真正放松的娱乐项目，引进多种娱乐方式，满足不同年龄客户的需要，如：滑雪、垂钓、潜水、爬山、采风、体验、购物等多种方式和内容的娱乐活动。

最后体现为装修与布草，装修与布草与酒店客房、餐饮、娱乐等服务产品密不可分，是酒店产品的重要组成部分。高品位的装修环境使人们在享受高端优质服务的同时，又能感受到酒店环境所诠释的企业文化与酒店特色。酒店的装修布局需要不断创新，给忠实顾客以惊喜，给新顾客以新鲜感受。酒店布草用品与顾客的健康、舒适度与满意度息息相关。酒店布草除了满足客房餐厅整洁、舒适的基本功能外，还应考虑和酒店设施、装修风格及其他装饰相配套，根据客房的不同风格设计布草，使得房间呈现个性化、时尚化。同时还要从不同顾客的实际需求出发，使酒店布草更具人性化和功能化。对酒店布草的管理，要落实到各楼层服务人员或布草管理人员，做到爱护使用，保证布草合理地循环利用，并有计划地安排布草的更新和补充，保证准备充分，随时满足顾客的多样化和差异化需求。

4.酒店服务业创新的营销推广层

实行品牌营销策略。酒店品牌是一种宝贵的资源，在酒店市场营销中要充分利用本酒店的品牌优势，推出自身的品牌营销策略。在竞争激烈的酒店市场中，价格竞争已经出局，被市场所抛弃，而品牌竞争却刚刚开始。面对外国酒店的纷纷进驻，中国酒店业急需树立起民族品牌，依靠酒店品牌的感召力来吸引顾客。品牌作为一种象征，通过品牌所代表的生活方式与品牌所传达的精神感受，深入到消费者心中，使顾客选择该品牌。在品牌建立过程中，酒店应凸显出品牌的个性文化特征，赋予其鲜明的形象和内涵，使其可以持久地影响顾客的态度与选择，为酒店开辟稳定的市场，创造持久的利益，从而增强酒店的竞争力。

实行差异化营销策略。随着社会的发展和收入水平的提高，顾客需求的同质性将趋于减少、弱化，而异质性或差异性会不断增强、扩大。酒店若要在激烈的市场竞争中分得一杯羹，就要采取差异化营销策略，开拓出新的市场。将酒店市场进行细分，注重消费群体间的差异化，可以按性别、年龄、地域、收入等作为划分标准，把每一位顾客视为一个细分市场，根据每一位顾客的个性化需求，设计和组合饭店的服务产品，从而给每一个客人以充分的关注和满足。即将市场细分到极限，按目标市场的差异，推出有针对性的营销服务，以吸引更多的顾客，提升酒店市场竞争力。

运用多种营销方式，随着社会的进步，酒店在进行市场推广时，应在传统的市场营销方法的基础上，增加营销手段，能够更加准确与快捷地向顾客传递酒店产品与服务的信息，促进酒店的市场推广。近几年中"绿色营销"和"网络营销"这两种新营销方法备受推崇。随着人们对环境保护的日益重视，越来越多的酒店创建了绿色企业文化，"绿色营销"也应运而生。"绿色营销"是指酒店引入可持续发展战略的观念，重视环境保护，通过采用绿色标志，开发绿色产品，提供绿色服务，树立起酒店的绿色形象。通过节约社会资源、减少环境污染，在顾客心中树立健康环保的形象，促进酒店持续发展。与此同时，随着互联网的快速发展，网络营销也是很多酒店选择新式营销手段。网络营销方式有很多，可以通过建设酒店网站，开通预订服务；通过专业销售网站，代理客房预订；与其他网站交换旗帜广告宣传，扩大酒店知名度等，以提高酒店的营销水平。

（二）酒店服务业创新多维产出的价值模块

1. 酒店制度设计及管理体制价值模块

酒店管理创新包括引进新的管理理念，建立新的管理体制与组织结构，并在经营方式与手段等方面进行创新的一系列的酒店经营管理活动。实现饭店管理创新，首先要做的是创新管理理念，管理理念决定着酒店提供的产品质量和服务水平。管理理念领先的酒店，往往能够领导整个酒店经营管理模式变化的新潮流。作为服务性企业的酒店管理，酒店竞争不是有形资源的竞争，而是为无形资源即管理理念的竞争，打造实施独具特色的酒店管理理念，将是酒店在市场竞争中制胜的关键。创新管理理念，就是在管理思维方式上进行推陈出新。以人为本的管理思想，就是对以前经营管理的创新。在酒店管理中，管理层要对各级员工进行人性化关怀，树立服务员丁的意识，让员工在工作岗位和酒店中找到认同感和归属感，进而全身心投入到服务中，提高服务水平，提升顾客满意度，因此酒店管理理念应该从以物为主向以人为本转变；从上传下达型向管理服务型转变。

酒店经营方式是酒店管理活动的基础，而经营方式的创新是酒店管理创新的最终表现形式。酒店经营方式的创新主要指经营手段的创新，旨在通过利用新的经营方式开创新的市场，满足顾客日益变化的需求。酒店管理体制是酒店管理的制度保证，而体制创新也是酒店管理创新的关键。面对世界经济一体化趋势，国内酒店若要在日渐开放并且竞争日渐激烈的酒店市场中生存并取得竞争优势，走集团化与品牌化经营模式是一个极好的选择。单个酒店可以借助酒店集团，进行资产币组，发挥品牌效应。依靠酒店集团品牌航母，产生品牌辐射效应，并且通过规模经营，降低酒店经营成本，提高酒店竞争力。例如如家快捷酒店，青年旅社等一大批经济型连锁酒店，就是借助酒店集团化优势，创新酒店管理体制，迅速占有市场，取得竞争优势，得到顾客认同。

酒店组织结构是开展管理活动，实现管理目标的基本保证。创新酒店组织结构，可以促进酒店新的管理理念的深化，保证创新活动的实施，提高酒店的适应能力和竞争能力。创新组织结构，需要建立扁平化组织结构，减少酒店现行管理层次，通过向员工授权，提高组织员工独立工作的能力，提高组织结构的灵活度；同时实现组织结构网络化，强化横向管理，加强横向联系和沟通，使员工在组织结构中的角色定位可以根据工作的需要而变化。创新酒店经营方式，可以借助创新营销手段、创新服务及树立独特品牌等途径来实现。酒店营销可以大力推广网络营销、关系营销等，进一步拉近酒店与顾客的距离，为顾客提供便捷的服务，增强营销力度；酒店服务创新应更突出酒店的人性化关怀，为顾客提供细致周到的服务，并且要符合顾客个人需求，提供更加个性化个人服务，满足顾客全方位需求；酒店品牌创新则应突出酒店的自身特色，设定出酒店自身的发展方向，例如主题酒店、经济型酒店、公寓式酒店等，并依据自身定位制订相应的价格，提供相应的服务，展开与之对应的管理。

2. 酒店人力资源管理价值模块

酒店经营效益主要取决于顾客满意度，顾客满意度由酒店服务质量决定，而酒店的服务是通过酒店工作人员直接接触顾客而提供的，因此酒店员工服务水平决定了顾客满意度与酒店盈利能力。作为服务业，人力资源管理是酒店管理的关键。酒店应在以人为本理念的指导下，不断创新管理制度与手段，做好人力资源的开发与管理，提高顾客满意度，为酒店创造更多的经济效益。

建立员工创新机制。在日常工作中，员工与顾客接触最为密切，能够在第一时间了解到顾客对酒店产品的需求。酒店可以考虑建立员工创新机制，鼓励员工参与酒店产品创新。在酒店内部营造创新环境，根据在服务过程中顾客的反映及满意程度，倡导员工提出相应的产品创新建议，及时更新产品，满足顾客需求。与此同时建立长效激励制度，根据员工提出创新建议的实施效果进行奖励，包括工资、奖金、职位等都可以与员工创新效果相联系，鼓励员工参与酒店创新活动，提高酒店创新能力。注重员工个人素质与工作技能的培训。员工培训工作对酒店是不能忽视的。除定期培训外，可以推出针对个人素质、应变能力等在内的一系列培训，提高员工个人素质，为顾客提供更高质量的服务。或者尝试工作岗位轮换，培养员工多岗位技能，为顾客提供更全面的服务。在提高员工个人素质与工作技能的同时，让员工在培训中找到认同感和归属感，提高员工满意度和忠诚度，提高工作热情和工作技能，提升顾客感知价值。

建立员工自我评估机制。酒店考核公平与否关系到员工对酒店的满意度与工作积极性。在众多考核办法的基础上，酒店可以考虑让员工进行自我评估。通过提供测评软件、及时的反馈工作等方式，让员工正确评估自己。员工自我评估结果，可以反映出员工工作的态度、遇到的困难及工作期望，为酒店考核提供参考信息。有利于酒店创建公平的考核体系，营造有序的良性竞争环境，激发员工的工作热情，提升服务质量，提高顾客满意度。酒店行业的人员流动较为频繁，经常出现岗位空缺，影响酒店的日常运转。通过建立酒店人才资源库，做好人才储备。如果酒店岗位空缺，可以立即招聘到合适人员，缩短招聘时间，确保能够迅速地提供顾客所需服务。同时做好酒店内部人才储备。对于酒店重要岗位，加强对内部后备人员的培训，如果出现岗位空缺，可以通过内部调动，补充人员到岗，保证酒店的日常运转。

3. 酒店品牌文化价值模块

酒店形象是透过酒店服务、经营特色、品牌文化等传达给顾客并给顾客留下最直观的印象。酒店形象价值的提升可以通过创新酒店品牌文化来实现。品牌是酒店对外宣传的名片，是酒店良好形象的代表。作为外界识别酒店的标志，品牌具有十分明显的排他性。酒店要进行品牌创新，首先要进行市场定位，良好的市场定位是一个品牌能否立足于市场的关键所在。谨慎选择酒店的品牌元素，标志设计、文字、宣传语言等都要特别注意，凸显出文化特色；其次做好酒店员工的品牌意识培训，提高产品质量与服务水平，使其在为顾客提供服务时，体现出酒店的独特品牌个性；在酒店的营销推广中，注重诚信服务，利用各种媒体与公共事件进行公关，加强酒店品牌宣传推广；最后适时进行品牌延伸，随着社会与酒店自身的发展，不断为品牌加入新的内容，并延伸出与酒店相关的系列产品，使酒店品牌持续焕发新的活力。

酒店文化是酒店竞争力的最高层次，是酒店形象的重要组成部分。在市场中具备长久的生命力和竞争力的酒店通常拥有独特的酒店文化。酒店实施文化创新，应该从酒店文化的最表层——物质文化开始，即首先做好酒店设施建设，创造良好的物质文化氛围，包括酒店的建筑风格、装潢设计、设施设备、基本用品等，给丰富和突出产品和企业整体的个性。顾客以温馨舒适的第一感觉；其次，可以开发一些有文化内涵的独具特色的经营项目，丰富和突出酒店产品个性，增加一些投资较少的文化项目，既可以增加酒店收益，也彰显了酒店的文化特征。主题饭店在国内外的流行，就是酒店文化创新的具体表现，最后需要对员工的服务意识加强培养，转换员工的服务观念，鼓励员工把服务作为一种艺术，一种终生职业，培养整个酒店的服务文化，提升顾客满意度和忠诚度，提升酒店文化感召力。在酒店品牌定位的基础上，将所有员工的价值观、工作方式及个人特色融合在一起，形成独特文化，并将其传达给顾客，使顾客对酒店形象达到一致认同，形成独特的酒店形象价值。

4. 酒店物业增值模式的价值模块

　　物业是指已建成并具有使用功能的各类供居住和非居住的屋宇，以及相应配套设施和周边场地等。酒店物业属于物业的一种，包括了具有价值和使用价值的酒店建筑及附属设施，以及酒店周边的场地、庭院等。酒店物业的升值受多方面因素的影响，包括酒店选择的经营类型；酒店的建筑及布局、装修风格、基础设施；酒店周边商业氛围、所处地段、交通情况等等。酒店物业价值会随着这些影响因素的变化而变化。①选择不同的酒店经营类型。酒店建筑规模和酒店等级不同，酒店物业的价值和增值会有所区别。另外酒店经营特色不同，如商务型、度假型、长住型、会议型、观光型等，酒店物业价值及增值情况也会有较大区别。②酒店设施的改进引起的增值。设施增值是指由于酒店硬件设施、建筑装修的更新升级带来的物业价值的提升。酒店应当善于利用酒店设施、设备，形成酒店的物业增值。⑧酒店周边的地段增值。酒店物业不仅仅包括酒店建筑，还包括周边的地段环境，比如交通环境、人口聚集状况、商业氛围等。地段是酒店物业增值的主要影响要素之一，如果酒店所处的地段不好，就会造成客源不足，影响酒店利润率和竞争力。如果酒店选址选在交通便利的商业繁华地段，酒店就能够充分利用繁华地段所带来的人流、资金流和信息流等优势，实现酒店物业升值，所以酒店在进行物业选址时，要审慎进行，通过科学可行的市场调研，准确选择。例如，某些地段目前并不是商业聚集区，但受到政府政策导向的影响，将来可能会设立经济开发区或者旅游开发区等，具有巨大的升值潜力，在这些地方选择设立酒店，未来将会带来酒店的物业增值，进而形成利润。

　　综上所述，通过分析酒店服务创新产出过程，在不同层面、各个阶段进行创新活动，以此增加服务价值，最后达到提升酒店服务总价值的目的。从顾客角度看，酒店创新可以给顾客带来超值享受，从而提升顾客满意度，在维持现有顾客市场规模的同时，不断带来新客源，拓展市场空间。酒店服务价值的提升可以给酒店带来超额利润，提高酒店盈利能力和盈利水平，保持竞争优势。

四、价值链驱动创新模式

　　迈克尔波特在《竞争优势》中首先提出价值链的概念，指出在上下游关联的企业与企业之间存在着行业的价值链，企业内部各联系的业务单元之间则构成了企业的价值链。波特认为每一个企业是在设计、生产、销售、发送和辅助其产品的过程中进行种种活动的集合体。所有这些活动都可以用一条价值链来表明。价值链分析法把企业内外价值增加的活动分为基本活动与辅助活动，基本活动包括从内部后勤、生产、销售到售后服务这一过程。辅助活动包括人力资源管理、技术开发、采购、企业的基础设施等。波特认为竞争优势来源于企业的价值，它可能来自价值活动本身。企业盈利与否，关键在于对价值链的设计以及核心能力的运用。

　　借助迈克尔波特的价值链工具，可以从企业内部各流程、各生产环节实现对企业总价值的分解，位企业更全面了解在哪些生产环节创造价值，如何改进，从而提升企业价值。

价值链管理强调企业整体经营效果，而不是片面追求单项业务活动的优化，通过对价值链各个环节协调和创新，以达到提升企业价值最终目的。迈克尔波特的价值链理论是基丁制造业分析得出的，但对于分析服务企业竞争优势仍具有重要的借鉴意义。通过价值链工具，可以分析如何为顾客创造更多价值，使企业获得竞争优势。这一工具可以帮助把企业产品的总价值实现分解，具体可以分为企业内部各个部门、各个生产环节所产生的价值，从而可以使企业更全面了解到在哪些生产环节创造价值，如何改进，使得产品总价值增加，总成本减少，达到提升整体产品价值的最终目的。价值链管理强调企业整体经营效果，而不是片面追求单项业务活动的优化，通过对价值链各个环节的协调和创新，提升最终产品价值。

酒店服务业的生产过程主要是提供服务的过程，包括提供餐饮、住宿、娱乐等多方面服务过程，因此，酒店产品所包含的价值可分解为基本价值，包括产品价值（餐饮等）和服务价值（即服务劳动产生的价值）；附加价值包括酒店建筑布局、装修风格、基础设施等提供的物业价值，人力资本价值，酒店文化、品牌价值，酒店制度、管理行为产生的价值。基本价值和附加价值构成了酒店服务总价。通过酒店各项创新活动，可以提升酒店服务在各个阶段产生的价值。

（一）酒店服务业价值创新的蓝海战略

企业价值链理论应用于服务企业，将酒店服务价值进行内部分解，找到服务产品的关键价值点，明确服务行业价值产生路径。在此分析基础上，根据价值链理论，从不同生产环节推行不断创新，以实现酒店服务价值创新和提升，增加酒店利润空间。构建酒店服务价值提升路径框架，可以更好地了解整个酒店创新以及价值提升的整个过程。酒店服务创新可以从不同层面来进行。从战略层面上进行创新，是指对酒店发展具有长期影响的酒店形态的创新，包括选择何种类型的酒店，选择何种经营方式等等。战略层创新有助于企业避开竞争激烈的现有市场空间，重新挖掘蕴含庞大需求的新市场空间。通过实施酒店战略创新，可以避开竞争激烈的红海，实现价值创新，帮助企业实现企业价值的整体提升。

在大的战略方向已经确定的情况下，酒店通过不断创新服务、酒店经营及管理模式，以保持酒店的竞争优势。具体创新包括：酒店具体服务产品餐饮等创新活动：酒店服务方式、服务效率、服务流程创新活动；营销方式方法创新：酒店管理制度创新；人力资源管理创新；企业文化、品牌战略创新：酒店物业增值模式创新。通过在酒店生产价值链上各个环节进行改革创新，可以提升各个环节酒店服务的价值附加值，最终提升总价值。通过提供给顾客的酒店服务，使顾客体会到高质量服务价值以及低成本支出，进而大幅提升酒店顾客的满意度。不仅可以增加顾客的回头率和忠诚度，还可以拓展市场空间，吸引更多顾客，以此增加酒店收入和利润率，使酒店始终保持一个较高的盈利水平上，占据市场竞争优势。

钱金在《蓝海战略》提出企业超越传统市场边界，驶离红海，迈向蓝海，寻求新的市场空间的蓝海模式，认为市场边界和产业结构并非既定，产业参与者的观念和行为可以重构产业边界和结构性条件，称为结构再造主义的观点，在结构再造主义的视野里，战略目标是打破现存的价值成本互替定律，构建新的最优行为规则，由此拓展蓝海。所以依据蓝海战略的指导，创新酒店的发展战略，提升酒店产品与服务价值。

根据蓝海战略制订的创新路径，酒店要实施战略创新，首先应重新构筑市场边界，打破现有市场格局，开创一片新的蓝海市场。酒店若要重新开创市场，最重要的就是挑选出具有蓝海特征的市场机会。住《蓝海战略》中，作者给出了以下六种方式来重新构筑市场边界：包括考虑替代性行业，或行业内的不同战略类型、着眼于客户链、提供互补性产品或服务、注重客户的功能性或情感性诉求以及考虑到未来市场。具体到酒店行业，现有顾客一般是商务与旅游人士，大部分酒店也是针对这两个群体提供服务。酒店经营若要开创新的市场，可以考虑其他类型的顾客或者潜在顾客，以他们为目标市场，开设新的酒店经营类型；或者为他们提供针对性的服务，以开辟新的市场领域。例如法国夏纳的奥泰利亚饭店，瞄准世界人口普遍向老龄化发展，一些孤独的老年人会选择在酒店停留较长时间，并且消费较高，因此，将酒店定位于老年人的港湾，针对老年人市场，特别是需要关怀、照顾的老年客人，成功开辟出一片银发市场。

经过重新构筑市场边界，酒店可以找到新的市场，在这片市场中，没有竞争者，是一片新的利润空间。酒店经营者需要将这片新的利润空间挖掘出来。酒店要做的就是开发新的客户群，找到新市场的消费群体。这时，酒店要做的不是关注现有顾客或对现有顾客进行细分，这样只会使目标市场变得狭小；酒店应关注多数顾客的潜在需求和差异化需求，或者关注潜在顾客，并超越他们现有的需求，为他们提供超前的全新产品和服务，使顾客享受到产品创新和价值提升带来的好处，进而借机整合市场，扩大酒店知名度，提高酒店品牌影响力和市场占有率。例如希尔顿集团推出的睡得香客房、健身客房和精神放松客房等系列概念房，开发出有各种需求的顾客群体，吸引众多消费者前来体验，受到酒店顾客的认同和好评，不仅为酒店开辟了新的市场，也提升了酒店的品牌影响力。

酒店经营者在产品创新过程中，要考虑到创新产品包含的购买者效用，产品价格是否为消费者所接受，产品定价中成本控制问题，以及在创新战略的实施障碍，遵循合理的战略顺序，制订详细的战略规划。经过重新划分市场，挖掘新的利润空间，并提供超越现有需求的产品和服务后，酒店经营者还应根据市场和顾客的反馈，检查酒店创新战略的实施情况，反思在产品创新战略执行中出现的各种问题。通过酒店内部全体员工集思广益，调动大家的主动性和积极性，或者对顾客进行服务满意度调查，以解决创新战略规划中出现的问题，

综上所述，酒店服务业创新与价值提升战略的制订，可以依据蓝海战略，遵循重新构筑市场边界→挖掘新的利润空间→超越现有需求→提供具体创新产品→提升酒店价值的战略规划步骤，将酒店服务业创新从战略层的规划，细化到具体操作层面的执行，进而将酒店服务业创新付于实际行动，提升酒店服务业价值。

（二）酒店服务业价值创新的驱动模式

近年来，酒店创新活动发生了明显变化，表现为服务创新活动的系统化、战略化趋势，服务创新活动的轨道化趋势，服务创新组织的灵活性趋势，服务创新的模块化趋势。不断促进酒店服务业创新是市场的需要，因为消费者需求层次的提高导致对服务品质的期望与日俱增，如果安于现状，即使服务品质不下降，顾客的不满也会日益增加。同时由于消费者的偏好不断变化，他们对服务的期望也会不断变化，因此服务创新是无止境的，只有不断创新，才能维持其品质不下降。服务创新不是靠简单模仿别人的服务，服务创新是一种超越，是对他人服务的超越，也是对自身传统的超越。服务创新首先是服务方式的创新，其次是特色服务，由于现代酒店服务消费的个性化趋势，酒店针对宾客的特殊需求，把创新落实在增加服务项目、扩大服务领域、提高服务层次及服务文化品位上，提倡用心服务，用情服务，进一步提高服务产品的附加价值。再次是服务管理创新，建立一套灵活、科学、规范的服务管理体系，同宾客建立忠诚关系，塑造服务品牌，以此来衡量并促进服务质量的提高。服务创新的驱动模式表现为多种具体模式，常见的有典型的 R&D 模式、服务专业模式、有组织的战略创新模式三种：

1. 典型的 R & D 模式

该模式源于制造业中传统的 R & D 模式，在服务业中已演变成为"新工业模式"。该模式用灵活性代替了传统 R&D 模式中的标准化，这与服务创新的交互作用特性更为接近，结合酒店服务创新的模式。

"新工业模式"适用于那些遵循大景生产模式（福特制生产模式）的大规模信息服务业（银行业、保险业、邮政服务业等）。在这些服务企业中，创新通过互动源或行为者产生，创新驱动力是技术轨道、服务专业轨道以及顾客，其中技术轨道更重要；管理和战略部门也扮演着重要角色，R & D 部门的作用相对较弱。顾客是积极的参与者，并与服务企业的各部门，如管理和战略部门、R & D 部门发生交互作用。酒店服务创新的外部驱动力包括轨道和行为者。"轨道"是指社会系统中传播的概念和逻辑，这些概念和逻辑常常通过许多难以准确识别的行为者进行传播和扩散，并与周围的动态环境相适应。

2. 服务专业模式

专门创新是一种重要的服务专业模式，它是一种针对顾客特定问题提供解决办法的创新形式，客户需求是创新过程的起点。同时酒店在创新过程中，会将其中的某些内容解码并保留在酒店内部，形成酒店的组织记忆并在今后的创新中重复使用。服务专业模式主要出现在专业性知识服务酒店中，它向顾客提供的是不同专业领域中的问题解决方案。服务专业模式没有专门的创新组织，其创新过程主要是一种集体性活动，灵活性强，所有专业人员都参与进去，创新过程遵循某些共同的专业标准和方法。服务专业模式的主要驱动力是服务专业轨道，专家的专业能力对创新具有关键作用。创新的重点是交互作用界面，顾客对创新的顺利实施和最终结果有重要影响。

3. 有组织的战略创新模式

"有组织的战略创新模式"是服务部门中的典型创新模式。其显著特点是整个创新过程在酒店制定的战略和管理指引下开展，形成了一种更有意识和组织性更强的战略开发过程，该模式没有正式的 R&D 部门，针对创新的研究和新概念开发是每个人的工作，该模式设计和开发的创新产品具有较高的可复制性。在有组织的战略创新模式中，几乎所有内外部创新驱动力都会对创新产生影响，但战略和管理发挥了主导的控制和调节作用，创新是企业战略指引下的一种有意识的系统性活动，员工扮演了内部创新企业家的重要角色。

（三）酒店服务业价值创新的系统模式

酒店服务业创新的维度模式重在阐述服务企业创新的可能维度，探讨实现不同维度创新的企业中各职能的发展与整合。酒店服务业创新的系统模式是一个在微观产品层面对服务创新的关键层级进行识别，并对实现不同层级创新的企业各职能进行发展与整合的概念模型。服务创新与新技术的运用、服务本身的特性、新的销售方式、新的"顾客—服务者"交互作用方式、新的服务生产方法等层级密切相关。人多数创新都不是某一要素单独所导致，而是各种要素综合作用并包含不同程度变化的混合体。

1. 新服务概念

新服务概念要求酒店对自身和竞争者提供的已有服务和新服务都有准确的认识，尤其要准确把握创新的特性。通过对新服务概念的理解，服务企业可以根据市场变化、顾客要求以及竞争者行为开发新的服务并改进原有服务，形成企业的商业智力。服务创新的新概念层级与其他三个层级密切相关。概念创新可能以新的技术机会为基础，可能来自新的服务生产过程，还可能来自顾客在服务提供中扮演的新角色，如自我服务等。

2. 新顾客界面

新顾客界面层级指服务提供给顾客的方式以及与顾客间交流合作的方式，它是实现服务顾客化的重点。服务提供者在设计顾客界面时应考虑以下问题：如何与顾客进行有效交流；企业的潜在顾客是谁；酒店是否有能力让顾客在创新中扮演"合作生产者"的角色：家庭电视购物服务、电子商务网络购物的实施都显著改变了服务提供者和顾客间交互作用的界面形式和关联方式。顾客界面的创新可能导致整个创新过程的变化和重组。

3. 新服务传递系统

新服务传递系统层级指生产和传递新服务产品的组织结构、服务人员和传递方式。服务传递系统层级的创新要求酒店通过恰当的内部组织安排和管理，促使员工开发并能以恰当的方式传递新服务产品，该层级中心是强调现有的组织结构和员工能力必须适应新服务开发和传递方式的需要，如不适应，就要通过新组织结构的设计和员工能力的培训促使创新顺利进行。服务传递系统层级和客户界面层级间密切关联，两者相互交织并相互支持。一个明显例子是在酒店中引入电子商务网络交易要求有较大的商业过程重组，它不仅改变了实际交易发生与传递的方式，还改变了交易前后的过程，酒店内部组织和员工技能也都要发生相应改变。

4. 信息技术

信息技术在酒店服务业创新中扮演了重要角色。大多数服务都可以通过使用某些技术而使运作过程变得更为高效，如银行运用 ICT 技术、超市使用购物车以及仓储系统等。目前在科技创新体系还更多地注重技术进步，对面向用户的应用创新较少给予关注。科技成果的转化率低、实用性和推广性差等很多科技管理体系的弊病都与此相关，技术发展与用户需求对接出现了问题，造成技术进步与实际应用之间的脱节。制度设计对于技术发展、产品转化十分重要。

5. 不同层级间的关联

在实际创新过程中，需要不同的酒店职能活动将各种层级联结起来，该层级间的职能关联是层级发挥作用的根本途径，主要包括市场营销、组织开发和销售等。该系统模式中的单个层级以及层级间的不同关联对每个酒店服务的重要性可能不相同。此外，不同类型服务所需的资源输入有所差异，对输入资源的搜索和选择过程、创新过程受决策者影响的程度也有所不同。因此酒店在创新时要根据自身条件和能力以及周围环境的特点选取适当的创新层级，准确把握不同层级间的关联，推动创新过程的顺利实施。

（四）酒店服务业价值创新的参与者模式

酒店服务业创新是一个包含大量交互作用的复杂过程，影响因素众多，供应商、制造业和服务业企业、以及客户企业、顾客都参与进来。酒店服务业创新的参与者模式重在阐释各个参与者（供应商、服务企业、客户企业、顾客等）在创新中发挥的同角色和相互之间关联的差异。内外部因素的变化和服务创新活动的发展会使内外部驱动力随时间发生改变。在外部驱动力的轨道中，服务专业轨道和技术轨道变得越来越重要，并成为服务企业创新的主要推动力。首先，由服务本身特性引发的创新越来越多，服务专业轨道所起的作用更加明显；其次，技术轨道包含了多种技术，其中信息和通信技术为服务业的发展提供了巨大的机会，引发服务业中大量创新的出现。另外，随着服务企业的创新过程变得更加系统化和有组织化，管理轨道也逐渐成为服务企业遵循的主要轨道之一。

服务创新活动驱动力的相对重要性不是固定不变，随着服务创新活动变得更加有意识和系统化，内部驱动力相比外部驱动力变得更加重要，服务企业要根据自身能力和环境的变化，恰当选择创新驱动力，确保服务创新的顺利实施。根据设备、资金、人力资源供应商、服务企业、客户企业以及服务创新产品使用者之间的关联类型和在创新中扮演的不同角色，可以划分出七类创新模式，分别为供应商主导型创新、酒店主导型创新、客户主导型创新、酒店协助型创新、服务功能内部化型创新、服务功能外部化型创新、基本范式创新。

在外部驱动力的行为者当中，顾客仍是一个主要的驱动力，对服务创新活动起着非常重要的作用，特别是以知识为基础的商业服务。竞争者的重要作用正在下降，因为服务企业正变得更加主动和具有进攻性，创新也越来越由企业自身独市决定，受竞争者的影响减弱。通常情况下，公共部门的创新驱动力作用较弱。

　　在内部驱动力中，各种要素的重要性变化不大，员工以及战略管理作为创新驱动力在很大程度上同等重要性，服务企业的创新活动仍是员工创新精神和组织战略管理间的一种平衡活动，但随着服务企业更强调战略引导下的系统性的创新活动，战略管理的作用越加明显。创新部门和研发部门是服务创新中较弱的内部驱动力，这是服务企业与制造业企业明显的不同之处。更加系统化和更有意识的创新过程并不一定导致服务企业中创新部门和研发部门变得更加重要，因为创新不是在实验室中产生和发展的，而是在生产和营销部门或跨部门团队中发展起来的，且融入日常的生产和运作之中。此外，服务专业轨道和技术轨道是通过整个组织传播到服务企业内部，而不只存在于专门的创新部门当中，也不只通过专门的创新部门进行传播。第三节服务创新模式传统的服务创新模式许多服务企业成功地设计和推行了服务创新，这些服务创新甚至改变了整个行业的游戏规则，设置了新的服务标准，不断满足顾客的服务要求。

第四篇　　营销篇

第七章　民宿开发的现状

一、西方成功的乡村开发经验

彼得·梅尔笔下的普罗旺斯温暖而美丽，勤劳快乐的当地村民带领着游客品尝四季天然的食物，享受悠然自在的山居生活。浓郁的地域风情，趣意盎然的生活细节，处处体现出法国普通民众的审美趣味。类似还有玛琳娜·布雷西笔下的意大利托斯卡纳，艳丽而风情万种；詹姆斯·本特利描绘的英国乡村，更是被视作一个国度的灵魂。遍访这些田园圣地，带给我们无限的惊喜，因此，我们只有了解它们成功的内在原因，才能有所借鉴和参考，并用于我们的乡村建设。

（一）人口构成

在西方国家，城市与乡村的边界如何界定？离城市中心多远才算乡村？相对于中国城市密集的人口、乡村星散的人口而言，西方国家的人口布局是差异性很大的。首先，其城市核心区多数是以行政、办公、商业、会议为主要功能的，是政治、经济及文教的中心，居住者很少，居住类型多以公寓、酒店为主，适合短期旅居、出差的人士，并不适合长期定居的人居住使用。由于公共交通的便捷以及私家车的普及，大量的人口集中在城市核心区的周边，即城市的近郊或远郊，大约离城市核心区周边50~100公里的环状区域范围之内。这个区域自然条件好，环境优美，生活配套设施齐全，交通便利，适合工作和生活相互兼顾。而我们一般而言的乡村，应该是离开城市核心区100公里以上的区域，理论上来说应该是城市远郊与农田、牧场等相结合的区域。普通的乡村，居住者比较少，房子也比较少，但是会比较有历史感，大部分土地基本以农场或牧场为主。由于英国土地是私有制，土地和房屋共同属于个人的私有财产，而且代代相传，因此不会轻易搬迁、买卖。由于英国的乡村离城市的车行距离不远，出行交通完全不是大问题，因此许多中产阶级及上层人士居住在乡村、工作在城市。

由于英国在历史上就非常重视乡村建设和发展，因此乡村成了距离城市很近、环境优美、居住舒适的区域，也是在各种西方文学作品中大力推崇的最理想的生活居所。自古以来，英国最富有的阶层，如皇室贵族就占据了一些风景优美的乡村，建设古堡、庄园、农场、牧场、酒庄等，通过堆山挖河、建屋种树等手法来整治环境并修建英式自然风景园林，所以精英阶层及上流社会人士越来越往乡村汇聚。英国乡村的人口随着经济的稳定也越来越稳定,而且因为其大多数居住者是中产阶级以上的中高阶层人士,在政治、经济及教育层面上都有着巨大的影响力和控制力。

当然,生活在乡村的人也还有退休的老人或继承了乡村老房的人,他们热爱自己的家园,尽心尽力地装点打扮自己的乡村小屋,比如他们经常整理自己的花园、修剪植物、浇花种菜等,甚至粉刷老建筑的外墙及修补老建筑的防水等。总之,他们希望通过美化自己的乡村小屋来追求有品质的生活情调,这就是许多居住在乡村的人的心理。当然,如果这一家人已经无法维护自己的乡村房子,生活在经济拮据的状态之下,真的决定要离开乡村,他们会选择转手卖掉房子(包括他们购买的房子和土地),把这个房子卖给更喜中的娱乐和休闲功能,促进林业资源收益的提升。

关于雾霾治理的问题,英国的经验也非常值得我们借鉴。20 世纪 80 年代,伦敦市在城市外围的乡村区域建设大型环形绿地,面积达 4434 平方公里。可以说,英国乡村就是城市保护环境和空气质量的天然屏障。

总之,英国人将乡村作为一种国家的形象典范代表,他们非常珍惜乡村的牛态环境,大力保护乡村。对于乡村的环境保护,在英国乡村里居住的每一个人都有义务和责任处理这类问题。这种大家自发的公众监督意识,是西方国家文化教育水平提高之后不断提升的公民意识。对他们而言保护环境不受破坏,就是保护他们自己的家园,这是义务和责任。

(二)基础设施

英国乡村的道路交通等基础设施在某些方面的等级超过了城市,很先进,很务实,也很超前,政府很早就开始了乡村基础设施的规划,并为此制定了严格的法律。由于很多英国的乡村是风景旅游区及民宿聚集地,所以对其交通设施、供水、供电、供暖等各方面的要求都比较高。还有乡村历史建筑的保护以及修缮等工作都需要政府部门来投入,这也是为什么对购买乡村历史保护建筑的居民要收取高额的维修费用的原因了。

下面以乡村道路为例来说明。英国乡村的道路很窄,大多数是双向各一条车道,但是,乡村车行道并没有一味地拓宽,他们保持狭窄的车行道宽度,有如下原因:第一是乡村车行道的周边土地大多已经成为私有土地,无法拓展车行道宽度;第二是保持乡村原有的尺度,小而紧凑,适宜人行,而不是那种很空旷的感觉;第三是来回各一条车道,而且乡村道路在拐弯时比较有危险性,通过缩小车道数量可以适当降低车速,不易产牛严重的交通安全事故。同时,我们经常在英国乡村看到,车行道为主路,两侧草坪中开出一条步行小径,宽度一般为 60~100 厘米,仅供一人简易行走。应该说,中国富裕的乡村在基础设施的建设上可以很快地超越英国乡村,但是这个过程中应该学习的是英国乡村基础设施的文化性与历史性的延承以及对许多历史遗存的保留和精心维护。

英国乡村道路一般可以看到周边土地的农场、牧场、庄园及酒庄等优美的风景,而道路周边的绿化配置也会忽隐忽现。植物时而舒展开,游人、车行者的视线可以穿透这些植物,看到远处的山坡、羊群、园林与牧场;时而封闭住,遮挡了游人的视野,而那封闭的树丛后面可能就是一个乡村的房子，住着一两户人家。乡村道路小，车辆比城市里的少，人行与车行分开，而且开车的人与步行的人都很遵守交通规则，比如说在十字交叉的小路上，开车的人看到行人要主动避让，地面写着"STOP"标志的时候拐弯的车一定要停下来让直行的车等。

（三）价值观念

西方的家族组织比较简单，一般都是以夫妇为中心的核心家庭，子女婚后便离开父母另立家庭。另外，双方在财务方面也是各自独立的，父母去世后的财产根据遗嘱处理，可以传给子女，也可以赠予别人，因此，西方的家庭要比中国的家庭松散得多，个人本位的思想成为西方文化的首要原则。在核心家庭中，他们认为一个家庭的婚姻幸福，儿童教育成功、身体健康、心情愉悦、和谐稳定是最重要的。家庭稳定也成为整个社会稳定的基石。

那么，相比中国乡村打工者由于两地分居产生大量的家庭问题，英国乡村是否也存在着同样的问题呢？我认为，与中国乡村的家庭问题相同的是英国乡村的老龄化与空心化。但是与中国乡村的家庭问题不同的是英国乡村的核心人群"中年人"并没有离开，而是趋于稳定。英国年轻人向往城市生活，十八岁以后就独立了，他们需要城市提供的大量的工作机会和社交活动，因此沉闷、安静、缺乏变化的乡村生活难以留住大部分的年轻人，他们基本都离开乡村去往城市，这与中国乡村发展现状是一致的，但是，他们基本不需要两地分居，平时开车代步上班与回家，这样保证了夫妻和谐、家庭幸福。随着时间的推移，当乡村的一部分中年人老去或老年人死去，又会有新的中年人搬迁到乡村来开始生活，甚至是过去离开乡村的年轻人变成富有的中年人后又回归到乡村。在这样不断地变化之中，英国乡村的发展趋于稳定和平衡。

（四）基层行政

英国的乡村集市是非常吸引人的活动。在每周的几个固定时间，许多个体经营者经过基层行政部门的许可，快速搭建展示的构筑物，向乡村的居民、来此旅游的游客等销售当地的蔬菜、花卉、水果、美食、装饰品等各种有趣的土特产。每次乡村集市都规定好开始和结束的时间。在开始之前，就有许多集市的参与者（当地的村民）早早在周边停好车，搭建起展示间，精心摆放好商品。在结束前一两个小时内，经营者都会井井有条地开始收拾东西，整理卫生，带走几乎所有的垃圾，让整个区域像没有发生过什么一样的干净整洁。乡村集市经常变换不同的主题，如以美食为主题的集市，卖新鲜的蔬菜、水果、酒、面包、奶酪等特色食品。还有美食节目现场制作美食并录制成电视节目，甚至在现场展示鲜活的鸡、鸭、鹅、羊、猪、牛、马等家禽或家畜，小朋友特别喜欢喂小动物并和小动物拍照。还有一些以装饰品为主的集市，卖工艺品、银铜器物、特色的石头或石雕艺术品，甚至有多种现场彩绘活动等。而当重要的节假日来临的时候，乡村还会举办各种类型丰富的运动主题，如冬季溜冰及特色儿童活动器械，吸引儿童来玩，也会吸引大量的父母长辈陪伴参与，这样就形成了营销亮点以及口碑话题的传播。应该来说，英国的乡村集市布局统一整齐，井然有序，商品琳琅满目，很多是乡村原生态的食品、动植物产品及花卉，这在普通的城市超市及商场中是采购不到的，这也正是乡村集市的魅力所在，许多乡村居民或游客都非常喜欢到这样的环境中购物、交流，寻找独特的商品。

早在 70 年前，费孝通先生就提出了中国乡土重建的问题。他认为在当时，乡土正被城市化的浪潮所冲刷，一切资源都被开矿似地挖起运走了，乡村衰败，不可持续。当下我们需要思考的是，我们的乡土是否还可以重建？该如何重建？从英国乡村的发展之中我们又能学习到什么？

（1）城乡共生，相辅相成——乡村与城市是利益攸关的两个方面。当前，大量人口从乡村流向城市，尤其是乡村优秀人才的外流对乡村发展的影响极大，导致乡村空心化，乡村的经济生活受到严重的影响。而物质财富也随着人口从乡村流入城市，导致乡村越来越萧条。而虽然说城市有所收益，如农民工增多，解决了某些服务业缺乏就业人员的问题。但是，城市的风险也在增大，因为要接纳这么多的人口，会给城市带来大量的问题，如住房、教育、产品供应不足、服务跟不上，群体事件频发等，所以乡村出现问题，城市肯定也跟着出现一系列大问题。总之，乡村和城市的问题绝不是相互割裂的，不能孤立地看乡村，还要从乡村与城市的角度统筹一起看。乡村是城市的发动机，动力之源。乡村是城市的后花园，许多城市人从城市到乡村去玩。乡村是城市的大后方，城市的粮食、蔬菜、禽肉蛋等都是乡村提供的。乡村还为城市提供了大量的人才，包括许许多多的农民工，因此，城市与乡村的政府部门应该携手一致根据宏观经济形势做出判断，行下达指标，通过投资和提供工作岗位来提高乡村的就业率和农民收入。政府部门应该自上而下鼓励城市的人口、资金等流向乡村，但具体措施是什么？如何从城市流入乡村？这是需要乡村的行政部门及政策制定者认真思考的问题。

（2）从"自上而下"到"自下而上"——政府部门自上而下的工作方法最大的困难在于不了解不同区域的乡村有着哪些不同的问题和处理方式，一套"自上而下"的行政体系很难对每个不同的个体都对症下药，只会让工作流于表面形式，效率偏低，而"自下而上"是基于不同乡村内在的核心问题，由乡村农民自发地或依靠外部力量来发展乡村，振兴乡村经济，创造出新的符合该乡村的经济增长点。只有充分发挥本地的积极性，自下而上，才能真正走出衰败的困局。自上而下的关照，毕竟还是一种外来力量。老百姓知道自己真正的需求，却不知道如何实现这些需求。当老百姓认识到是为自己而奋斗时，往往都是很积极的，凝聚力是很强的，因此，作为自上而下的行政力量，在于挖掘、配合这种自下而上的自发力量。

（3）粮食安全——农业安全、粮食安全，这是国家政治、经济稳定的基石，所以这些都需要乡村的稳定来保证。

（4）不能破坏乡村的生态环境——保护生态环境是最重要的工作。如果乡村连好的生态环境都没有了，资源也没有了，人也都走光了，乡村就真的没有希望复兴了。

（5）长远规划——要注重乡村当地的经济长远发展,短期规划与长远发展要相互结合。

（6）寻找乡贤——乡村要复兴,就要有乡村的有识之士来重建乡村。通过邻里互助和自愿参与的方式进行,在战略制定的过程中自始至终要有当地乡村居民的参与。这就要求乡村医生、教师乃至一切乡村人口,都有机会在本地获得一个受人尊重的、体面的生活。而机会来自制度的安排,一方面,要让人才愿意下基层;另一方面要有一种机制,让来自乡村在城市里工作的优秀人才,有机会为家乡做贡献。有些地方组织"乡贤委员会",是值得借鉴的。只有人们在乡村可以找到安身立命之所,而不必一定到城市才能得到认可,这样人才的分布才会趋于相对均衡。当前在城市中的农民工扮演的是边缘的角色,既不能改变城市,又不能被城市所改变。应该鼓励外出打工者中的优秀者回乡创业,为自己寻找一条新的出路,也为乡村的复兴做出贡献。

（7）要找到真正热爱乡村的外来投资者——乡村要对外开放,招商引资,要吸引外来的投资者,共同帮助、参与发展乡村,从城市里或者国际上吸引真正熟爱中国乡村的投资者以及高素质的人才投资、落户乡村。这或许是最重要的一步,只有通过外部先进生产力的代表者来改革乡村,才能彻底地扭转乡村的面貌,而外来投资者必须和乡贤紧密地配合一致,共同复兴乡村。

二、乡村民宿的开发

（一）美丽乡村发展

1. 乡村再生、乡村复兴与乡村更新在学术定义上的区别

存城乡规划的学术研究之中,乡村再生（Rural Regeneration）或乡村复兴（Rural Renaissance）这两个名词与乡村更新（Rural Renewal）在定义上有何区别呢?

笔者暂时没有查阅到关于这三者定义区别的文献资料,因此借用西方城市规划探讨"城市再生、城市复兴、城市更新"三者区别的文章来对比说明,大家可以通过城市联想到乡村。"城市更新"在语境上并非指城市的自然空间演变,而是多用来指政府部门对城市空间积极介入,用行政手段变革城市空间及建筑的更新,如某些区域使用强制拆迁、强制改变用地性质的法律手段,其形式缺乏空间及策略思考,多数为推进个案的速度与障碍的排除,弱势群体的权利可能受到一定的损失,因此,欧美国家对传统的城市更新做法趋于谨慎,该名词在欧美经常与粗暴的行政、大规模的拆迁结合在一起,被视为负面名词。而笔者认为,"乡村更新"的定义大致与之一致。

从20世纪90年代开始,在欧美的城市规划学术界,"城市再生"及"城市复兴"逐步取代厂"城市更新"一词。城市再生更加强调遵循可持续发展的原则,提出一个地区的社会、经济与环境的整体改善规划。从那时到现在,欧美的城市再生的政策与实践更加多元。因此,从城市再生/复兴推演到乡村再生/复兴,从目标的设定、策略方案的实施、政府职能的调整,到财务的运用、法律与执行机制的弹性、高科技的运用、大众参与的方

式等方面都有了较大的突破，积累和创造出许多新的方式方法。

2. 乡村复兴的三步走：唤醒、重塑、复兴

乡村复兴，笔者认为需要三步走：唤醒、重塑、复兴。

（1）唤醒。乡村要活跃起来，乡村里的人要被唤醒，这就是一个非常重大的转变。只要乡村不变成空城，这个乡村就不会消亡，不会荒废，它可以自我再生，不断发展，良性循环，而不是慢慢地等待死亡，因此，第一步就是要唤醒沉睡的乡村，让乡村的村民看到希望，让城市里的人都知道乡村的美好，都愿意来到乡村。"唤醒"的方式就是乡村根据自身特点引入一个或多个产业，这些产业能吸引城市的投资者和游客到乡村来，把人带来就会把资金带来，这样乡村就可以慢慢发展起来了。

（2）重塑。乡村在被唤醒之后，外来的改革者和乡贤们一起分析本乡村的优劣势，看看下一步到底往哪里走才可以重新塑造这个乡村的活力，重新找到一条光明的发展道路，找准一条朝阳产业，坚定不移地走下去，经过5~10年的发展，一定能够重塑乡村的面貌。

（3）复兴。乡村的真正复兴可能需要20~30年的时间，其复兴的衡量标准大概有以下几点：

①人口是否大量回流，一个符合良性发展的乡村人口总数是非常重要的。

②人口类型的分布比例是否合理，如何保持乡村未来活力的婴幼儿比例、可保持当前乡村积极进取的青年和中年人比例、可保持稳定发展的老年人比例等。

③高素质人口（优秀人才）的比例，这是衡量该乡村可持续发展的核心竞争力。

④乡村产业的合理性，高科技新技术的运用，主体产业是否为朝阳产业，是否与本乡村土地有着高度的关联性，具有不可替代性及高度的竞争力。

⑤符合乡村安定、安全、可持续发展的长期规划，保护好乡村的生态环境。

⑥乡村居民安居乐业，精神状态平稳良好，心理正常，生活健康和谐。

3. 唤醒乡村

乡村最大的问题就是人都被城市吸走了。乡村里原有的青年人到城市去打工，他们赚了钱就带着老婆、小孩，甚至亲朋好友一起出去继续打工，他们赚到更多的钱之后就把父母接走。这样的乡村由于缺乏发展的机遇等前述的一系列问题，所以不断地流失原住民。比如说，浙江某个自然村，20世纪80年代初原有2000多人，当前只剩下10~20个老人存坚守。这些老人是真正热爱这片土地的人，他们以此为家，一辈子种田种菜，不愿意改变这种生活，所以他们为了这片乡村留守了下来。所以乡村复兴的第一步措施就是要唤醒乡村，吸引原住民回流和热爱乡村的外来者投资，这是当前乡村复兴最重要的工作，而乡村民宿就是一种吸引人流来到乡村的最快捷、最有效的方式。

4. 乡村民宿适合唤醒乡土中国

乡村民宿 = 美丽乡村 + 现代创业 + 现代农业 + 旅游业 + 酒店业 + 设计业

美丽乡村这个内容很大，包括各种各样的乡村产业类型，但是这些乡村产业到底如何落到实处呢？应该说，乡村民宿是肩动性强、商业模式清晰、资金需求量小、投入小产出大而快、可以结合互联网＋的形式。乡村民宿就是一个普通人（比如说白领、农民，甚至下岗工人）在当下就能够独立做起来的事，这也是真正可以大众创业、万众创新的事业，而且乡村民宿这件事特别适合设计师来做，包括建筑师、室内设计师、景观设计师都很合适，所以，当前的时代背景给大家创造了一个千载难逢的机遇去进行乡村民宿创业，为中国的美丽乡村贡献力量。

（二）乡村民宿发展的机遇

1. 天时

2006-2008 年，投资者和地方政府推动着中国酒店行业迅速起飞。特别是中国精品酒店在北京奥运会前后出现了第一波的投资高潮。国际连锁度假酒店集团相继进入中国，并布局国内精品酒店市场，安缦度假酒店和悦榕庄便是其中典型代表。随后受到全球金融危机的影响，中国酒店业走入低迷期。在 2011 年中国经济形势转好后，大量外资高端酒店又纷纷进入中国二三线城市争抢市场。而 2012 年后，该行业的增速明显放缓。在这段时期内，伴随着中国人均收入的快速增长，兴起的中产阶级更加关注改善生活品质，对于多样化和分散化的度假消费体验呈现出不断扩大的需求，而酒店业态与度假旅游一起构成了一个新兴的高端度假酒店市场，恰好填补了传统酒店所无法提供的服务空缺。

从地理位置上讲，我国现有的度假酒店主要集中在自然人文资源丰富的江浙、海南、云南、广西一带。就市场竞争结构而言，外资品牌由于进入这片市场较早，发展规模较大，相对成熟，品牌知名度较高，引领和树立着行业的标准。以在 28 个国家建有 36 家顶级豪华度假酒店的新加坡品牌悦榕庄为例，它先在中国的风景区开发度假酒店，快速获利并扩大影响力，再发展城市酒店。悦榕庄自 2005 年进入中国市场后在迪庆、丽江、香格里拉、海南、桂林、拉萨、杭州、阳朔、黄山等地已创建了十余家度假酒店，并在澳门、上海和天津等地区和城市开设了精品酒店，另外在阳朔、九寨沟等多地还有在建的度假酒店项目。悦榕庄在很长一段时期内都占据着全国精品酒店中品牌指数的桂冠，直到 2015 年被莫干山裸心谷所超过。虽然我国本土的精品度假酒店起步较晚，至今仅有少数几个品牌形成了规模效应，但是品牌发展迅速，未来还有很大的发展空间。比如 2009 年诞生于云南丽江的花间堂度假酒店，目前已拓展到丽江束河、香格里拉、周庄、苏州、杭州、阆中等地连锁经营。类似的知名本土品牌有 2011 年创立的隐居度假酒店，已在杭州、三亚、扬州、上海、大理等多地开自营度假酒店项目。还有 2015 年在莫干山开业、即将扩展到广东、上海、浙江等地的安缇缦度假酒店等。

当前，乡村民宿正是瞄准乡村这一特殊的市场，抓住了中国度假酒店发展的最佳机遇。近年来，随着我国国民经济的转型和第三产业的崛起，各级政府日益重视旅游业的发展，出台了相应的政策性纲要和指导文件来推动旅游投资和消费，为酒店行业整体的发展提供了强有力的支持，尤其是休闲度假旅游这个产业得到高度重视。由国务院办公厅在 2015 年颁发的《关于进一步促进旅游投资和消费的若干意见》明确指出我国将大力实施乡村旅游提升计划、开拓旅游消费空间，并到 2020 年前全国要建成 6000 个以上乡村旅游模范村和 300 万家农家乐。这对于国内度假精品酒店及乡村民宿产业是一个新的成长契机，这可谓是"天时"。

2. 地利

选择在什么样的地理位置，才能做出比较成功而出名民宿？应该说，乡村民宿一定要找准地段。民宿选址，就跟很多城市里的人买房子一样，最重要就是地段！

笔者预测在当前 5~10 年之内中国真正能成功的民宿，其选址是在一线城市及重要旅游城市、风景区的周边车行三小时的范围之内，大致会出现在以下几个热点地区：

第一个是在北京周边会出现一两个热点区域，如北京、天津和雄安的三角形区域中心或周边三小时车程范围内有特色的乡村，又如北京西北角的张家口崇礼地区，以冬奥会为契机，以滑雪产业为主辐射北京周边的相关乡村，联动形成一个大型的乡村民宿片区。这里要补充的是东北吉林的长白山旅游区，实际上是万达主导的一个旅游目的地。可以说，在中国北方以滑雪运动为主的旅游度假目的地是很有前途的，但是这种类型需要定位高端而准确，也需要大量的资金投入，因此，该区域主要是高端精品酒店结合滑雪类主题运动的区域开发，乡村民宿将成为其有效的互补和配套设施，乡村可以从中受益和发展。

第二个是长江中下游地区的杭州德清莫干山区域，现在已经发展成为乡村民宿的实践范本，全国美丽乡村的学习楷模。还有就是江苏的环太湖地区，如苏州的东西山乡村、无锡的阳山乡村，南京周边的溧水无想山乡村、溧阳天目湖周边乡村等；另外，江浙一带的古镇也是乡村旅游的热点地区，如周庄、乌镇、同里、西塘等。安徽的黄山、西递、宏村等风景旅游区也是乡村民宿的热点地区，但该地区最大的问题是离上海的消费人群要 5 个小时左右的车程，不利于乡村民宿这样的短途旅游发展。这里需要特别提到的是另一个很有潜力但还未被开发的乡村热点区域——上海的崇明岛。在卜海城市总体规划（2016—2040 年）草案中提出要建设四大生态区域，第一个就是建设崇明世界级生态岛。该总规提出，要锚固崇明的生态基底，积极保护东滩、北湖、西沙等长江口近海湿地以及各类生物栖息地，运用生态低碳技术，建设低碳宜居城镇，提升创新功能，建设中国的"国际生态示范岛"。当前崇明已经撤县为区，2020 年左右将建成联通上海市区的地铁。崇明的发展长期受到交通的制约，而现在高速公路和越江桥隧建成之后崇明交通有了很大的改善。总之，崇明大面积区域是乡村，农田广袤，乡村民宿大有可为。

第三个是在广州、深圳及香港的城市交接部位将会出现一个乡村民宿的热点区域。这是因为广东省有着深厚的历史文脉，而且广深及港澳地区聚集了大量高知识、高财富的消费人群。这里也要提一下福建的厦门、福州周边地区的乡村民宿，配合着厦门、闽东及闽南地区的旅游高速发展应该会有可能涌现出某个乡村热点，但是当前该区域的经济发展不如长江中下游地区及广深港澳经济带，其乡村民宿的发展速度也比较缓慢。

第四个是中国海南的三亚及海口的城市连接区域。实际上，三亚已经超过了泰国普吉岛、印尼巴厘岛等国际高端海岛度假区，成为中国乃至世界非常重要的旅游目的地，已建成大量五星级、甚至六星级的高端酒店群，因此，该区域的乡村民宿将会成为高端度假人群对新奇的旅居体验的尝试之选，并成为高端酒店群的乡土特色配套设施，服务于不同需求的客户群体。

第五个是云南、广西及贵州几省的某个乡村区域。这些省份历来是中国的旅游大省，其著名的旅游城市有昆明、丽江、大理、桂林、南宁、玉林、贵阳等。我们早已看到云南省的丽江和大理已经成为很多民宿、客栈品牌成功的发源地，而当前需要关注的区域是广西的桂林及玉林地区，据说某著名的旅游开发集团已经在这两个区域投资近百亿开发乡村旅游民宿，相信在不久的将来广西的桂林或玉林地区会成为中国很有特色的乡村民宿的热点区域。

第六个是四川、陕西及重庆几省市的某个乡村区域。四川成都是非常美丽的城市，是一个来了就不想离开的城市，是每个人都懂得幸福的城市；而陕西西安是十三朝古都，历史悠久，而且是全国高校最多的城市之一；重庆是中国第四个直辖市，经济实力雄厚。所以，从全国到这几个城市旅游的游客以及从这几个城市辐射到周边的旅游人群必然会带动该乡村民宿区域的大发展。

其他的内陆地区及二三线城市周边的乡村也非常美，但是离乡村旅居的游客群体（当前的游客主要是一二线城市的中产阶级、追求小资情调的人群）的距离太远，而且，其发展要跟随着上述六个热点地区的发展而选择特色和亮点，切不可盲目复制照搬。

总之，在未来的5~10年之内，某个乡村地区因为民宿业发达而声名鹊起的情况一定会经常发生。通过民宿业的名气给这个乡村带来大量的人流和资金流，使该村的原村民回流，外村的村民过来就业及居住，城市的投资者和乡贤一起来建设乡村，这样才是真正开始唤醒这个乡村，最后通过重塑和复兴的举措真正使这个乡村复兴，并带动周边的乡村一起发展。所以，这种乡村的发展模式是一个良性的循环，只有这样才能使中国的美丽乡村完成伟大的复兴。

3. 人和

乡村民宿讲究"天时、地利、人和"。最后一个"人和"，其实是把人流（特别是指城市的投资者、优秀人才及乡贤）导入乡村。人流导入，自然资金流也跟着导入乡村，这样乡村就被唤醒了，而乡村民宿这一业态最适合被用于导入人流和资金流。这个导入人流的过程就是"人和"发挥作用的过程。乡村导入人流和资金流的模式，大概有以下两种：

第一种模式是让本乡村的村民自己来导入，自发地发展。他们带动产业发展，如现代农业，保障粮食食品安全和水安全等，让农民挣到钱，得到经济实惠，但是，这个模式不是在所有乡村都适用。因为在一些乡村，生活在村中的农民，其实都是一些老人、小孩，那些年富力强的中年人以及身强力壮的年轻人早已经去城市打工赚钱了，也变成了城市里的人，或者住在城乡接合部的"边缘人"，那么这些留守乡村的村民，因为年纪、资金、守旧的观念，还有健康方面的问题，所以其实要想让他们自发地创造一些新的产业来发展经济，让他们把城市里的人流和资金流吸引过来，是非常困难的。

第二种模式是吸引热爱乡村的城市投资人到乡村来创业，建设乡村，改变乡村。这里面包括离开乡村的中年人和青年人（也就是我前面提到的"乡贤"），他们觉得乡村有机会，就回归到乡村来创业，这些人会为乡村带来新的发展思路。他们来做什么呢？比如说开发旅游业，开发新的现代农业、无污染产业等，吸引全世界有乡村情怀的人过来建立民宿，搞农业安全、食品安全、水安全等新兴发展的产业。

综上所述，只有第二种模式才是真正地把城市里的中产阶级（那些有乡村情怀的人，投资乡村民宿的人或来乡村民宿旅游的人）以及乡村原来的优秀人才（乡贤们）带到乡村的模式。同时他们也给乡村带来了资金，这样才真正让乡村"流动"起来（从人流和资金流这两个方面），所以，第二种模式才是真正能让乡村复兴，让乡村有创造力和活力的模式。

城市里来到乡村的人才，这里还特别指一些设计师（具体指建筑师、景观师、规划师、产品设计师及广告策划师等）和旅游行业的从业者。他们大多在乡村建设之初就投入乡村的改造设计和旅游策划之中，走遍乡村的角角落落，对乡村充满感情，渴望通过自己的力量改变乡村落后的面貌。而且相对来说，设计师及旅游行业的从业者们非常适合作为民宿设计、建造及运营的人才。因为民宿对资金量要求比较小，它是轻资产的，偏重于管理和运营的。而且民宿主人一定是要有情怀或有设计能力的，所以设计师非常适合民宿业，用小的资金撬动大的产品，然后加上互联网＋的营销模式带动客户，如使用微信平台进行营销等创新盈利模式。

相对而言，我国台湾地区或日本的民宿基本是民宿主的私人财产或家族资产一代代传承下来的，所以他们投入建设民宿的成本实际上不是一次性的大投入，而是不断追加投入的资金。莫干山可以看成是此类民宿的升级版，已经偏向于设计型精品酒店了。由于它们的客房价格甚至超过了中国许多五星级酒店的价格，所以它在建设初期一次性投入的资金量要求比较大，所以也比较具有示范效应。

第八章 民宿的盈利点

一、机遇

（一）市场需求

乡村旅游市场需求越来越大，国内旅游慢慢趋于理性，人们以后的旅游方式不会是在各个景点打卡签到，而是转向体验式旅游。乡村有的是自然风光、历史遗迹、特色景点、乡村野趣等资源，这些都是吸引城市居民前往的动力。市场需求的快速发展，毫无疑问是一个大机遇。随着中产阶级的快速崛起，消费升级带来的市场对乡村民宿的需求增速明显。只要是具备空气、水质等方面的环境较好、风景较好、区域文化较有特色、交通较便利等要素的乡村，均具备经营民宿的基础，而这样的乡村目前来说开发的程度还非常低，所以说，当前 5~10 年乡村民宿市场的需求量非常大。

（二）旅游资源

做旅游行业必须是有目的地的旅游资源。不同地域环境的乡村也会有不同的发展机遇，相对而言，人文风貌充足、历史故事丰富、自然生态优美、产业多元且优质的乡村会比较适合，当然更重要的是要交通方便、保证足够客源。反之，贫瘠、偏远、环境欠缺的乡村当前不值得尝试。比如说莫干山的成功，在于自然山水和江南文化，更在于江浙沪这些丰富的客源地，2 ~ 3 个小时的车程就能来到此地，这是莫干山成功的保障。又比如说宁夏——一个全国贫困村，120 户人家，只剩下 20 多个老人居住。黄河边上的红枣树下掉满了甜甜的红枣，都没有人去捡。沧桑的木水车，被黄河水推动得发出沉闷的声音，在诉说着历史故事。在这里做个旅游项目风景很好，但是谁会来？一年会有多少人来？这种很美的地方，但不能作为项目来经营，因为没有足够的客源，所以，自然风光优美的、气候宜人的、交通便利的（距离丰富旅游客源地三小时车程之内）、有特色风俗文化的乡村是当前适合开发乡村民宿的好地方。当然，经营是需要多元综合评估的，要有很好的定位、明确的互动体验项目和营销手段，才会让乡村创业产生机会。比如说当前，江南地域的，或靠近海滨、风景区的乡村就比内陆地区交通不便的封闭的乡村相对有开发价值。

（三）政策支持

有了市场需求和旅游资源，更需要有好的政策支持。没有好政策，创业会掉入陷阱。政府支持、政策利好、地方产业转型升级等因素也给乡村的民宿发展带来了很大的机会。2016 年，全国有 262 个城市或区域被列为全域旅游示范区首批创建区。各地政府也都非常积极地研究旅游经济的发展方向，并对于民宿行业的发展均持正面态度。加上国家"十三五"规划提出全面脱贫的国策，很多乡村还能享受到精准扶贫的各种扶植政策。

还是拿莫干山举例，当地诚信的民风支撑着投资人的信心，更重要的是本地政府的扶持政策。到目前为止，没有听到投资人对于政府的税收政策、收费等抱怨。反观一些已名声在外的景区，由于得不到政策上很好扶持，致使游客的门票、餐饮支出远远高于住宿和交通支出，也给投资人增加了更多的成本，导致了不公平的竞争环境。这许多问题致使这些景区的口碑不如刚开始推广的高原古城，如八宝镇、普者黑、坝美村、诺邓古村、沙溪古镇等。政策支持，不单单是税收方面，更重要的是管理市场，规范市场，给大家一个诚信公平的竞争环境。

（四）业态互补

说到业态的互补，要给大家讲一个故事。犹太人做生意，第一个人开个加油站，另一个人在旁边开个便利店，第三人过来开个小旅馆，第四个人来开个小酒吧。这样大家都赚钱了，而且形成了良性循环。那么，乡村创业怎么能够做到资源互补，怎样处理好上下游产业的关系，从而达到共赢的局面呢？这需要一个整体科学的规划。

乡村创业的业态互补，需要有高中低不同档次的住宿服务（如度假酒店、民宿、房车营地、青年旅社等）、农副产品种植采摘服务、民俗文化的演艺服务、特色的餐饮服务、手工艺品伴手礼店、配套旅游设备服务（如爬山设备、滑雪设备、潜水设备、出海设备、钓鱼设备、越野车等）。眼下比较热的内容包括：乡村特产的包装与再加工、空心村改造、乡村社区营造等都属于乡创的范畴。还比如做一些民宿配套开发，比如民宿附近的餐厅、咖啡厅、旅游纪念品店等。或者直接服务民宿的布草洗衣工坊、民宿从业人员培训等。又比如说，乡村住宿用品市场。乡村住宿品牌太高端用不起，太低端客户不满意。针对乡村住宿市场，在易耗品上可以做出小而美的创新，单品突破，切入市场，应该有机会盈利。从商业角度看，乡创能达到怎么样的高度，跟当地的基础设施、周边配套、政府与民众意识息息相关，这背后的基础受制于当地区域的经济发展程度。住宿业态互补一上下游产业设计配套，需要的是本地政府的规划和管理。这样不同的创业业态机会多，风险小。经过一段时间市场的自我调节功能进行修正，达到平衡，就能确保各种业态的收益。总之，机会在于供给端的升级。

（五）场景体验

乡村创业的机会，就要分析游客去乡村的场景能带来哪些体验，其中，很典型的就是城市长大的孩子，很少见到大自然，所以父母会带着小孩子去乡村认识大自然。这里面就有一个很大的机会，去乡村里面，住哪里？去干吗？而要把这两个问题解决好，就是对供给端升级改造。供给有哪些？无非就是吃的东西、住的地方、玩的内容、买的物品，以及如何让整个过程更加便利，即公共服务体系。

比如，住的方面，现在的父母和小孩，在大城市里基本住的就是装修还不错的房子，家居用品、卫生洗浴都是相对有品质的。可现在很多的乡村住宿条件还是原来的农家乐形式，不管是家居用品，还是卫生洗浴都毫无品质感可言，因此，从住宿的角度上来说，如何能够提升乡村住宿品质就有一个机会。住宿可大可小，大的做度假酒店，小的做民宿，关键看掌握什么样的资源，从选址、规划、建造、装修、设计、运营、管理、服务、营销都会产生相应机会，而且逐渐会产生相对标准化和个性化的融合。

再比如玩的方面，原来只有休闲观光，到乡村只是看看风景。但是新的需求在于城市里感受不到的个性化体验。举个例子，农场养殖基地，原来只是卖农产品，可在如今体验需求的时代可以让用户部分参与到农产品的生产过程中，成为一个体验项目。如喝着自己炒制出来的茶，吃着自己采摘挖来的农家菜，把体验产品化。同时依托当地的自然资源，开发更丰富的轻户外玩乐体验项目，溯溪、漂流、滑翔等，让一个乡村本身成为游客周末度假的目的地。

这些供给端品类更加丰富的同时，必然也需要第三方服务商提供基础服务，所以对于很多度假营地规划公司、民宿设计事务所、基础设施设备提供商等也都会产生很多机会。

（六）差异创新

乡村民宿的特点在于差异化，但好像目前很多人都在试图给民宿下定义、定框框、出标准，这样是否又会走上传统酒店业的老路？所以，能否在同质化的业态内找到差异性，寻求新的突破和发展方向，应该是决定未来几年内做民宿成功与否的关键，也应该是目前的民宿业主需要考虑的问题。国内乡村民宿现在都学习莫干山。不可否认莫干山模式在这个行业，不论从产品质量还是客流总量来看都领先全国，但是对比莫干山往年和今年的市场表现，已经明显呈现出变革的态势，两极分化愈发明显。一些开业多年的老店面临客流的显著减少，除非在短时间内客户数量有明显增加（这种可能性不大），否则在未来两三年内必定会淘汰掉一部分，而新近开业的民宿也面临着更为激烈的竞争，如果莫干山的民宿仍然保持着这两年的增长速度，那在未来经营压力之下是否还能保持现有的价格体系将会是一个很严峻的考验。以民宿为核心的多种业态以抱团的形式，在一些环境优美的地方发展整个乡村度假产业，能提供一站式度假服务的"乡村综合体"模式，如莫干山的"宿盟"，这种模式会有很好的发展机会。

但反过来看，对于单一民宿而言，因为体量有限，所以客户总量是足够满足其需要的，因此能否在产品本身上做出特色来吸引客户，将成为乡村民宿间竞争的根本问题。所以，如何保证产品的质量并形成差异化优势，是关键中的关键，也是巨大的机会。

市场发展很快，客人的需求提升也很快。老店经过几年的运营之后，可能也到了需要翻修的时候。这是因为市场更成熟了，以前的产品在当时可以脱颖而出，但放在现在可能就不一定有足够的竞争力了。所以，只要客房数的增长速度快于客流量的增长速度，必然导致客户的分流，入住率下降是可预见的。而且，莫干山的房价适当下降到理性价位应该也是趋势。不过现在莫干山的政府可能也看到了这样的问题，所以最近有一些引流的项目出现，应该能对客流量的提升带来一些帮助。

当前，乡村民宿结合特色农业、乡村养老是比较好的创新点。特色农业是一种新的发展趋势。现在大家不仅要吃得安全，还要吃得有格调、有情怀，再加上电商和自媒体的发展，只要产品用心包装，各类媒体稍加推动，销路不是问题，而且溢价也不低。比如说某个做现代农业的企业，种了一百多亩白枇杷，今年不到一周就售罄，单个枇杷均价四元，收益颇丰。如果特色农业和乡村民宿相结合，就可以产生更奇妙的化学反应。关于乡村养老，大家可以参考绿城集团最近在浙江临安青山湖搞的桃李春风项目。

所以，未来的乡村旅居创新点有如下几种：

1）亲子类住宿品牌。在当前的民宿中可以细分出不同的类型，比如说体现亲子主题的品牌，现在可选的太少了。

2）解决非周末入住率低的痛点。服务企业，针对企业做团队建设的综合服务方案。

3）乡村金融。发行民宿改造基金跟股权众筹结合，通过发行改造基金圈优质项目，通过股权众筹回笼资金。

4）乡村办公。阿里研究院提出的报告称：未来的高科技互联网公司中海量自主性劳动的就业方式将成为我国劳动力就业的一种重要形式。根据摩根大通研究院提出的"劳动型平台"概念和 Harris&Krueger 提出的"独立工人"概念，未来就业模式呈现出自主性劳动平台的模式。生活和工作都在乡村，这种生活方式将来有可能通过互联网+得以实现。

（七）专业人才

乡村民宿产品品质的参差不齐、过多情怀的注入，让这个行业显得不那么理性。很多新项目投入越来越大，因此产品定位、对品质和服务细节的把握、对于目标人群的有效触达，需要更多专业人才的投入，才能做得更好，这也是各种专业人才在新市场里的巨大机会。

开放式协作共赢，应该是民宿创业倡导的。我认为这个行业一定会出现专业的孵化或者服务平台，会让民宿的投资运营更为理性并落地。现在的度假酒店行业已经从以前的规模扩张转变成垂直细分了，而非标住宿中的乡村民宿就是其中一个。

另外，在大多数乡村还存在着部分村民素质较低、法律意识淡薄的现象。而民宿这个领域势必需要和当地乡村村民深度合作。我们已经看到，在经济比较富裕、交通比较便利的部分乡村，有很多在大城市或大型公司打拼过多年的回乡创业人员。这部分人员的服务素质、法律意识及销售意识普遍是较强的，有这样的乡村创业人才服务乡村建设，基本在人力资源方面就不存在太大的问题了。

（八）土地升值

为什么一些房地产公司会去关注乡村创业？其不仅是看中创业本身，更多的是看中了乡村的土地。因为目前乡村的土地与城市的土地相比，其土地价值是被大大低估的，而房地产公司通过旅游开发，提升了乡村的人流及口碑，其乡村的土地价值就会提升，所以，像万达这些大企业，为什么从商业板块积极转型到旅游板块？不是乡村旅游盈利有多好，而是通过旅游带动人气，人气带动乡村土地的升值。大企业靠土地升值赚钱，所以当前乡村旅居的形势对大企业肯定是机遇。而这些大企业的到来，也在一定程度上唤醒了这个乡村，使之快速地发展起来，这对乡村来说也是机遇，所以应该说，这是乡村、企业、民宿三者多赢的机遇，应该好好地把握。

二、陷阱

（一）房屋产权

乡村民宿目前存在着一个很重要、但是暂时无法解决的问题就是房屋产权问题。在国家没有正式实现农村宅基地房屋产权的市场流通之前，乡村民宿在产权问题上是存在着风险的。毕竟无论是资产管理、还是租赁主体的合规性问题，均建立在产权之上。目前乡村的房屋普遍只有土地使用证，没有土地上建筑的证明文件，而各地政府目前能做的也仅仅是推进不动产登记制度。未来会是怎样的政策走向，当前不得而知。

政府政策的不确定性也导致了政府支持相对不足，对乡村创业者支持度不够，缺少合理的法律对乡创人员或机构给予保护。甚至政策法规不完善，办事人员刁难，还有面对某些村民的无理要求束手无策，还有就是很多民宿都没有办理正规的营业执照，这也是经营过程中存在的隐患。

（二）合作精神

不可否认，大部分乡村相对落后，村民比较缺乏合作精神、法制意识和契约精神。例如，一些景区的原住民看到租住房屋的外来客逐渐形成较好的商业模式，特别是民宿和客栈的经营业态，纷纷提出涨租要求，不按合约出牌，迫使许多经营者无法经营或者被恶意涨价。乡村单个的村民是朴素的，群体的村民则可能互相攀比。孔子说："不患寡而患不均"。乡村村民更是这样，很难一碗水端平，这样就会给民宿经营者埋下定时炸弹。旁边的租金高了我的也要涨，人家的房子漂亮了我的也要重新装修，这样对乡村民宿的投资者和经营者而言都是巨大的压力。

在民族地区，还有民族矛盾与信仰差异的问题。比如某家酒店集团在藏族的康巴地区开乡村民宿，其初衷是"民族团结桥梁，西部开发纽带"。他们的人缘非常好，但进行合作时仍然慎之又慎。该酒店认为，别的投资者在藏区根本没办法与松赞集团竞争。因为松赞集团的创始人白玛先生深谙藏区的文化，他说过："文化的差异与认同是松赞最大的优势。"

（三）邻里关系

乡村民宿主人与村民、邻里及地方各级官员的关系处理最为关键。每一个环节出大问题，就会导致前功尽弃。在租赁物业，特别是农宅土地之前，对于业主的选择尽量多花时间去了解，通过走访邻里的村民，摸清信用再签约不迟，一定不要匆匆忙忙签约。因为作为从城市到乡村来的投资者，一般要求乡村行政部门公平正义、诚实信用、平等处事，但是，当地某些村民觉得你是城里来的大老板，要么该扶贫，要么该礼让，总之乡村里的某些人把城市里的投资者当作了"大肥肉"。你原本想"采菊东篱下，幽然见南山"，使自己和客人享受世外桃源的生活。结果是村东头老张家儿子大喜，村西头老李家姑娘出嫁，村南王家老寿星八十大寿，村北赵家小子金榜题名……你要不要随份礼呢？更要命的是，村口何家一时周转困难，找你求援来了，借，还是不借？大家低头不见抬头。所以，处理好乡村邻里关系等多种关系是乡村民宿长久经营下去的基础。

（四）基础设施

当前，乡村的基础设施还没有达到能在短时间内接受高水平项目的要求，比如说交通、物流、网络等，也对接不上互联网项目的服务和速度要求，许多县镇政府的工作重心还是在传统业务上。某些民宿过分追求情怀，放大故事性与传奇性，导致民宿或客栈缺乏必备的配套设施，舒适度和安全感不足。比如在乡村夏天天气突然热起来的时候，民宿原有用电荷载的承受力不够，导致停电停水频繁发生，这使得客户体验感极差。又如，某些湖旁的民宿或客栈排水系统不到位，导致把污水排入湖中，使湖水被污染，破坏自然环境。

（五）情怀的坑

不要把情怀当产品卖，而忽略了产品的本质。笔者接触过很多开民宿的人，都怀念小时候在老家的感觉'，都喜欢在清净的旅游地有一栋按照自己喜好布置的房子。市场上没有怎么办？自己开，这么美好的事情，开完之后各种同类人还不是纷至沓来？看似合情合理的事情，等做到运营阶段才知道，情怀和现实隔着十万八千里。

所有的情怀，真正落实到民宿时，可能是选址时和房东的各种谈判、项目运营阶段焦头烂额的拓客，还更有可能是经营团队甩手走人时自己顶上去刷马桶、捡垃圾、洗床单的痛苦经历。所有的客人，不会为民宿主人的情怀买单。客人来，可能是朋友的推荐，也可能是网站或微信上超赞的点评，但是，从情怀变成人所皆知的民宿，这个营销的工作量和成本投入就非常大了，所以，在民宿的开办过程中，情怀只是必要条件而不是充分条件。如果只是凭情怀开店，就幻想自己的民宿天天客满，那等待你的将是很惨痛的失败。

（六）设计建造

太多的乡村民宿都是家装设计施工单位建造的，投资人如果对这行不了解，只有等着被坑。应该说，民宿的建筑改造、室内装修及室外景观园林都是很烧钱的，而且由于多是非标准化施工，还有乡村地区都较偏远，运送材料的运输成本非常高，从城里请到乡村施工的人工费用也非常高，所以，你会发现，一个民宿看上去好像什么都没干，却已经花进去好几万了。的确，因为民宿很难像房地产开发那样流程清晰、材料透明，所以不懂行的人一定会花掉很多冤枉钱。

当然，就算你开出一家很漂亮的客栈或民宿，本身体验也很好，但是周边配套什么都没有，或者根本没有可以玩的，游客无法去消费，去了一次也不会再去第二次了，这就是一个整体民宿氛围的问题。你干着干着会发现，独木不成林。你投资搞出来的民宿，不足以面对客人。客人来了就问："这里除了民宿，还有什么好玩的？"你思量半天，你觉得挺美挺好玩的事，居然不够客人半天喝一壶的，这正是众口难调。那时候，你只恨项目不够多，合作伙伴不够多，钱太少不够投的，所以，在民宿选址的时候，最重要的是做好旅游发展规划，看看本地有哪些旅游优势项目或未来有哪些旅游产业可以导入，民宿如何与其他项目、产业相互配合协作，共同盈利。

（七）成本过高

客源不稳定性、季节性影响、低频、入住率低、淡旺季明显是始终无法解决的问题，现在一般乡村的旺季只有四个月，把旺季和淡季平均一下，大部分乡村的年平均出租率不会超过40%，所以这样不可能带来高回报；另一方面，乡村民宿入住率低，又是重投入，同质化严重，服务和产品太弱，客单价太低，人工成本很高。由于低物业成本而带来低溢价率，不足以支撑项目的运营，尤其是体验好的运营。长远来看，仅有的尝鲜消费者们周末可能会选择越来越重视个性化的度假酒店。

从成本的角度来看，最初你只想建几个小房子，既传统又现代，花草满园，一派田园风光。结果越干活越多，当初看不见的事情都冒出来了。路得整修，水要净化，污水要处理，电力不足你要拉专线，信号不好你要加信号塔。养的鸡吃村民的菜了，养的鸭子污染溪流里的清水了，这些问题都要花钱去处理，结果是预算大量超支。

（八）资本陷阱

做民宿的人不要轻易拿钱，尤其是不懂民宿的投资人的钱。一个民宿从选址就开始用资本的方式运作，尤其是一群外行人，自己觉得可以通过资本颠覆任何行业。如果这样做，90%的概率会把钱赔光；另外，某些有民宿背景的经营者不是用创业的心态来做民宿，而是打工的职业经理的思维，也很容易把民宿做死。只有那些真正想做民宿的人，通过自己的热情去感染和团结真正热爱民宿，并把民宿当成生活乐趣的人，远离那些仅仅靠资本运作赚钱的团队，才能把民宿做成功。

（九）盲目跟风

现在有那么多乡村都想引进民宿，但真正适合开民宿的乡村（要满足前面提到的"天时、地利、人和"才可行）不多。如果只是盲目选择或者被对方所提的要求所吸引，那成功概率就很小。有想做民宿的人自己不懂就跟着别人走，到后来发现乡村房子的拆迁问题等许多问题都没解决，一拖就是好几个月甚至更长，白白浪费很多时间。对这些没有专业知识又不主动去了解乡村情况的人来说，机遇也会变成陷阱。

（十）不接地气

乡村互联网创业是国家鼓励大众创业的组成部分之一，但是，当前乡村互联网项目方向的创业还是太早。一二线城市大众创业有些过热，很多创业者也在开辟新的市场，寻找新的机会点，但是中国的乡村发展远没有达到可以用一二线城市的技术直接改造的阶段，中间的对接差了好几个层次，这就是不接地气。

（十一）连锁扩张

没想好你的民宿将来如何发展之前，别着急扩张。开一家民宿，开10家民宿和开100家民宿，是两码事。一家民宿开成功了，不代表开10家民宿能成功。10家民宿开成功了，不代表开100家民宿能成功。能不能连锁？能不能复制？这和太多因素相关。选址、产品、团队成长、市场容量、所在市场的区域性、消费习惯等有太多关系。哪一点出问题都不能保证连锁的成功。在这轮乡村民宿的热潮中，很多创业人士饱含情怀和梦想，有理论数据，有各种路演。但到最后，评判民宿成功与否的唯一标准是：单店的盈利能力及可持续盈利能力。

综上所述，中国的地域经济差别巨大，民族及文化差别也很巨大，因此乡村民宿的创业必须非常谨慎，精挑细选好地段，抓住机遇，避免陷阱，从一二线城市周同的卫星城镇或著名风景旅游区周边的乡村开始起步，需要做持久战的资金准备，需要坚强的信念和吃苦耐劳的意志，这样才能坚持下去，等到柳暗花明的那一天。

三、乡村民宿盈利模式分析

乡村民宿具体盈利模式见表4-1：

表4-1 乡村民宿盈利模式分析表

盈利模式	细分项目	项目内容
民宿模式	乡村酒店客房	按照酒店标准建设的楼层套间
	老宅改建成民宿	把乡村老房子修缮改建成民宿、客栈
	青年旅馆	按照国际青年旅馆模式建设的、适合旅游爱好者的旅馆
	露营基地	提供大规格的帐篷出租
	特色住宿	如人工窑洞、石屋、架在树上的鸟巢屋、木船旅馆、茅草居等
	养老公寓	适合城里老人下乡定居或度假，可租可售
	长期租借	根据居住时间长短收费的民宿，如包周房、包月房，甚至包年房等
餐饮模式	特色早茶	如水煮花生、煨芋头、煨红薯、石灰池泡蛋、现制豆浆、手工米粉、甜酒等
	农家饭菜	民宿的丰要餐饮方式，可以将农家饭菜与酒店菜肴相结合，满足客人不同需求
	特色美食	比如烤全羊、大闸蟹、小龙虾等，有的特色菜可以常备，有的可以要求预订
	宴会接待	交通比较便利的可以接待生日宴、聚会宴、会议宴、培训宴等用餐量比较大的项目
	白助烧烤	既可作为吸引游客的游乐项目，又是一项特色餐饮服务
	特色外卖	比如现场制作的烤鸭、臭豆腐、麻辣香干等
	白酿谷酒	大坛封装，上贴红纸，小瓶装的贴上自制的土标签，取名"某某家酒"
	熏制腊味	如腊肠、腊鸡、腊鸭、腊鱼、腊兔等
	泡菜系列	如腌辣椒、腌萝卜、腌黄瓜、腌茄子等
	干菜系列	如笋干、豆角干、紫苏干、剁辣椒、萝卜干等
	粮油系列	如大米加工、大豆加工、红薯加工、玉米加工等

盈利模式	细分项目	项目内容
休闲活动模式	乡村茶馆	茶艺表演、茶水服务、茶叶茶具出售，有茶叶基地的还可以组织游客采茶、制茶
	乡村酒吧	面积不需要很大，关键要精致，也可做成清吧
	花园足浴	微风吹来，花香沁鼻，在大自然中享受足浴
	狩猎场	可依据民宿地形，选择封闭性较好的窝地喂养动物，依法开展狩猎活动
	趣味游乐系列	如射击、趣味寻宝、有奖猜谜、动漫世界等
	会议中心	现在有很多部门和单位的会议放到民宿去开，会议中心的规模视情况而定
	展览中心	可与会议中心办在一起，主要承办艺术收藏品展览，也可只展示农耕文化
	婚纱摄影基地	利用民宿的自然风光，加上一些爱情婚庆主题元素，可开设婚纱馆
	旅游纪念品商场	最好建成古朴风情街，包括老字号工艺品店和特色小吃
	医疗保健服务中心	在基本医疗的基础上，开设其他特色保健服务
	集体婚礼	与妇联、媒体、婚介等联合举行中西式集体婚礼
	交友派对	团委、媒体、户外俱乐部等联合举行交友派对活动
	夏令营	与学校、媒体、公益社团等联合举办夏令营或冬令营
	纪念林植树活动	古树名木认养、纪念果林、企业形象林
	节庆活动	如泼水节、重阳节、圣诞节、情人节等
	交通及代购等服务	提供如乡村租车、商务服务、预订机票、代驾等，方便游客在乡村的活动
	绝活表演	民间绝活表演，可在节庆期间推出
	传统艺术表演	如魔术杂技、皮影戏、拉西洋景、踩高跷等
	青少年特长的假日培训班	节假日青少年可前往体验学习乡村农业知识
	演出团体	民俗风情表演，可参加文艺调演和商业演出
	乡村温泉	将传统的澡堂、桑拿，改造成温泉形式

盈利模式	细分项目	项目内容
运动模式	草坪瑜伽	有辅导老师，可采取会员制，游客也可临时参与体验
	乡村高尔夫练习场	占地比较小的高尔夫练习场地，可采取会员制
	乡村马术俱乐部	种是会员制的马术俱乐部，另一种只是简单的骑马游玩项目
	拓展训练基地	需要与专业户外拓展训练机构合作，以保证稳定的团体消费
	短程亲水漂流	适合儿童的短程安全浅水漂流，重在亲水体验
	乡村游泳池	一种为天然浴场，对河滩进行改造而成；另一种为人工修建的游泳池
	水上运动系列	如水上步行球、水卜飞机、水上滑道、情侣脚踏船、水上摩托艇等
	武术培训基地	武术培训不仅可以盈利，还具有表演参观的特性
	农民趣味运动会	展示农耕文化，邀请企业、媒体和游客参与
	山地运动系列	如滑草、竹林迷宫、攀崖、速降、山地自行车等
农业及养殖业模式	私家菜园	将土地分成小块，围成菜园，出租给城市居民，也可由小区业主联合租地建设成业主庄园
	果蔬茶采摘	游客自己动手采摘生态瓜果蔬菜，高于市场价出售，其中水果品尝采摘可以按人头收费
	钓鱼捕鱼	多种形式的娱乐项目，包括钓鱼、抓鱼、捞鱼、捕鱼、钓虾、钓鳖、抓螃蟹等
	特种养殖	如养鹿、养孔雀、养狐狸、养野猪、养蜂等
	有机果蔬	如农家小菜、反季节蔬菜、葡萄、梨子、板栗、莲藕等
	农副产品加工	如红薯粉丝、茶籽油、环保竹篮、草鞋、干花等
	药材茶叶	签约成为药材基地或茶叶基地，利用基地形成民宿特色
	花卉苗木	既是对民宿的美化绿化，同时可通过苗圃销售花卉苗木、盆景树桩
	天然矿泉水	如果有好的矿泉水资源，开发成瓶装或桶装水，还可提升知名度
	珍稀观赏鱼繁殖推广	如中华鲟、娃娃鱼、锦鲤等
	优质种苗培植推广	如优质油茶、红豆杉、兰花等
	农科教中心	争取政府将民宿定为当地农科教培训中心
	宠物繁殖训导	如狐狸、荷兰猪、藏獒、观赏龟等
	农家动物表演	经过训导的农家动物，如小猪跳水等
	有机肥料生产推广	为周边种植大户服务
	无公害养殖垫料推广	为周边养殖大户服务
	大棚温室推广	大棚建设、温室育苗、沼气工程等
	土特产超市	申请了屠宰证，可现场屠宰生猪等
	野菜野果	人工种植野菜野果，包括蘑菇生产，可民宿内部消化，也可加工包装成商品推向市场
	风筝制作	提供材料，游客可自己动手制作，在田野上放风筝是很开心的事情

盈利模式	细分项目	项目内容
艺术及手工制作模式	手工棉被	手工弹棉花具有很强的观赏性，同时现场预订棉被绝对放心
	竹艺编织	竹艺编织材料易取，成品可现场作为实用工艺品销售
	陶艺制作	与陶泥亲密接触，欣赏自己的作品
	女红针线	适合女游客参与的如做手工鞋垫、编织手套、刺绣等
	收藏展馆	建立艺术家创作基地，展示出售各类收藏品、艺术品
	工艺品趣味拍卖	可以由游客亲手制作并现场参加趣味拍卖
	艺术家创作基地	主要是画家、作家、雕刻家等，选择乡村潜心创作
	根雕盆景	取材乡间，由园艺师现场指导创作，作品可带回家
	窗花剪纸	材料普通，简单易学，具有浓郁的乡土气息
输出品牌和管理的模式	专业合作社	联合周边农村的农民成立相应的专业合作社，统一品牌，统一管理
	品牌连锁和委托管理	将自己成熟的项目输出、复制、连锁，或者兼并、托管
	酒水供应商广告	酒水供应商在自己的民宿设置广告
	当地房产广告	当地房产商在民宿设置户外广告
	旅游景区广告	周边旅游景区在民宿设置广告牌
	民宿消费指南折页广告	在定期编印的民宿快报上刊登相关广告
	企业形象林	当地知名企业在民宿内建立纪念林，立企业形象石
	主题活动	在民宿举办的各类主题活动冠名、协办招商
	收取门票	封闭性较好、游乐项目多、景点丰富的民宿经批准可以收取门票或销售最低消费套票
	为周边农庄提供服务	种植业为主的农庄可以推出农机服务，同时满足周边农村的需求
	科技研发工作	具有科研技术实力的民宿可以申请承担相关科研实验项目，如湿地保护与研究

第五篇　　情怀篇

第九章　乡土文化在民宿中情感表现

一、乡土文化

（一）乡土文化阐述

现代社会工业化的快速进程，导致都市人产生了强烈的回归乡土的情愫。这种对乡土的眷恋不仅仅是传统意义上地理空间的乡愁，也包含对单调、重复、喧嚣的城市生活空间的一种逆反。回归乡野最早并不是出现在我们国家，欧洲很多国家因为较早的现代化进程，导致其民众也一直存在此类心理诉求。Stringer P.F. 在对英国民宿的游客访谈中发现，他们来民宿的主要目的是亲近自然，暂时逃避城市生活。在相似的时代背景下，国内的民宿自然也成为人们逃避城市生活、作为精神隐退的家园。针对回归乡土这一征象，国内很多学者也进行了反思及相关理性的分析，其中在文学教育领域，对此有深刻的见解，如陈文敏指出："当今世界正以史无前例的、无法逆转的方式被理性和科技的名义所征服，但当人依靠技术的力量去主宰自然时，确失去了人的本质，而处于异化之中，人的尊严、价值、自由等均被剥夺了瞄"。乡土的最根本属性就是自然性，当前，我们需要用乡土的自然性来重构崩溃边缘的现代文明体系。回归乡土就是使人类现代文明与人性的自然状态完美融合，从而最终踏上人类美好家园的重建之旅，因此，乡土的回归情愫实际上是对乡土文化以及富有乡土文化内涵的乡村意象的憧憬。

著名社会学家、人类学家费孝通先生，在《乡土中国》一书中提出乡土在中国传统文化中的地位："从基层上看去，中国社会是乡土性的"，换句话说："中国的传统文化是乡土性的文化"。关于乡土文化的内涵，所涉及的范畴较为广泛，很多学者从社会学、人类学的角度给出了很多相关的定义。本节参考费孝通先生对乡土文化的解读，并结合前人对乡土文化的界定，对其做如下定义："在乡村中的长期共同生活中形成的乡村独有的、相对稳定的文化形态与知识系统"。在具体表达形态上，它是源于乡村文化价值观和传统的生产方式及生活模式的自然体现，通过建筑、服饰、家具、农用设施等有形物质与民风习俗、思维意识、民间艺术等无形精神要素，在朴素、平凡之间传递着乡土之情。

（二）民宿的乡土文化内涵

民宿源自于乡村，乡土文化是民宿的灵魂。研究民宿乡土文化目的是促进民宿旅游业健康发展、增加原主居民的收入，同时也为中国传统乡土文化的保护与传承，探寻一条新的途径，而非仅停留在的"文化搭台，经济唱戏"阶段。根据上文对乡土文化内涵分析，结合民宿的特点，本节尝试从民宿的物质层面，空间层面、精神层面来阐述民宿乡土文化的内涵。

1. 民宿物质层面的乡土韵味

在建筑方面，目前国内外的乡村民宿多半是利用农民自家闲置房屋进行规划改造而成的，故其天然带有浓郁乡村韵味。建筑作为一种乡愁的视觉符号，传递着独有的乡土文化内涵。比如德清县莫干山的夯土小屋式民宿，依山就势沿袭原有的建筑风格，保留自然乡土的韵味，打造出独具乡土美感的景观。

在景观装饰方面，民宿为凸显乡土性经常使用乡村的生产农具如打谷机、锄头、蓑衣等农具或乡土材料来进行装饰与屋外的田园风光相映成趣。如台湾嘉义县阿里山乡乐野村的"阿将的家"，通过原木、石块、花草等本土元素的融入，打造属于他们的部落艺术空间。

2. 民宿空间层面的乡土基因

在地理空间上，不管是哪个国家的民宿，欧洲、日本抑或台湾，乡村都是其最早的发源地。有着丰富自然资源和人文资源乡村或者城镇会使当地的民宿天然的带上乡土文化的基因。目前我国民宿选址主要围绕农村、风景旅游区或者城郊周边农业园以及一些资源较好的旅游城镇如杭州、丽江、阳朔等地。

在生活空间上，生活习俗、语言、生产活动及技艺等非物质文化是民宿营造乡土生活空间的基因。如一些民宿以传统乡土为特色，提供农事体验如采摘、种养、捕捞等乡土体验的活动。同时也有一类精品民宿以"新乡土"为特性，所谓"新乡土"是指："那些由当代建筑师设计的，灵感主要来源于传统乡土建筑的新建筑，是对传统乡土方言的现代阐释"，在生活方式上它具有乡土与现代结合的特征。此外，民宿主人与游客之间的交流互动以及将游客作为来家里做客的朋友对待，提供的家庭式服务，对于大多数游客而言这些都是一种难得且惬意的体验，因为这种具有人情味的朴素人际交往形式是他们在城市小区的邻里之间所感受不到的。由于地缘和亲缘关系，乡土文化在农村人心目中一直存有一种朴素道义和情感义务，而这种朴素的人际关系，在中国城市化的大背景下，随着人们转向城市生活以后就逐渐消失了。民宿服务的内容及提供方式，使游客在体验过后会产生一种较强的主客情感联结，正是这种富有乡情味的独特体验，致使很多游客钟情于民宿旅游。

3. 民宿主精神层面的乡土情结

民宿经营者在精神层面上大多数有着浓厚的乡土情结。要厘清乡土情结的具体内涵，首先对我国民宿主的构成进行分类：第一类是在外求学、打工的村民，因为看到当前乡村旅游发展巨大前景，返乡将家里空置房屋规划改造成民宿；第二类是从城市里来的外来投资者，通过租赁农村宅基地进行民宿规划改造。这两类人投资、经营民宿，一头扎进乡野，与现代农村青年"跃龙门"式奔向城市的方向相反，体现出不同的乡土文化追求。

作为第一类民宿主，返乡村民在他们经营民宿的程中，发现原来那些从小熟悉、习以为常甚至被当地人所边缘化的旧房子、生产用具等器物，现在却成为城里人所喜爱、向往的文化符号，旧房子、老物件通过合理利用还能产生经济收益，这强化了他们的地方自我认同意识，使得农村人重拾了自尊心，形成了一种无意识的文化自觉行为。

作为第二类民宿主，外来投资者们大多数是已经具备一定身份地位和经济基础的社会精英。他们在获得一定的成功之后，开始对城市的喧嚣、嘈杂和快速高压的生活方式厌倦，并向往乡村的宁静安然与世无争，希望在自己熟悉热爱的乡村民宿中寻找到归宿感。因此，他们投资民宿，经营民宿，将乡土情怀寄托在民宿的投资运营上，在满足自己乡土文化的眷恋的同时，也让更多城市中疲惫的人们来到乡野寻找归途。在调研莫干山民宿的过程中，发现过半的外来民宿主是以这样的回归情怀，作为经营民宿的初衷，并逐渐成为当地乡村的"新居民"。在往返城市与乡村的过程中，他们对城市的归属感慢慢退却，将带来的外来文化与信息积极融入当地生活中去，身上逐渐有了回归乡土的地方感。

二、情感体验

（一）情感体验的概念

情感体验是指通过对产品的感知带动消费者心理变化的体验过程。消费者在使用产品时，产品的特定的造型、色彩、质感、使用方式及其传达出来的内涵等等要素，刺激消费者感观体验（视觉、听觉、嗅觉、触觉、心理感知等），结合其自身经历、教育背景而产生的心理变化的过程被称为情感体验。因此情感体验过程是基于心理结构作用的基础上产生对外部客观刺激的心理反应过程。

（二）情感体验的层次

根据唐纳德.A.诺曼教授在他的专著《情感化设计》一书中论述，情感体验可以划分为三个层次：本能层、行为层、反思层，通过这三个层次可以较为准确的了解消费者对产品的使用心理状态。

1. 本能层

产品情感体验本能层，是指产品的物理属性包括产品造型、材质、结构、色彩等对人的视觉、听觉、嗅觉、味觉、触觉五感带来的最初的生理感受。当人在感知一件产品时，我们自身的感官能够较快速的对产品做出体验反应，这时产品就在我们的脑海中有了一个"第一印象"，因此，为了留下好的印象应该针对性地对主要消费群体的消费心理以及产品物理属性如造型、材质、结构以及色彩进行研究，以满足消费者本能层的情感体验。

2. 行为层

产品情感体验的行为层，是指消费者在使用产品时，产品的操作方式、使用情境与其自身行为习惯、使用需求融合度非常高的交互式体验，因此产品的交互性越强消费者在使用过程中获得心理上的愉悦和成就感就越高。

3. 反思层

产品情感体验的反思层是情感体验的最高层次，它是在本能层、行为层综合作用之后，在用户心中产生的更深的情感、意识、理解，并与用户个人经历、文化背景的复杂交织。相对比前两个层面更深层次的联想、理解和领悟。

（三）情感体验的特点

情感体验系指在某种情境下，大众对客观物体的感知引起心理上反映，是个复杂的体验过程，具有以下五种特征。

（1）大众性：指研究对象的大众性，大众与特殊相对立，任何个体都有情感体验的需求，基于马斯洛需求理论，人的情感体验需求在生理和安全需求之上的一种普遍诉求。

（2）多样性：指人的情感复杂多变，不同的学识背景及经历，所需要的情感体验也是多样的。同时个人情感需体验也具有多样性，作为大脑发达的高等生物，人类十分注重精神世界的满足，中国传统意义上的情感可分成七种，喜、爱、欲、恶、怒、哀、惧，即俗称的"七情"。

（3）时代性：指人的情感体验具有时代性，人是时代的产物，情感体验也随着时代变而变。因此基于情感体验的研究要具有时代特色，才能满足当代人的需求。如前几年人们有钱了向往城里的富丽堂皇，现在厌倦了城里的钢筋水泥土更倾心于农村原汁原味。

（4）象征性：指就是情感体验感知的物体具有代表某种含义的象征性。它是通过不同文化、图形推演、色彩及材料的搭配形式组合成形态、空间、意境的相互统一，通过移情的让观者产生愉悦的审美体验。

（5）情境性：指在一定时间内各种相对境况的结合。如本节研究的民宿乡土文化的情感体验，它的情境性包括自然环境、建筑、人文甚至色彩，材料等等相关内容的有机结合。情境性也符合中国人的思考习惯，根据当下境况，整体性看待问题。

（四）情感体验需求产生的原因

从个人来讲，是对人自身需求的一种满足，马斯洛需求理论中也提出，当人满足了较低层次的需求后，就会去寻求高层次的需求，这一切都是自发的。情感体验机制是产生于人类的右脑的，是物品对消费者进行刺激后所产生的心理感觉与意象。生命哲学家狄尔泰认为，生命是每一个人都能通过自我的内省而体验得到，体验是一种存在方式、一种生存方式，通过体验的方式去认识和把握本质，因此情感体验也是个人对生命本质对认知与把握的需求。

从外部环境来讲，情感体验是消费升级的新路径，新趋势。随着非物质化时代的到来，设计更多关注于无形的品质，研究更多集中在人本身，寻找消费者价值认同，满足使用者的情怀需要。基于情感体验所产生新行业、新业态，也成为资本的宠儿。如以情怀著称的锤子手机，有充满情调的丽江民宿都得到市场热情反馈。

（五）情感体验的应用价值

赫伯特西蒙在《人造物的科学》中，对设计和科学的辩证关系阐述的较为清晰，自然科学和设计所关注点应该是一致，都是在阐述事物本身，尊重客观事实，因此适合人类的设计，则应该是建立在自然科学为基础上对事物进行演绎的。情感体验作为一种由外部刺激或感知引起心理上反映的过程，是心理范畴的研究，因此基于情感体验的设计需要建立在心理学、生理学甚至经济学的理论基础上才具有实践意义。目前这一设计方法广泛用于消费市场，因其能够更好地理解消费者的需求和行为，满足其高层次的消费需求，而当前的旅游消费市场，也需要深度了解游客消费诉求与行为。

同时，在物质型的普通消费时代进入体验型的消费升级时代的变化过程，引发了相关因素的改变，价值取代价格成为营销的主题，体验取代广告成为营销的策略，情感取代概念成为市场的关键。现代社会消费层次的变化，引起了市场对情感和体验的格外重视，意识到消费者情感体验是影响其消费的重要因子之一，因此对消费者情感体验的研究是设计及营销产品的基础。以情感体验作为出发点产品设计，应该重点把握消费者的心理状态及需求，对产品内涵及服务产生的情感体验过程和功能效用也要深入了解。

三、民宿乡土文化的情感体验分析

（一）情感体验的过程分析

分析游客对民宿乡土文化的情感体验过程，首先需要对游客进行深入研究，只有建立在以游客为中心的基础上，才能对整个情感体验过程进行设计、策划，也只有充分了解了游客情感体验过程特点，才能从中总结和归纳出设计的要点。

（1）在动机产生阶段，马斯洛的需求层次理论为情感体验产生动机提供了理论基础，游客对民宿乡土文化的诉求是一种自我实现的需求，反映在对心理、文化、社交、尊重、认知审美的上。

（2）在体验过程中，游客通过各方面来对民宿的构成部分进行感知体验，如对民宿的形态、色彩、材质、功能、主题等进行体验。同时民宿的空间布局、外观乡土味和体验活动丰富性对情感的产生具有正面影响，对接下来的综合情感产生有积极作用。

（3）在体验结束后，游客通过感性与理性的作用机制完成对乡土文化的感知、体验、评价之后，情感的作用并未完全结束。面对一次民宿旅游的结束，一段体验过程的好坏程度决定旅游者满意程度的高低。民宿是否能够代表当地特色，是否让游客拥有足够回忆，产生积极的情感等等是都能影响游客是否有二次消费的可能。

（二）情感体验的功能效用分析

因为民宿乡土文化内涵的丰富性，导致各种功能的作用和效果多样，产生的情感体验功效也多样。当文化可以产生某种功效时，可以满足旅游者对其的需求，进而激发对其效用好坏的评价。民宿乡土文化在感受阶段产生适用功能，从而激发出旅游者的舒适体验感和自如感，如果长时间对其产生良好的使用感受，进而演变为实用感，可以形成忠诚度和依赖感。从使用，适用到实用的递进过程中，功能效用与情感体验密不可分，具体表现在：

（1）体验的归属感，乡愁是每个"离土式"现代人共有的情结，民宿作为乡土文化的载体，通过乡土物质、乡土空间、乡土精神等乡愁意象的营造，供游客体验感知，使游客在心理上就会获得一种归属的体验感受。

（2）创造的愉悦感，游客在体验民宿乡土文化过程中通过自身参与和创造的独特经历，依靠游客智慧和经验对具有乡土特色活动进行参与体验，该过程本身就具有创造的愉悦感。

（3）使用的自由感，随着民宿的发展及游客需求的多样化，民宿多功能发展方向将是一个大趋势，因此为游客提供一个自由的平台，引导游客进行自由地尝试体验，获得自由感。

（4）使用的自豪感，乡土文化的重新利用，激活它原有生命力，使其产生了经济上价值，使经营民宿的原住居民产生对其自身的文化产生认同，自然在使用过程中也会产生使用自豪感。

四、情感体验下民宿乡土文化的表达探析

（一）理论基础

1.动机理论

美国著名心理学家马斯洛认为，人的心理需求包括五种不同层次：生理需求、安全需求、社交需求、尊重需求和自我实现需求。人在满足低层次的需求后，会有满足高层次需求的欲望。对于民宿游客来说，游玩观光的动机依据内因（自身因素）和外因（社会背景、民宿地域特色）来决定。游客观光的本意大多数是释放心情、排忧解难、体验乡村生活等。如浙江开化县姚家村的砖窑厂游客可以去烧制红砖的老机器参观区亲手体验烧砖技艺，"红窑里"为了吸引游客饭后散步、拍照留念专门设立了农业园、花果长廊等。不过，最近几年，随着物质生活的日臻改善，游客的旅行动机需求层次愈来愈高，从之前的"传统游赏"逐渐转为"体验""认知"甚至"审美需要"。

2.情感化设计理论

在《情感化设计》书中，唐纳德.A.诺曼教授从本能层、行为层和反思层三个不同维度出发，阐述了在设计中情感所处的重要作用及地位。为了拉近人与产品之间的距离，需要将消费者的心理诉求当作研究重点，通过赋予产品一种"活"的生命特征，使其能够"洞悉"人心，才能满足消费者对产品的身心需求，从而获得使用产品的愉快体验。民宿作为一款服务于消费者的产品，也需要多维度的探讨与游客的关系，拉近与游客的情感联系，因此引入情感化设计的理念作为本文理论基石。

3．设计心理学理论

设计心理学以目标主体（用户和消费者心理）和设计主体（设计师心理）作为研究对象。民宿旅游消费者的行为通过事先的决策、行为、消费过程、评价等活动进行研究，从而为民宿旅游的开发和营销提供指导。要做好民宿旅游，必须了解掌握以下两个方面：

（1）与目标主体的亲切互动

消费者心理是指消费者在购买和消费商品过程中的心理活动。消费者有感性和理性之分，感性消费者在购买物品的时候没有具体的目标，需要专业的推销人员指导，这包括物品的功能及使用方法、与其他品牌产品的区别以及产品的推荐。当消费者第一次接触一个新鲜事物时，通常可以将其划分为感性消费者类型。对于民宿这样一个比较新兴的旅游形态来说，游客可归类为感性消费者，因此需要民宿主与之交流互动，需要民宿提供的活动有足够强的交互性，才能使民宿这款产品的内涵被游客真正的感知。

（2）增强设计师内心情感意识

一个好的作品的诞生，需要设计师的理性思维和感性意识的共同协作，同时具备良好的创新精神、观察力，洞察设计背后的心理学动机的能力。从人的注意与记忆力、感知度、动机与思维等方面出发，直接剖析他们的认知心理，全面深入了解消费者或顾客。

4．可持续发展理论

"可持续发展"概念起初是由生态学理论范畴而逐渐衍生而来的。20世纪90年代联合国世界发展委员会共同编制了一份《我们共同的未来》的报告，正式对可持续发展的概念做了阐释。可持续发展是在全球环境遭到污染、生态环境破坏严重及人文精神的缺失所导致的人类发展趋势下滑的背景下提出来的。

专家学者分别从自然、社会、经济和科技等方面做了研究。当前对可持续发展的普遍定义是：在不断地改善人们的生活品质和提高环境承载能力的基础上，一方面既能满足当代人的需求又不破坏满足后代子孙需求；另一方面在满足一个区域国家的居民需求的基础上，又不损害满足其他国家居民的需求的发展。

可持续发展主要包括自然、经济和社会三大方面，涉及自然、经济及社会可持续发展的互相协调与统一。可持续发展的最终目的是要使社会具有可持续发展的能力，从而使人类在地球这个家园上能够世代延续生活下去；可持续发展的基本模式是要保证人与环境的和谐共存。自然系统的不稳定性会对人们的生存环境造成威胁，因此，自然资源的可持续、合理化利用，是保证可持续发展能够实现的基本条件。

民宿旅游也需要依据可持续化理论，走可持续化发展道路，合理的利用好乡土人文资源及自然资源是其走可持续化道路的必由之路。

（二）情感体验下民宿乡土文化的表达途径

民宿的乡土文化包含丰富的情感寓意，透过物质、空间、精神等多个方面，传达内在语言和深刻含义，该过程称为编码，而人通过感知、接受这些信息并做出反应，也称作解码。从民宿乡土文化内涵表达出发到被游客感知、接受及需求的过程，就是民宿乡土文化作用与人的过程，将对游客产生丰富的心理变化和情感体验。美国哲学家唐纳德.A.诺曼将情感体验分为三种水平本能的、行为的和反思的，本节民宿乡土文化的情感体验也可以从这三种层面找到切入点，基于人情感体验的特点及需求原因的考量，结合民宿乡土文化的内涵及民宿游客特征及需求的分析，将人情感体验的三个层面（本能层面，行为层面，反思层面）创造性的与民宿乡土文化内涵（乡土物质、乡土空间、乡土精神）交互联系，分析其内在关联度从而得到民宿乡土文化的表达途径（如图 5-1）。

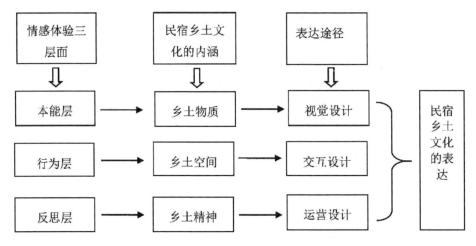

图 5-1 情感体验下民宿乡土文化表达途径

1. 本能层与乡土物质

情感体验的本能层来自人类本能，民宿乡土文化体现的物理特征引起人类的最初基本反应，通过视觉、听觉等刺激，传递设计内在含义。从人的五感，视觉、听觉、嗅觉、味觉、触觉出发，以视觉作为重点研究产品的外形、材质、结构、色彩的构成，因此情感体验下民宿"乡土物质"的研究可以从其外形、材质结构、色彩入手，选取设计要素，进行视觉设计，确定民宿乡土文化的物质性的"第一印象"。

2. 行为层与乡土空间

情感体验的行为层重点是基于人使用产品的习惯来设计产品的使用方式与操作情景，体现的是人与物的交互式体验。人作为主动性的角色与民宿的乡土空间发生作用，在相接触的过程中引起独特的感受认知，进而产生特殊情感。这种情感具有高度的地域性和特殊性，因不同的地域，不同文化而异。这个层面的体验需要使用者进入到民宿乡土空间本身或创造的情境当中，通过直接参与或间接思考，从而产生独特的个人感受。

因此情感体验下民宿的"乡土空间"的表达可从民宿与地理空间的交互、与当地人生活空间交互入手，进行乡土空间的交互设计，前者对民宿乡土空间情景再现，后者则是对民宿原住居民的生活方式的体验。

3. 反思层与乡土精神

情感体验的反思层集中关注在本能和行为水平产生基础上的"意义"，即更深层次的联想、理解和领悟。这种信息和文化影响下的个人情感相对于前二者而言，作用机制更为复杂，作用模式更为无形，作用效果更加深远。好的产品体验应当使用户在使用过程中感到愉快并喜欢长期使用，体现的是人与产品的黏性。

民宿的"乡土精神"也是基于乡土物质与乡土空间体验之后，对民宿的情感的黏性需求。通过恰当的运营方式将"乡土精神"传递给消费者，增加其对民宿的情感黏性，促使形成多次消费的需求。民宿稳定的经济收入确保乡土文化有植根的土壤，持续焕发生命力。

（三）情感体验下民宿乡土文化的表达特点分析

在分析游客的情感体验产生的原因、特点及层次的基础上，依据游客对民宿乡土文化的情感体验过程及功能效用研究，结合民宿游客的特征及需求偏好，提出情感体验下民宿的乡土文化的表达特点：

1. 象征性

民宿乡土文化需要通过民宿载体来表达，而民宿作为载体，它的构成包含范围很广包括建筑、植物、水景、装饰、环境甚至颜色、材料质感等。不同的元素都能表达出独有的文化，具有象征意义的元素通常会使游客更易于感知。如体现徽派文化时，通常会使用马头墙、小青瓦以及建筑上雕刻生动逼真的人物、花鸟及八宝、几何图案等象征性元素，如婺源的"艺墅·忆家"的粉墙、黛瓦、马头墙（如图5-2）。在表现禅文化主题时，象征意味就更明显，色彩一般采用净色如土色、白色或者黑色，材质上会用到大量的天然材料如竹、木、石、陶瓷、亚麻等，庭院景观一般采用枯山水风格，如苏州隐庐别院（如图5-3）。

图5-2　"艺墅·忆家"民宿的象征元素

图 5-3 苏州隐庐别院的庭院景观

2. 情境性

一般人类的认知活动需要在一定的情境中才能进行，情境代表的是一种当下的语意，它可以提供帮助认知者了解被认知者的线索。在情境化的认知的过程中，人们通过思维和已有的经验发生作用，才能感知接受被认知者发出的信息。如中国乡土文化具有一定的"实用—经验理性"。几千年来的灿烂农耕历史得益于黄河和长江两条母亲河的哺育，在这块沃土上，农民重复着躬耕田畴，凿井而饮，日出而作，日入而息的生产活动，铸就了中国乡土文化的农业型情境特征，因此中国的乡村民宿也应该具有典型的农业型情境特征，它所传递出文化内涵也带有朴素的乡土氛围。如土黄色泥墙、黛色瓦片的丽水凤凰山歌，保留旧时农家院门与围墙，民宿内部装饰与外部建筑用材朴素，以游客回归乡土的情感求诉为出发点，营造"他乡是故乡的"情境，让每个来此的游客感觉回到了故乡（如图5-4）。

图 5-4 丽水凤凰山歌民宿

3．游戏性、娱乐性

在体验经济的时代，娱乐和游戏是当代人本性的回归，是最好的释压选择。娱乐和游戏从古至今一直都是人们追求的一种休闲娱乐方式，如古人讲究君子六艺，作为安身立命之本；如今逐渐演变成一个更高级、更广泛的体验，涉及各行各业。在民宿旅游过程中，游客愉快、趣味的情感需求引导游客追逐能够产生愉悦氛围的活动体验，因此对乡土文化的表达提出了趣味化、娱乐化的设计要求。

4．互动参与性

在民宿乡土文化的表达过程中，加入体验活动的设计让游客参与、融入活动，唤起游客的角色感和存在感，应该作为首要目的。体验活动的互动参与性使得游客能更好地了解民宿乡土文化，也为设计的完整实现和检验设计的成功与否提供条件。

5．故事性

台湾地区旅游专家苏佳男说：“旅游是个‘无中生有’的产业，需要靠创意来营销，以民宿为例，台湾的民宿几乎每个都有一个生动的故事，故事具有强烈的代入感，一个生动且‘真实’故事，通常对民宿的知名度有很大的提升”。民宿乡土文化的表达的故事性是用情感将民宿、产品、服务和游客联系起来，与游客共同分享一个美丽而真实的故事，为游客创造令人愉悦和独特的消费体验。一个好的民宿故事，更能让游客体会民宿真实性，同时也愿意为这份真实买单。

（四）情感体验下民宿乡土文化的表达目标

1．目标的内容

情感体验下民宿乡土文化的表达直接目的就是满足游客对民宿的使用需求，同时对乡土文化保护与传承也应该作为重点。因此在表达中应以人的利益和情感需求作为出发点，情感体验即要重视“人”情感满足又要对“人”的体验过程进行相应策划，无论是有形的存在还是无形的需求都要以符合人的需求为根本。

2．目标的确定

民宿乡土文化中情感体验的类型和程度不同，具有多层次性和多方面性，因此从形式、心理、行为互动以及文化各层面对情感目标确立提供依据。

（1）乡土美感的体现

具有乡土美感的事物总是能够在第一时间吸引民宿游客的注意力，而这能够成为民宿得到市场认可的要素之一。乡土并不代表简陋、粗鄙，通过恰当的组合方式，也可以体现它的形式美感，如有乡土质朴的野奢，自然有趣的温馨及淳朴典雅的复古，都各具美感。充分发挥乡土美感的特点，为民宿乡土文化体验需求增加感觉和印象。

（2）新奇有趣的吸引

游客来到一个新的环境旅游时，通常对周围的事物充满了新奇感，探索的欲望也很强。因此常见的景点或者体验项目很难引起游客足够的重视和关注，而面对那些个性化鲜明且奇特有趣具有乡土特色的民宿项目时，游客会有意外的欣喜感，因此关注新奇有趣也是情感表达的目标之一。

（3）体验参与的实现

每个来民宿旅游的游客对体验需求和体验感觉各有差异，故不可忽视游客个人的体验特点，否则会造成游客与民宿的疏离感。注重突出游客的体验参与的实现目标，融入感会另其产生更加深刻的回忆，对民宿的情感黏性也会增强，也因为这份厚重感而对乡土文化的需求大大增强。

（4）积极情感的营造

游客旅游的目的是希望有个轻松愉快的一个经历，因此能让游客产生愉悦和轻松感的事物更容易让游客在心理上认可接受，在认可、接受后会产生积极的心理作用，从而引导游客对相关体验产生渴望和获得的需求。如若事物使游客在心理上产生沉重、枯燥等负面情绪时，游客往往希望能够尽快脱离，因此如何在体验过程中创造积极向上的正面情绪从而创造愉悦感也是目标之一。

（5）乡土文化的传播

前面四点目标是为了让民宿乡土文化以一种更合理的方式让游客认可、接受。乡土文化只有被认可了，才有传播的可能，因此乡土文化的传播的目标不是一个独立的存在，而是建立在前面乡土美感的体现、新奇有趣的吸引、体验参与的实现及积极情感的营造四个目标的基础上，去渗透当地的文化历史、民俗风情。

（五）情感体验下民宿乡土文化的表达原则

民宿不仅仅是一个住宿、休闲旅游的场所，它也是一个地区文化传承的载体，因此民宿乡土文化表达过程中要遵循以人为本、情感主题化、文化传播多维化、生态保护、地域特色等原则。

1. 以人为本原则

民宿乡土文化的表达要遵循"以人为本"的原则。体验时代的来临要求设计师在进行民宿设计时，不仅要考虑民宿的功能性和实用性，也应该重点考虑消费者的情感体验的需求。一个成功且具有乡土气息的民宿设计，必然将人的情感需求放在第一位，民宿建筑选材上考虑触感是否具有乡土肌理、民宿选址考虑是否有浓郁的地域文化氛围，民宿内部装饰色彩、质感、周边氛围是否与当地文化相融等等方面，为消费者营造一个充满乡村意象的舒适空间。

2. 情感体验主题化原则

主题是体验的灵魂，只有明确了体验的主题，才能使民宿乡土文化体验给旅游者深刻印象 E6al，不会由于缺少系统主题而使得旅游者产生思维和情感上的混乱。主题印象越明确，旅游者体验感觉越深刻，从而记忆保存越长久，因此，民宿改造设计与活动设置都应该根据主题展开，通过故事线索贯穿全部，吸引旅游者的参与。如台湾嘉义县阿里山乡"阿将的家"是一座由石头垒砌的艺术化民宿，以部落寻奇为主题。民宿里的园艺、构筑物及小品都是擅长手工艺的阿将亲自打造成型的。多栋修饰质朴的木屋，沿屋而设的花带，碎石片铺就游步道，随处可见的波斯菊，院子里废木重新利用改造成茶座；借着星光，燃起营火，煮茶夜谈等等场景，营造了原始粗犷的部落风情（如图 5-5）。

图 5-5 台湾民宿"阿将的家"的部落文化

3. 文化体验多维化原则

乡土文化的传播可以通过有形或无形的方式进行，如历史典故、风土民俗、建筑景观，结合多种感官体验即可以强化主题的特征又能增强体验者的印象感觉，应用到民宿乡土文化的表达当中，视觉、听觉、嗅觉、味觉、触觉等多种感官刺激相结合，同时更能增强旅游者的体验意愿和满意度。

4. 生态保护原则

民宿旅游作为乡村旅游的一种类型，对乡村环境有高度的依托。民宿的乡土性表达，自始至终将尊重地域自然生态作为一个基本的出发点，同时生态环境优越的民宿在情感上更容易得倒游客青睐。具体来说要做到以下几点：一，尊重自然及人文环境，使人工化的建设与自然环境和谐相处，相互促进；二，以生物多样性的保护为前提，减少过多干预，导致破坏其生存环境及迁徙路径；三，尊重场地的地形地貌，因地制宜，以最少的设计达到最佳的效果。总之，生态保护尽量做到就地取材、低碳节能、崇尚自然。

5. 地域特色原则

民宿作为一个地域文化展示的窗口，是最适合表现当地特色风情的地方，能够让游客体验与自己所在地文化不同的新奇感。民宿乡土文化的表达需要对如民俗风情、地域特色、历史典故等地域乡土文化内涵进行深入的挖掘，并用景观、装饰或活动的形式表达其内在含义。建筑装饰、室外景观都要体现乡土韵味，朴素的乡村民风也要纳入到民宿的服务中去，做到自然与人文的融合，要突出体现地域性特征的文化符号。此外，乡村民宿在保护乡村历史建筑、维护乡村聚落形态上具有特别的意义，应该作为保护与传承乡土文化的载体，重新唤起农村居民对以本土建筑、器物等为代表的乡土文化的认同与自豪感，从而挽救正在日益减少的乡村意象和日益衰败的乡土文化。在民宿的建筑结构、风格、式样和材质上，既要适应现代人们的生活需求，又要考虑当地的自然条件和生态承受能力，体现当地特色以及蕴含的文化价值。

（六）情感体验下民宿乡土文化的表达策略

根据情感体验下民宿乡土文化的表达途径的研究，结合对民宿乡土文化表达特点、目标及原则的分析，从情感体验的本能层、行为层、反思层角度出发，对应民宿乡土文化的乡土物质、乡土空间、乡土精神进行表达策略的阐述。

1. 本能层的民宿乡土文化表达——乡土物质的视觉设计

本能层民宿乡土文化的物质表达实际上是一种提取民宿的乡土物质要素然后对其重构的视觉设计（如图5-6）。民宿的物质一般包括乡村的建筑、服饰、家具、农用设施等，因为人更倾向于感知具有象征意义的物品，基于人的感知特点必须首先将民宿乡土物质要素感性化，提取感性要素，然后采取"修旧如旧""传统与现代融合"的方式将其重构，从最初级感知层面体验民宿的乡土文化氛围。

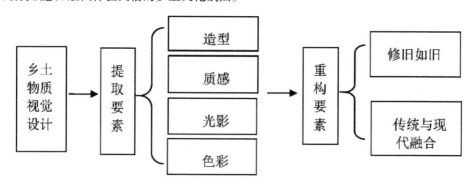

图 5-6 民宿乡土物质的视觉设计

（1）提取物质感性要素

当游客选择了一家民宿时，他的感官体验能快速地对民宿做出心理反应，此时民宿就在游客心中留下了先入为主的"第一印象"，这个印象影响游客对民宿的好感度及二次消费的可能。通过案例调研，游客最终选择去哪家民宿，会有各个方面的权衡与比较，有的民宿可能在交通便捷性、服务、价格、特色等方面比其他民宿有所欠缺，但是按照人的思维模式往往大部分人会选择给他留下美好的"第一印象"的民宿进行消费。"人靠衣装、马靠鞍"，民宿的这层外衣在视觉设计方面，主要体现在造型、质感、光影以及色彩等方面，现对其进行具体分析：

①造型

民宿的造型结构是其乡土文化表达的基本要素。传统村落和乡土建筑承载着国人独特的审美趣味，贯穿着人们的思想观念，它不单是人们聚居的场所，也是乡土文化载体，更是现代人最直接的乡愁符号。不同的民宿建筑造型代表不同的乡土文化内涵，常见有以下几类民宿造型特征：①庭院式，庭院是一种由房屋和围墙围合而成的建筑形式，温情舒适、功能多样的庭院空间，是中国人骨子里千百年来对理想家园的一种理解，也是中国人思想观念和审美情趣的一种集中体现，它所折射出来的"家的情感"是每个游子无法拒绝的；②自然式，中国建筑文化特别强调"天人合一"的环境因素，即与自然的和谐共处。中国建筑布局历来讲究风水，"风水学"虽然在一定程度上有违自然科学，但是从哲学的角度看与现在的环保理念有很多地方是相通的，都在强调的是人与自然和谐，建筑与自然的和谐。"依山而建""傍水而居""抱阳之地"等等环境美学都折射出中国人对自然式建筑向往；③古村落式，古村落的建筑布局就是人类改造自然并与自然共处过程中留在大地上的烙印，居住建筑的造型也正是从古村落居住建筑环境中提炼出来的，成熟的古村落居住建筑环境是人与环境共生的集中体现，也是乡土形态，入居形态的见证。

②质感

质感是民宿乡土文化表达的又一重要感性要素，是唤起"乡愁"的首要媒介。材料本身无任何情感，但其视觉上产生的质感容易令人产生联想，表面肌理、纹路、反光度等都对人们的认知产生影响，并通过人的文化知识系统对其他物品产生联想，从而对材料产生相似的感受，通过材料的感知构成了他们记忆和情感的深层次内容。如婺源"艺墅·忆家"民宿，服务咨询处设计，斑驳的裸露的墙体、原木材质的门窗、咨询台整块未加打磨的石块都体现出设计师对民宿当地材料的使用及对乡土质感的把握（如图 5-7）。

图 5-7 青石、木门窗的乡土质感

③光影

民宿乡土文化也可通过民宿的光影要素传达。日本筑波大学原田昭指出："艺术与设计是以感性科学为基础的，感性科学又是在极为广泛的研究领域内成立的"。既然如此，那么民宿光影明暗的搭配可以给人们对民宿的印象以及对民宿的情感产生一定的影响。在中国，光不具备单独的象征意义，它通常要和建筑联系在一起才能体现出它的韵味，给空间增添情趣。光影和建筑运用较好徽派建中，天井与光影运用最有神韵，在自然光的照映下，天空与檐角、瓦当等传统元素的投影在天井中的鱼池里渲染出一幅幅恬静、雅致的画面，一种东方文化的精神意境跃然纸上。同时建筑的檐口、屋脊、门窗也能与光进行交流，光透过门窗投下一道道光影，所形成的虚空间即丰富了空间层次，又增添了美学的意味。在时间转换中，这些存在于天井、门窗空间中的文化符号在光影的带动下，产生了流动的意境之美，此类的光影变幻的体验能直接唤起人们对传统居住空间形态的记忆。这样的信号传入大脑的感觉神经中枢，然后输出得到乡愁、家、生活等心理体验。如婺源喜舍民宿将天井这一具有乡愁符号的空间重新利用，改造成具有生活气息的交流空间，游客随时可以感受到光影的痕迹（如图5-8）。

图 5-8 婺源喜舍民宿的天井

④色彩

色彩在视觉上有着鲜明个性。颜色的产生是大脑对光产生的反应作用，故与视觉相关密切。如今已有不少关于色彩在设计中的感知特点归纳，如若要产生可爱活泼的特点，一般采用明度和饱和度较高的色相，或者要产生理性现代的特点，往往降低明度和饱和度，也可以增加黑色和白色来缓和强烈的色相带来的心理感知，达到中性稳定的状态其中。

在民宿乡土文化表达方面，色彩占据了至关重要的地位，它能最先被消费者感知到的。

在建筑色彩上，黑白两色是公认的经典色彩，如徽派建筑的粉墙黛瓦；而土黄色则最具有乡土气息且历史悠久，在一些影视作品中经常可以看到生土营造的土坯房，它是利用未经高温焙烧的原状土，只经过简单的工艺处理夯制而成。莫干山一家"山氧开泰"民宿，以当地的黄泥、碎石块、原木垒叠夯制，打造极具乡土特色的夯土小屋（如图5-9）。在民宿景观的色彩上也特征鲜明，如青山绿水、桃红李白、粉花翠竹、万紫千红。同时民宿也可以借景大自然的颜色，夏山如滴，风林滴翠；秋山如醉，层林尽染；冬山如玉，银装素裹等等色彩美给人们无尽的愉悦感。

图5-9 "山氧开泰"土黄色外墙

（2）重构碎片状乡土物质要素

造型、质感、光影、颜色是民宿乡土物质的感性四要素，实际上它们不是单独存在的，是需要互相协作的。人对物体的情感体验具有情境性的特征，需要各个物质要素共同构成体验情境才便于人的感知。民宿物质要素主要包括建筑、家具、服饰、农用设施等视觉上可以感知的。通常采用两种方式对其进行处理：一，修旧如旧，收集或翻新乡村传统的旧器物和农业生产用具，通过合理搭配与摆设，与屋外的乡土风光相映成趣，直接简明的营造出乡土氛围；二、现代与传统的融合，将传统材料或者空间，通过设计及优化，使其既保留原有的质朴，又赋予其新的含义或用途。传统与现代碰撞出了乡土的美感，同时也创造出了新奇有趣的吸引，在符合现代人的使用习惯及审美的同时也能唤起人们内心的认可和归属。

如西递的猪栏酒吧，猪栏酒吧并不是酒吧，也是一家民宿，只是把院子里原有的一个猪圈改造成公共活动空间，在里面设置了一个小酒吧。猪栏代表一种乡村物质形态，保留着原有的时间与空间感，又赋予了现代生活的含义。它是朴素、原味但又时尚的，既有浓郁的怀旧气氛又充满乡村和世俗的轻松、愉悦，这就是主人所追求的生活品质，正如民宿主人所说的"懒在猪栏酒吧里，做会天堂的猪"（如图5-10）。

图 5-10 西递猪栏酒吧

2. 行为层的民宿乡土文化表达——乡土空间的交互设计

行为层的民宿乡土文化的空间表达包含二个层面：一是通过民宿地理空间的选择，让民宿与乡村环境、乡土文化交互，地域特色鲜明的选址可以从源头上就能把握好乡土文化的基因，确定情感体验的主题；二是通过体验活动的设置，让游客与乡土的生活方式交互，通过互动参与、娱乐性或游戏性等方式体验民宿的乡土文化（如图5-11）。

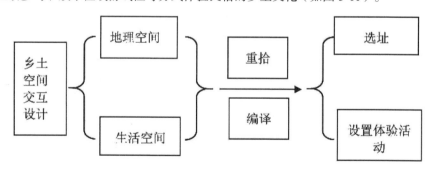

图 5-11 民宿乡土空间的交互设计

（1）地理区位的选址，重拾乡土文化基因

乡土文化是其所在的地域土壤中结出的硕果，具有很强的在地性，正如人们常说，十里不同风，百里不同俗。民宿作为一种旅游业态，它的选址涉及很多方面有气候、交通通达性、区域基础配套条件、区域景观独特性、经营管理成本、客源市场、区域文化氛围等等。按照地理学的视角，民宿的地理区位所带来的乡土文化正是民宿的核心竞争力，也是形成民宿体验主题的主要来源。世界各地早期的民宿，大多数诞生于乡野、旅游、农业资源丰富的城郊或者乡村，使得民宿具备了与生俱来的乡土文化基因。

目前大陆地区的民宿按地理空间上的区位选址主要有两大类：城镇民宿与乡村民宿，两种类型各有优缺点。前者优点，依托旅游城市资源，客源市场好，交通便利，能够使民宿的运营前期取得较好的收益，它是目前较为流行的一种选址方式；但是缺点也很明显，城镇民宿没有乡土基因，营造的也只是乡土意象，从情感体验的角度来说缺少了乡土文化体验的层次感，更多是乡土文化物质层面的体验，容易造成同质化。如杭州的四眼井一带，在 2010 年建立了第一家"茶香丽舍"民宿，从 2010 的 41 家到 2015 年的 210 家。市场无比繁荣，但是数量多、民宿的风格单一、同质化严重，所以此类民宿更应该细分市场，确定自身的主题特色，并从多层次（风格、经营方式、民宿主的故事营销）去体现。

乡村民宿，同样优点突出，乡土氛围浓郁、乡土景观、建筑保留的非常好，是人们寄托乡愁的最佳选择，适合长期经营。但是缺点也有，前期交通不便捷，客源市场不好，资本市场不感兴趣，但是作为投资方、政府应该要有较长远的眼光，前期基础设施投入是为了后期更好的营收。

（2）生活方式的交互，编译乡土文化空间

游客到民宿来旅游，其实是对乡土生活空间的深层次体验，是对生活方式折射出来的乡村的价值观念、民俗风情、生活方式、宗教制度文化、地方手工艺等非物质文化的体验。这类非物质文化必须是自己亲身体验或者听当地讲述等动态的方式来了解，需要一种活态、体验式的方式进行传播。例如莫干山的一家民宿里采用情感体验主题化的方式，在其客房里内专设一间主题婚房，并提供一套结婚流程及配备了相关人员，为那些对传统婚礼感兴趣的夫妇准备一场复古有趣的婚礼。

乡土的生活方式是民宿展示或传承乡村非物质文化的重要途径。民宿主人是这种方式提供的主体，因此民宿主与游客的沟通交流颇为重要，同时结合相关的体验活动让游客参与进来。现在的民宿多半以小而美为特色，能控制一天的接客量，民宿主也有足够的精力亲自为游客准备美食，甚至把游客当作朋友一起做饭、比厨艺，彼此分享故事与经历；有的民宿也提供私人管家式服务为有需要的游客提供全程陪伴游览的服务，为游客解读当地文化，介绍当地特色景点。通过视觉、听觉、嗅觉、味觉、触觉等多种感官刺激相结合的多维性体验，以活动形式对乡土文化基因进行重新编译，使游客与乡土文化的交互性更强。

3. 反思层的民宿乡土文化表达——乡土精神的运营设计

民宿乡土精神的本质是指民宿主与游客的乡土情结，对乡土文化的眷恋，因此乡土精神运营设计的目的是满足民宿主与游客共有的乡土情结，并实现乡土文化的保护与传承。在反思层面上游客感触最深的并不是民宿外在，而是与民宿表达的精神内核及理念的共鸣，通过情感上的共鸣引起自我认可及自我满意度的提升。这种情感体验不单是针对游客而言的，民宿主也存在自我满足、自我认可的需求。民宿主通过投资经营民宿，使自己的乡土情结得以满足，这样乡土文化通过民宿得以传播给消费者，只有主客体同时得到满足，反思层面上的民宿乡土文化表达才具有现实意义，才能实现乡土文化保护与传承，可以在以下两方面进行尝试（如图 5-12）。

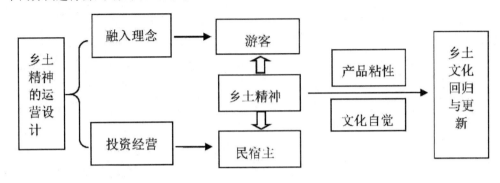

图 5-12 民宿乡土精神的运营设计

（1）融入理念

在反思层面的民宿乡土文化表达过程中，民宿主将主观意识中的乡土情结或相关设计理念融入民宿设计的各元素中，民宿就不再仅仅是一款物质性产品，而有了人格魅力，有了乡愁感，游客对其的亲近感也会倍增。民宿作为引子，使民宿主表达的理念与游客的价值观得以碰撞、交流，当游客对民宿主所表达的内涵认可并接受时，则说明在反思层面上民宿乡土文化表达是正面积极的。这种积极的反思层上的表达会使游客对民宿的满意度、使用黏性得到加强，从而提高了民宿的价值。民宿运营成功往往在于它的理念是否切合游客心理需求，可能一个故事打动了游客，也可能只是一句话就击中了游客的需求痛点。如莫干山知名的"裸心"系列便是如此。裸心，寓意游客在此可以暂离城市的聒噪与喧嚣，重拾生活的宁静，让身体、心灵"裸露"在大自然的怀抱之中。

（2）投资经营

从民宿主角度来说，经营民宿是一种自我实现，在满足自己乡土情结的过程中，也能促进民宿的发展。目前中国大陆民宿经营者主要来自两个方面，返乡"创客"与外来投资者，因此本节也是从这两个角度来探讨不同民宿主对自身乡土文化保护与传承的方式。返乡"创客"坚持原真性的乡土文化获得文化认同感，提倡的是对乡土文化的自觉性，实现乡土文化回归传承；外来投资者将现代生活方式与地方特色结合，营销的是一种适应时代的后乡土生活范式，实现乡土文化的更新。

①鼓励居民返乡创业，实现乡土文化回归

当前中国大陆的农村出现很多类似空心村的现象，由于农村的经济产值比较低，大多数农村青壮年都到经济较发达的一二线城市工作。近几年乡村旅游及乡村民宿的兴起，农村的乡土资源得到资本的青睐，就业和创业的机会多，越来越多在外打工的农民尝试回家搞旅游做民宿。政府应该继续抓住机遇出台相关扶持政策鼓励居民返乡创业，以经济收益作为动力，引起原住居民的文化自觉，实现乡土文化的回归与传承。武陵源风景名胜区杨家界里的"五号三谷"（如图 5-13），民宿的主人是土家人与父母在北京生活八年，考虑土家人固有的"叶落归根，入土为安的"及自身未来的职业规划，最终选择回到故土，将家里残破的老屋装修成民宿，成为当地第一家秉承乡土特色、环保理念设计的民宿客栈。目前民宿行业也非常好，经济收入得到保证同时也能尽到孝道。

图 5-13 武陵源"五号山谷"

费孝通先生曾提出实现文化自觉要做到"自美其美"，其认为首先要对自己的文化足够了解，明白的它的价值及特色之后，才能欣赏自己的文化，并弘扬传播。原住居民通过还原原真的乡土文化，自我欣赏的同时也发展了当地经济，获得了对乡土文化的自豪感、认同感。出身寒门的农村子弟看到养育自己的这片土地不再是贫穷落后的代名词，反而蕴含巨大价值时，由内而发的自豪感会促使他们回到故土，带着人才、技术、想法建设自己美丽的家乡，从而实现对乡土文化的传承与回归。

②引入资本与现代文明，实现乡土文化的更新

在民宿旅游的火爆背景下，越来越多之前无人问津的乡村，重新焕发出新的生命活力，乡村的功能属性也不再只是农业生产，而是包含了多种功能的休闲空间也即都市人消费的后现代空间。在民宿的经营过程中，乡村的农业文明与城市的工业文明会出现交流与碰撞，甚至妥协，因此乡土文化不可避免要受到现代文明的冲击。这些地方的乡土文化随着民宿旅游的发展，正在逐渐演变，经历着一场自我更新历程。变革是痛苦的，但也是乡土文化获得新生的一条有效途径。乡土文化的表达不应该只是在博物馆陈列而已，而应该以开放的姿态与资本、现代文明联姻，结合时代的需求，并以一种新的方式，创造出新的生命力。

中国大陆的民宿业主一部分来自返乡的原住居民，其余大部分来自城市的高薪阶层，作为现代社会的精英他们能敏锐的感受时代的脉搏，并且对现代生活方式也最具发言权。

他们到乡村投资建造民宿,看重的是原生态的乡村田园风光以及都市人对其的渴望。这些人当中不乏专业设计师及管理者故能以专业的设计手法及成熟运营能力将现代文明植入原生态的乡村,不仅给来自都市的游客提供一种体验式的生活,同时也能满足回归田园的情愫。

莫干山有一处民宿"隐居莫干",以隐居山水为主题,故给两处院子取名"水隐"和"山隐"。在设计风格上,将现代与传统结合,如采用当地碎石垒砌的院墙(如图5-14)以当地的传统材料作为制作原料,对室内陈设软装及外部的景观进行现代化的设计,实现了乡土文化特色与现代生活范式的结合。在生活方式上,配备以当地人为主的私人管家,注重乡土的习俗及环境体验,但是在饮食方面提供多样化的选择,既可以选择乡土风味小菜也可以选择现代精致简餐(如图5-15),也可以说,资本与现代文明的引入给民宿发展带来更多的可能,乡土文化也多了一种的形式去传承。

图 5-14 由碎石垒砌的院墙

图 5-15 现代精致简餐

第十章　现代民宿的传承与创新

一、民宿的特征和分类

（一）民宿的特征

台湾学者薛仁明曾经说："文明是'路上有景致，人家有笑语'"。真正文明的社会应有一个隽永、活泼的乡土空间，安顿好灵魂，让人心重归大地。结合当地的文化，将其主人的情怀融入民宿中，形成独特、具有魅力的环境，让民宿活起来，焕发生机。笔者从文化和环境的角度，将民宿概括为三方面不同的特征：

1. 体验性

"体验性"是指在一定的场所中，以人为中心，为了让人们在体验活动中产生美妙而深刻的印象，对其场景、活动的安排以及特定体验过程的设计，并获得最大程度的精神上满足的过程。民宿设计的体验场所是为了让旅行者满足对新鲜事物产生好奇，并体验民宿所在地的地域特色。

一个具有吸引的民宿，是能让旅行者真正地参与到民宿的各项活动中来。为满足人们的需求、增加对旅行者的吸引力，在民宿的设计上更加注重旅行者的体验性，让旅行者参与进来，增强其体验活动上的互动性。让生态民宿满足最基本的住宿功能之外，带给旅行者有意想不到的视觉、听觉的体验。

图 2.1 昨日乡村·原木工坊

昨日乡村·原木工坊（如图 2.1），位于青岛市崂山北九水景区，这个空间的主要特色是体验性。在空间设计上，体验者每个人都有属于自己的工作区域，通过制作木制品，感受木作带给大家心灵上的愉悦感；在空间装饰上，空间中以原木装饰为主，干花作点缀，给人带来质朴的木香；在空间划分上，一楼是制作木作的体验区域，同时也是原木手做的工作间；二楼则是旅行者的居住空间。昨日乡村·原木工坊，通过动手制作各种东西的体验活动，拉近民宿的空间与体验者的距离，增加了互动性、趣味性。

2. 自然性

民宿的自然性与独特地理位置是分不开的。民宿所依托的自然环境是位于都市中的酒店无法拥有的自然环境。自然性是民宿建设所具有的首要条件。

民宿是根据当地的自然条件，以地域自然生态作为基本点，结合山、水、田等不同的自然景观，合理的对民宿进行建设。这样一来，民宿可以很好地融入原有的肌理中，既不破坏生态，还能享受到大自然带给我们最好的馈赠，因此，民宿的自然性也是发展的重要的因素。

图 2.2 树也—苗栗三义

众所周知，台湾岛的民宿发展相对成熟，台湾岛的独特地理位置以及优越的自然环境是影响民宿发展的重要因素之一，民宿依托着当地环境的先天优势，使其有更好的发展空间。树也——苗栗三义，位于台湾岛的苗栗三义乡，紧邻着龙腾断桥知名景点。它的设计理念是做到与周围的环境完全融合，依地而建，保留整个樟树林，形成了房中有树，树中有房被樟树林包围的民宿（如图2.2）。该民宿的特点是自然风情、树之意境。它用谦卑的态度，写下了与自然共生的故事，在树林山泉之间，让每一个人都能享自然的风情，在充满大自然风情的民宿中尽情放松。

3. 文化性

民宿是传承和传播文化的重要载体之一。在特定的文化地域下，营造主题民宿，不仅能体现民宿独有的文化意境，更能衬托出人文情怀。

在生态文化的旅游中，民宿起到至关重要作用。民宿作为载体，体现出地域性特征的文化符号，在此基础上，可促使一些特征性的文化遗产保持了良性的维持和发展状态，使其非物质文化遗产得到传承。民宿的文化交流可与体验者产生一种潜在的联系，进而促进整个生态文化系统的完整性。

通过民宿，体验者也得到了文化向导，激发人们对文化的认知欲望，感受当地真正的文化内涵。民宿的文化性，以特色文化为基点，对其进行空间设计。不同的民族，不同的地域文化，造就了多样化的民宿，满足人们不同的需求。民宿的文化性充分展现了地域特色，在维持地方文化个性的同时，也促进文化之间相互融合。

图2.3 文安驿古镇—文安驿古镇民宿

文安驿古镇民宿位于陕西省延川县西北15公里处的文安驿古镇，是一处极具原生陕北风情的民宿（如图2.3）。文安驿古镇有着深厚的文化背景，是以特色的红色革命为背景，孕育出了陕北特色风情。这里呈现出了陕北人的日常起居生活，体现了当地的文化，感受知青文化，体悟路遥笔下人生。这里的每一处都蕴含着浓郁的陕北文化，处处可以看到遍布的窑洞、黄土墙、花布头、革命口号等。当我们来到这里，用心体验这里的一砖一瓦、生活习俗，它们都在向你诉说着当地的文化，会让人领略到不一样的文化韵味。

（二）民宿的分类

民宿有别于一般的酒店、宾馆的住宿形式，以独特的方式满足了人们的各类需求。不同的需求也导致了民宿的种类不同，笔者从分类原则、分类依据、主要类型对民宿进行阐述，希望对民宿的分类有一个清晰的认识。

1. 分类原则

（1）共同与差异性的原则。随着民宿的迅速发展，民宿的数量之庞大，范围之广阔。在其经营手段、主题、文化等方面存在着一定的相同点和不同点，因此，民宿的共同性和差异性将作为民宿进行分类的重要原则之一。

（2）等级性和科学性原则。通过对民宿的比较分析，他们之间的等级存在不同。根据它们的等级不同，首先将民宿进行初级类别的划分，然后再对不同级别、不同类型进行细化，最后进行一系列的整理和补充，保证对民宿分类的科学性。

2. 分类依据

民宿的分类，除了要遵守分类原则之外，分类还要有一定的依据。在进行分类的时，由于分类者站的角度不同，则民宿的主体功能定位不同，导致民宿的类型不同，因此，民宿的分类是受多方面影响的，笔者对前人的分类情况进行整理和分析，本章节将主要从民宿经营发展模式、民宿所在地域条件、民宿的建筑外观和风格以及民宿的功能和体验方面对生态民宿进行分类。

3. 主要类型

（1）按经营发展模式分类

依据经营发展模式的标准对民宿进行分类。总结各位学者观点，按照经营方式，民宿大致可分为经营者个体经营和合作经营两大类。

个体经营民宿中也可分为主业经营和副业经营两种。作为主业经营的生态民宿的发展已较为成熟，甚至形成自己的品牌。在一些景区中经营者利用自有资产或租赁房屋，为旅行者提供特性化的服务；而副业经营的民宿，主要是将一部分房屋进行出租，其位置大多在郊区或者乡村旅游。它们的主要任务就是服务于周边城市的居民在周末、节假日休闲放松。这类民宿是以副业的形式存在的，并不以经营民宿作为家庭收入的主要来源。

合作经营的民宿。从经营者上来看，合作模式的经营者不是单一的，而是由"经营者+"形成的多个模式。经过整理得出以下几种模式：第一，"经营者+公司"模式。这种模式是与公司进行合作的项目，与当地政府达成协议，统一管理与建设；第二，"经营者+经营者"模式。多个经验丰富的经营者自发形成的小规模的民宿。第三，"经营者+政府"

模式。该模式是经营者与政府合作，得到政府的大力支持，开发有一定的基础保证，可以形成自己特色，有一定规模。第四，"经营者＋政府＋公司＋社区"模式。这类模式的分工较明确，专人专职负责，在管理上有条不紊。

（2）按不同地域条件分类

不同的地理环境，导致民宿的不同类型。依据地域条件的不同，生态民宿可分为：海滨民宿、温泉民宿、农园民宿、艺术文化民宿等类型。

海滨民宿，半城湖，河海交汇，以绿色发展理念描绘着民宿的美好画卷，拥有美好的环境，适合度假旅游；温泉民宿，利用得天独厚的自然条件，制造温泉，并增加一些有利于身体健康的活动项目，这里是体验者放松、休闲的不错选择；农园民宿，回归自然和还原本真是该民宿所追求的目标。在这里大家可以参与进来体验农园生活，进行采摘、耕作、学习农业知识进行一系列的活动；艺术文化民宿，以资源和文化保护为基础，通过传统文化艺术化、创意化、体验化利用，为体验者提供一个具有艺术文化氛围的地方。

（3）按外观和风格分类

根据民宿建筑外观和设计风格的不同，将民宿分为以下几类：欧式民宿、和风民宿、中国传统民宿等民宿。

欧式民宿（如图2.4），顾名思义，是具有欧洲建筑装饰风格的生态民宿，该民宿服务内容与欧洲文化相关，可体验欧洲的异域风情和乡情气息；和风民宿（如图2.5），同理它的建筑形态是受到日本建筑装修风格的影响。以上所述的两种民宿，在中国大陆地区较为少见，主要分布于台湾地区；中国传统民宿（如图2.6），中国传统民居的存在是它形成的主要原因，民居种类繁多，如：江南民居、华北民居、西南民居、闽粤民居等。民宿与民居存在的区域是有一定的相似性，民居的存在也会民宿的发展提供了可能性。

图 2.4 欧式民宿

图 2.5 和风民宿

图 2.6 中国传统民宿

（4）按功能和体验分类

随着人们对民宿的需求、对旅游体验的重视，民宿形成了各种不同的个性化体验空间。按照功能和体验分类，将民宿可分为：农家体验民宿，这里主要是已体验农林活动为主；工艺体验民宿，可以亲自动手从事工艺品制作活动；民俗体验民宿，以体验、参加当地的习俗和活动为主；自然体验民宿，主要是融入自然，在自然中享受、放松，并仔细观察自然，可以采集制作标本；运动体验民宿，以体验各种运动为主，满足一些体验者对于户外运动的需求，可以举行登山、滑雪、骑马等活动。

为了满足人们对民宿体验的要求，这类民宿主要就是以体验的功能为主，让人们在当地可以亲身体验地域特色。随着人们对民宿的需求，多样化体验的民宿已受到众多旅行者的青睐，尤其是有关工艺、民俗体验生态民宿，这类民宿不仅可以加强当地文化的保护，还有助于当地文化的传承。

二、民宿的文化内涵

态民宿传递的是一种文化、一种情怀，它的核心是立足于当地生态特色和传统文化相融合的一种生活方式。所以，民宿本身就是一个由许多文化特质复合而成的整体，形成了一个既相互通融又有一定差异的文化圈。因此，生态民宿的蕴含着丰厚的文化内涵。

（一）民宿文化内涵的概述

1. 文化内涵

文化是国家软实力的体现，蕴含着无限的力量。正如著名文化学者高占祥所言"文化蕴藏着巨大的文化力量，深深烙铸在民族的生命力、创造力和凝聚力之中，文化力是文化活动的引擎，它把一个民族，一个国家的文化活动的物质成果和精神成果，凝聚成永恒的民族精神……"，因此，我们可以说文化的影响力是无边的，是无形的，是无限的，是无极的，它渗透于社会的各个方面。

文化内涵是指文化的载体所反映出的人类精神和思想方面的内容。文化的出发点是从改造自然、社会，进而改造人类自我的过程。这也是一个"自然的人化"和"人的自然化"的过程。在大自然中，物体分为有生命和无生命两大类。没有生命的物体，好比一块天然的石头和一个枯萎的树枝，我们将其赋予生命和人们的情感，它会变成一个有生命的物体。从某种意义上讲，民宿的建筑也是一种文化的体现，是设计者在注重自然生态环境和人文风情的前提下，设计出风格独特的民宿。民宿作为文化内涵的承载者之一，承载了中国传统文化的多样性，蕴含了丰富而独特的文化内涵。

笔者认为，对于文化内涵的理解，在时间上往往离不开某种历史的惯性和局限性，随着时代发展、人们需求的变化，在文化内涵的认识上会注入新的理念和想法，这也是潜移默化的结果，而在这里论及的民宿的文化内涵主要是在当地特定地域文化内涵下，给予审美判断价值意义的诠释。

2. 民宿的文化内涵

民宿是一种文化符号，是人们文化观念对象化的过程，体现了地方文化的特色，寄托了人们的情感。笔者认为，最能体现民宿特色性的因素是"物质环境"的因素和"事件的模式"因素，这里的"事件的模式"就是指民宿内在的因素，即民宿所具有的文化内涵。

民宿在本质上提供的是"人"和"物"复合结构的住宿体验。它已经从一项纯粹的住宿功能升级为多样化体验的重要空间，作为一种时尚的旅游业态存在，让旅行者真正地体验当地生活。由于地域文化和地理环境的影响，呈现出各种特色空间的民宿。这种地域文化的形成有着深刻的历史成因，然而，当我们审度民宿价值时，在不自觉的赋予它们艺术和理念的同时，也必然注视它的历史文化。从特定的意义上说，地域历史文化的不同，影响民宿产生的价值和意义，因此，文化内涵是民宿的灵魂生命，有了文化内涵才会赋予生态民宿价值。

为寻求民宿带给人们多元化的感受和深层次的体验。民宿的文化内涵是在地域文化的影响下，随着人们的需求注入一些新活力，来表达出地域的文化价值和物质形态的本质。它也是一个集于自然、文化以及体验的复合体，自身的价值是不容小觑的。无论是民宿蕴含的价值还是表达形态，都与其当地的地域文化特色息息相关。

（二）民宿蕴含的价值

在高强度、快节奏的城市背景下，民宿的功能如同马氏理论所说："人必须首先满足其机体的全部需求。他必须为果腹、取暖、住房、穿衣或抵御风寒和变天而做出的安排和展开活动。……人类的所有这些基本难题都要由个体通过器物，通过组成合作群体，通过发展知识、价值和道德意识来求得解决"。总的来说，民宿是在满足人们实用功能的基础上，承载人们精神需求，寄托情感、体验、娱乐的载体。然而，民宿不仅仅具有可见的、物质的使用功能，还蕴含着潜在的艺术、文化和社会方面的价值。

1. 艺术价值

民宿，不管是在装饰内容上还是艺术风格上，各式各样，拥有不同的主题和特色，蕴含着丰富的人文精神和艺术形象。民宿的艺术特点是将地方的乡土气息，通过建筑的结构形式和建筑的风格表现出来。民宿借助于得天独厚自然条件，加上乡土文化，用独特的方式和审美表达建筑艺术，它包含了设计者内心的表达，还有地域特色和深厚文化的积淀，感受其文化内涵的魅力。正是如此，民宿的艺术价值还是值得思考。

在某种程度上，艺术的价值与美的价值是相互联系的，而"美作为感性与理性，形式与内容，真与善，和规律性与目的性的统一，与人性一样，是人类历史的伟大成果"。就如菩提谷民宿（如图5-16），它坐落于杭州鸬鸟镇彩虹谷景区。菩提谷背山面水，隐于竹林之中，是由一幢旧式居民改建而成。这里改造最重要之处是将原本很小的开窗变成了落地窗，整个空间通透大气。空间中主要采用新旧的搭配的方法，地面使用老房子的石板，部分家具为旧家具。这种方法为的是避免完全用旧东西带给人的压抑感。由于经营者喜欢木头，在墙面的装饰上和屋顶的装饰上，选用风化多年的老木头，特别是房子中老木结构的保留，将小门改为落地窗，通透的同时不减古韵，而斑驳的夯土墙也在诉说着故事。菩提谷的整个空间中，老木头的艺术美感贯穿中。

图 5-16 菩提谷民宿

民宿无论是建筑的本身，还是内部装饰，或者是说一个树枝、简单的夯土墙、木质窗框，在经过设计之后，赋予了它美的意蕴，寄托了人们的情感，使其成为具有艺术美感的作品。所以，艺术的魅力在于促进人与人、人与物之间的交流，可以让人在视觉上得到满足，情感上得到慰藉。

2. 文化价值

在中国文化底蕴深厚的背景下，民宿不只是提供人们身心放松的场所，其背后更是蕴藏了丰富的精神和文化，并形成一种难以忘却的文化记忆。生态民宿作为一个文化的承载者，拥有着丰富文化内涵，是人们所向往、追求的生活，更是回归传统文化的一个意象，这就是民宿的文化价值所在。

最早出现的民宿，几乎都诞生于乡野，特别是旅游资源比较丰富的乡村或者是郊区。因此，民宿被天然的带上了乡土文化的基因。不论是应对环境、整合资源，还是营造场所、处理形态，普遍呈现如下的认识回归：从普世回归本土、从科技主义的狂热回归理性；从过度设计回归适度创造；从复杂回归简单；从炫技回归诚实。这些现实的召唤，也客观上倡导设计和建造过程的自然而然。如今，地域文化成了民宿的文化核心的竞争力，因此，民宿的乡土文化是它蕴含文化价值的重要因素。

费孝通在乡土文化上有很深的造诣，他提出"从基层上看去，中国社会是乡土性的。"换句话说："中国的传统文化是乡土性的文化"。所谓现代乡土是指："那些由当代建筑师设计的灵感主要来源于传统乡土建筑的新建筑，是对传统乡土方言的现代阐释。"乡土文化的范畴很广泛，笔者认为，乡土文化是"在乡村长期共同生活中形成的乡村独有的、相对稳定的文化形态与知识系统。"自然的生产方式和生活模式是乡土文化的表现形态，通过民宿本身的建筑和室内家具的陈设以及服装等有形的载体，或者是民俗习惯、民间艺术等无形的载体来表达乡村的价值观念和文化传统。

拾房村的民宿位于无锡阳山拾房村旧址，该项目试图对原有肌理进行整理、填补和改造，保留乡村的原有记忆（如图5-17）。树底下的石凳、屋后的古井，还有街边的菜摊，这些点滴的乡村生活场景唤起了人们对这里原来的乡土记忆。在乡土自然回归的情感呼唤下，设计师将原有记忆的生活场景融入了建筑设计和环境营造之中。对于场所精神的把握，就是尽量不去破坏原有的场地关系，整理美化空间的格局。

老房的整葺"修旧如旧"，设计师将老房子原有的构建都保留下来并用于设计中。在设计过程中，收集当地的青瓦来补足房子破损的屋瓦，将一些老材料进行艺术的加工，增加趣味性。对于大面积的新建和扩建，实在不能使用老料的地方，则将新料"做旧"处理。

图 5-17 拾房村

每一个民宿都有自己独特的韵味，这种"韵味"也是形成各自独特风格的主要因素。独特的建筑形态，传递着不同地域的乡土文化特色（如图5-18），该设计对于材料尺度和质感有很好的把握，如端头起翘的屋脊、带肩观音兜状的山墙、叶片状的泥塑贴花装饰等，都是老师傅们古法匠心的展现。现场的每一砖每一瓦，甚至每一个构件，都是原乡生活记忆的产物。在这样一块土地上，设计师不愿再去增加过多的新材料，而是通过"老物新用"来保留住生活中的那份记忆，同时也让这些老材料在这块土地上继续"生长"。

图 5-18 拾房村

每一个地域的文化，都有自己的特色。这一特色包含着当地的喜闻乐见、传统习俗、生活习惯等诸多因素，反映出不同区域的生活方式不同、风俗习惯各异和传统文化的多样性。在现代的生活中，民宿成了陶冶情操的一种生活方式和生活文化。在人们追求美的需求中，它更好地将传统的文化和现在的文明结合，使其展现出不可比拟的文化价值。

对于民宿文化的挖掘，有利于保护当地的人文历史和自然生态环境，延续当地特色文化，还有助于重视传统心理的延续性。重视传统心理的延续性主要指保持文化的认同感。虽然现代的文明与乡土文化互相融合在一起，但并没有失去两种文化本身的特色，它们只是呈现了一种新文化的交融状态，既追求传统乡土文化的淳朴、简约的价值观念，也要保持有现代文明积极、开放、高效的思维理念。

3. 社会价值

民宿的出现，最初是为了满足人们的住宿的要求而形成的。在早期日本是因为住宿不足，部分农家腾出部分空房来供住宿；法国则是为了挽救空房，政府推出这一构想。随着旅游业的发展和人们的需求，民宿也作为一种新型的行业，开始蔓延，受到人们的喜爱。

一方面，旅游业的发展给民宿整个产业提供了无限的可能性，同时它在满足人们体验、游玩的功能外，还产生了一定的经济效益。它也成为地方经济发展的综合体，推动地方经济结构转变的助力，增加人们的收入；另一方面，生态民宿也促进了美丽乡村的发展。在最近几年，具有丰厚文化底蕴的民宿，更加符合现代人的兴趣、梦想、生活理念和审美需求，随着人们生活方式的改变，社会价值观有所提升。它有着丰富的自然资源、渊源深厚的人文历史，使得地方依旧保存着古朴、原始的风貌，景区的精美建筑与乡野的自然风光和谐融为一体，打造绿色生态的概念，形成良性的循环可带动村落的发展。

（三）民宿的表达形态

民宿的建筑空间属于场所空间。所谓场所空间，是一种稳定的、有归属感的空间，可以使人驻足，使人流连，使人依赖。在一定的意义上说，场所空间既表达了空间的存在，也表达了人存在。民宿的场所空间中蕴涵着某种精神性的东西，可以使人辨别、认同，通过建筑语言、形态来表达文化取向。下面主要从民宿的建筑形态、回归文化与构建形态进行分析民宿的表达形态，意在为民宿的旅游开发者提供可借鉴的思路。

1. 建筑设计

从建筑符号学的角度理解，民宿最能够体现地方文化的是民宿建筑设计。"保护当地记忆和地方文脉的重点是保护其传统文化的原真性和文化景观基因"，这样一来，就可以找到当年熟悉的建筑空间、地域景观以及文化环境。民宿建筑设计，所依托的地理条件视为是民宿建筑得以生存和植根的土壤，因此，提供具有地方文化特色和具备可开发价值的环境背景是民宿建筑设计的重要条件。

民宿的建筑设计，不仅受气候、地域、土质条件等各种自然环境的制约，还受当地的民俗、文化和风土人情的影响。民宿建筑主要有山谷开发、老房子推到重建开发、老房子改建开发三大类型。无论哪种类型，都需与当地的地域文化语言相结合。尤其是老房子改建开发，在设计中为尊重原建筑的特色，风格上不会做很大的改变。比如：有一些原建筑在一些出现屋顶防雨、保暖等实用上的问题，对其的改造还是一定的。在改造过程中，应该在保留原建筑最初面貌的基础上，细节上适当采用新的建筑语言增强设计感；在材料上，与原材料一致，做到和谐统一；在其空间布局、空间流线的设计上，要保留生活民俗的习惯，符合居住者的住宿要求；在庭院风格、植物配置、铺地材料等方面，也要尽量保留原有空间的样貌。

中国最有禅意的民宿——苏州隐庐别院（如图 5-19），这间民宿位于苏州同里古镇。由于江南气候温和，苏州隐庐别院在建筑形态上是一座典型的苏州园林风格建筑，建筑都较开敞，使建筑显得通透，无闭塞感。在屋顶的装饰上，屋角起翘更为舒展飘逸，屋顶显得"如鸟斯革，如翚斯飞"。在色彩上，墙面是以大片白粉为基调，小青瓦屋顶呈现黑灰色的色调，还有青灰色水磨砖的门框与窗框，木梁架呈现的栗色或者深灰色，给人以淡雅幽静的感觉。苏州隐庐别院位于的这个古镇有着千年的历史，这间民宿的设计古朴而纯粹，每一个细节都体现中国人极致的审美以及优雅的装饰。隐庐别院的原址是"庞宅"，民国20年时所建，是同里的文物保护建筑，之前的隐庐已破败不堪，修缮后却全然不见半点残旧的痕迹。这里的白墙灰瓦窗棂，极具江南明清民居风格和特点。之后，修缮完成的庞宅，依然把原江南古宅的建筑形态保留了下来，共四进，已近为楼房。石库门对外，另有庞家墙门、庞氏宗祠、大丰米行。

图 5-19 苏州隐庐别院

建筑设计的表达是民宿体现地域文化的最直观的方式。民宿的建筑的设计与它所处的地理环境、文化历史和时代的特性有紧密的联系。它的建筑设计表达了当地自然环境和文化特色。民宿融入自然环境之中，让建筑与自然浑然一体；民宿建筑自身的地域特色表达，具有地方文化脉络，便于人们获得认同感和历史感，从而在民宿表达的形态中寻找文化内涵的足迹。

2. 空间功能

从视觉感上来看，建筑设计表达了民宿的特色，唤起价值认同感，而空间功能的设计可将地方的生活方式更好的传递。笔者认为，建筑设计是反映习俗的视觉特征，那么空间功能就是传递文化习俗的内涵信息。

民宿空间功能的设计，不能过于看重视觉设计，而忽视了最基本的生活功能。人们来体验民宿是对地方情怀和地方习俗的向往。在空间功能的划分上，应具有当地的空间特色。面对消费的主体来自于城市，在一些空间的功能设置上要有更高的要求。为了追求满足高的生活标准，容易造成项目在视觉上出现混乱或者部分资金的浪费和体验者的流失，因此，在设计时，既要在视觉上体现地域文化特色，又要在空间功能上体验乡情、乡趣和独特的生活方式，与居住者形成良好的互动，营造亲切的温馨感，提升旅行者对地方文化的体验感。

苏州隐庐别院，在空间中的设计手法是为现代人烦琐的城市生活做减法。空间中各种器物和金属材质的选用，呈现出中国古典淡然的生活氛围。苏州隐庐别院院落的景致不同，为了体现这种淡然生活，此空间设计了一些富有情怀的空间，比如有中式餐厅、书苑、茶空间（如图 5-20）、咖啡厅、香道馆、陶瓷体验馆等各项文化空间。

图 5-20　苏州隐庐别院茶空间

3. 空间陈设

空间陈设以提高装饰文化品位、提高生活品质为目的。民宿空间陈设，通过饰品、艺术品的陈列设计赋予空间更多的文化内涵和品位。一般来说，生态民宿的空间设计，不同地域文化，会导致不同的主题，可根据各个地域的传统文化、有关的故事、传说等有趣的主题来设定空间的陈设主题。

空间陈设中，在家具的选择上，为了营造空间中岁月和生活的痕迹，会选用一些各自地域传统和具有历史感的家具，力求达到文化和情感上的共鸣；在材料和色彩上，要依据地域的审美角度来进行选择。通过选择图案和挂件以及摆件来传递具有地域特色的文化和价值；在空间照明上，与周围环境相呼，进行氛围的创造；在空间的细节上，利用文化承载的物品，以至于让体验者可以在餐具、配件等小物品上都可以感受到文人情怀。在此基础上，也可赋予空间一些创意、时尚的形式，不仅融入地域特色文化，还可以加上创意和美学元素，进而打造具有特色的民宿。

苏州隐庐别院是一个别具特色的书院，文化气息十足，是中国最有禅意的空间，在这禅意的空间中足以体现出东方文人雅士生活的状态。在（如图 5-21）中可以看到墙壁上挂画与柜子的排列方式、创意挂件以及室内空间桌椅的摆放位置，都可以感受到中式古韵古香和文人的情怀。

图 5-21 苏州隐庐别院空间陈设

还有一些衍生品。文化的故事和传说是民宿衍生品良好的设计方向。民宿衍生品设计中最值得重视是特色与创意。其次还要注意当地传统工艺品和技术，将原始技术使用到民宿的衍生品中。最后，还要注重产品的方便携带性。这样一来，将具有创意和文化特色的设计理念与传统的手工艺技术相互结合在一起，一方面，将民宿的衍生品赋予了附加的价值，使其具有丰富多彩的内涵，寄托了人们的情感；另一方而，通过这种方式可以将地方的文化内涵更好的发展，让更多的人可以感受到不同特色的文化。

三、民宿的传承价值

民宿是当下一种重要的服务型创意产业，对经济发展和文化传承都具有重要意义。挖掘民宿的传承价值有利于民宿业的理性开发，保护与传承地方文化，实现经济利益与文化传承的并进。

从民宿的文化内涵与体验功能来看，它与地方文化紧密联系在一起。生态民宿传递了地域环境和当地文化的特色。无论是融入生态环境，回归传统文化还是重拾乡土情怀，都是为了民宿更好的传承和发展。

（一）融入一生态环境

我国国土面积辽阔，各地区的差异较为显著。各地区拥有着不同的自然条件，有"十里不同风，百里不同俗"之称。每个地域皆因其文化素养、民族习惯、地理自然条件等方面的制约，形成了独特的地域文化。挖掘民宿中普遍而朴素的生态价值、现实意义及可持续性，为民宿设计提供理论及实践依据。

融入生态环境，从"功能性"层面上来看，可以从原有的建筑形态中获得启发，运用现代的技术或者形式，通过对原有的建筑添加各类的设施，来完善生态民宿现今的功能需求。从"艺术性"层面上来看，民宿以当地的建筑特色和自然景观为基础，提取具有共性的因素为主导，获取认同感，并能使得自然与建筑构成完整的统一体。从"设计者"角度出发，在设计过程中，体现出人们对待大自然的态度，唤醒人们保护大自然的意识，让我们做到善待大自然、顺应自然。

1. 自然而然

道法自然，合于天地，讲究审美主体与客体的默契以及形式内容的和谐，注重"朴于外而坚于内"的审美意境，追求天、地、人三者和谐如一的思想，几乎成为人们本能的审美理想和境界。因此，自然而然对于民宿的建设有着举足轻重的作用，对民宿周围环境的建设与地方的生态环境的匹配也更为重要。

得天独厚的自然环境是民宿发展的必要条件。在设计中，融入自然又何尝不是人为介入自然过程中的一种自在状态。在笔者看来，自然中只要有人类的生存，就必然会有营造的存在。我们所要做的就是将人上恰当的介入自然，美于或者高于纯粹的大自然，这其实是一种根深蒂固的人性，如同人类世界中其他的情感。

当空间想象与平等意愿被虚拟现实技术和信息网络接管，新的建造模式也将随之涌现，大规模、全局式、无休止的土木工程可能会被抛弃，建造活动本身理应像生物一样，小规模、经济、高效、可循环。民宿的建筑本身应向"生命"学习，不要成为永恒的结晶，要像生物一样灵活机动、循环往复、代际迭替、自体循环。对物质的使用是高效而精密的，是凝神屏息的精神创造，与之相匹配的审美，也应是欣赏变化而非永恒，欣赏关系而非凝固的造型。设计中的"自然而然"不是模仿大自然的曲线或提倡绿色节能，而是一种心法：

顺势而为、新旧迭替、审慎精微。

　　"自然"意味着物质循环，有生命的和无生命的，世界都是如此。新与旧是相对概念，物质的循环就好比是新与旧的循环，新建筑与旧建筑、新城市与旧城市、新物品和旧物品，如果是往复利用、循环不息更符合自然的姿态。那么，在自然而然的这个理念下，旧的要去修改它、整理它，以适用于新，新的容纳变化以适合于旧，这样物质和材料的循环都不会断绝，就无所谓可持续的问题。当库哈斯谈"轮作"的城市，他已经涉及这个问题。莫里斯所说"保持现有存在"也比今天人们对待新与旧的态度更自然。目前批量存在新代替旧的情况，为了追求理想中繁花织锦一般的空间，甚至是去做一些"拆造"的工作。笔者认为，"自然"的物质循环，应该是以旧有的物体为原料，不断增加新的肌理，它是一个经过不断腐蚀、拆解、打磨、叠加的过程。大多数最具人文色彩的地域，基本上都是采用了这种新与旧打造的方式来实现的，旧的充当特色区域的培养基，增添新的元素，使整个环境极具特色。

　　融入自然，又巧妙地借景周边的环境，打造与自然相融合且适于旅居的美好环境。莫干山大造坞村的无界民宿（如图 5-22），坚持"有生于无，一归于零。有无相生，终以为界"的思想，构建归零与重生的心境与情景。在这个基地上，它最具亮点的就是：虽然建筑物为新建，但是依然优雅、宁静地隐匿在周边的一片竹海山林中。建筑立面为上下体块相互拼接、错落，整体建筑体块线条较挺拔干净。建筑立面元素及材料都极为简洁，基本以涂料、塑钢窗及玻璃为主，以黄、灰、白三种色调为主。为了给居住者最大范围的观赏周边山林竹海的视线，将客房的落地窗尺寸大小做到最大极限，使居住者在室内可以看到窗外景观，让每一位居住者都深深被这种无敌山景所吸引，这也是融于自然巧妙借景的设计手法。无界隐匿在山林之中，途径湖水和竹林，竹林中有一个蜿蜒小道，这种景观序列使旅行者有一种震撼感和新奇感。

图 5-22　莫干山无界民宿

笔者认为，民宿就是在将人们的生活环境恢复和营造，将人工与自然心心相印、生活与自然声气相通。自然元素则被无比珍视甚至需要再造自然的趋势下，我们应该尽量保护自然环境，不摧毁我们尚存的山水自然，融入自然，依自然而造。满山遍地的翠竹的德清莫干山，在这青山绿水的地方成了东南地区的避暑之地。"小木森森"生态位于满山遍地的竹林之中，它的周围被竹子的绿色所环抱、流水潺潺，它独特的建筑形态和景观环境，与原生态的自然环境融合度更高（如图5-23），这也是民宿在这里迅速发展的重要原因。民宿可根据当地拥有的自然条件，以地域自然生态作为基本点，结合山、水、田等自然景观，合理的对民宿进行建设。这样一来，民宿很好地融入原有的肌理中，既不会破坏生态，还享受了大自然带给我们最好的馈赠。

图5-23 莫干山民宿"小木森森"民宿

2. 人文环境

在不同民族种类、地域环境、文化特色的影响下，形成了各式各样的生态民宿。在设计民宿时，不仅要遵循自然环境，还要重视人文环境的营造。这样，风格独特的民宿有助于体验者找到在往日生活中被稀释的自由情怀。

宋程颐《伊川易传》卷二释作："天文，天之理也；人文，人之道也。天文，谓日月星辰之错列，寒暑阴阳之代变，观其运行，以察四时之速改也。人文，人理之伦序，观人文以教化天下，天下成其礼俗，乃圣人用贲之道也。"由此我们可知，人文是指人的各种传统属性。在词汇意思上讲，是指社会中各种文化现象。我们所说的"人文环境"是指一种人文情怀，对某一特定地域性的文化传承，对习俗文化产生依依不舍的情感，并把地方文化的特色因地制宜的运用，充分发挥其独特的魅力。

在民宿的设计中，人文情怀随时随地的渗透到民宿空间的每一个细节当中。一个具有人文情怀的民宿都是将当地的历史文化、风俗习惯、人文风情融入到了整个空间中，从房间的名称到空间的陈设物品，再到室内空间的功能.乃至整个民宿的主题都有具体的展现。作为持续发展的民宿，将深厚的历史文化和民宿风情传承是它应该有的功能。民宿，不仅可以表达经营者自身的生活理念和人文情怀，还可以去体验当地的生活习俗和人文环境。因此，民宿的营造不能缺少人文环境，缺少了人文环境就缺少了灵魂，丢失了厚重的沉淀，是一个索然无味的地方。

花间堂 2009 年诞生于丽江，是国内精品民宿的引领者，它追寻文化 + 灵魂的沉淀。花间堂（如图 5-24），以家为理念的优质亲切服务，花间美学以及独特的人文和历史传承，融入当地环境成为该空间特色。花间堂在人文环境的营造上独具特色，每一个庭院所表达的文化的主题明显，每一个庭院中的房间设计都蕴含着浓郁的地方文化，空间中摆放的物品和空间环境，每一个细节都极具特色的人文情怀。花间堂民宿将人与自然和谐交融，将生活的热爱与领悟倾注其中，可为旅行者提供如诗般的生活享受。花间堂民宿发展迅速，现有多个景点都有花间堂品牌的出现，它分布于国内的杭州、云南、无锡等多个地方。尽管分布地方之多，但是花间堂的每一个房间的主题特色都不尽相同。花间堂最独特的地方就是将当地的历史文化和人文风情与民宿的空间相结合，打造了多家风格迥异，文化内涵深厚的民宿。

图 5-24 丽江花间堂

（二）回归—传统文化

回归传统文化，就是通过民宿载体，将当地传统文化的特色和精神要素表达出来，并对地方的传统文化起到保护作用，同时予以传承。传统文化通过文明演化汇聚而成，反映了民族特质和社会风貌，是民族历史上各种思想文化及观念形态的总体表征。传统文化可以真正体现民族文化社会生活的机制，它也是民族文化存在的现实表征和传承方式，更是激发民族艺术的人文生态空间。传统文化凝聚着民族精神，发挥着超越物质价值的人文教化作用。传统文化往往围绕生产生活的周期进行活动，它可以作为时间坐标来记录农耕生产、民族的文化节、中国农历纪年法等，还可以明显的表明自然现象，如四季更迭、自然轮回等。因此，传统文化是文化中的重要组成部分。

1. 重组物质文化

物质文化是指人类创造的物质产品，包括生产工具和劳动对象以及创造物质产品的技术。民宿的物质文化是指民宿在旅游中所创造的物质产品及其所表现的文化。民宿的物质文化既包括具体的物件，也包括这些物件的生产工艺和技术，其中建筑文化、饮食文化、手工艺文化、传统服饰、民间艺术等是它们具体表现的形态。然而民宿的地域文化，会体现在农用器具、建筑形态、手工品等物质元素上。笔者认为，可以通过挖掘旧器物的故事和文化意义，工艺品的手工技术和建筑的建造技术等方面，探究民宿作为载体所承载的物质文化。

民宿建筑部分是由当地乡村的建筑改建而成。乡村建筑形态、建筑空间和空间装饰就是当地土生土长的物质文化形态，这些物质文化形态都保留着厚重的时间感与空间感。莫干山有一家民宿，"山氧·开泰"位于莫干山风景区后坞村。"山氧"大自然的天然氧吧，隐居在宁静的竹林山峦中，拥有得天独厚的自然环境——安静的大山，绿密的竹林，清澈的溪水。"山氧·开泰"民宿的土坯房是极富农村特色的建筑文化，这里的夯土小屋是用原生态的黄泥、溪石、老木为主的材料打造，在建筑空间装饰上，对当地的蓑衣、农具、打谷机等各种乡村物品形态融入其中。房间内在讲述着日出而作日落而息的耕作故事，与房间外的自然田园相呼应，将当地的物质形态完美呈现。

重组物质文化，通过民宿载体，重新回归当地的物质文化，将当地建筑形态、农具、器物等代表地方文化的物品元素，重新组合、利用到民宿的建筑中。一方面，唤起人们对当地器物、农具、服饰等文化的认同感和自豪感，得以将地方文化传承；另一方面，还能将正在日益淡化的乡村意象和被人忽视的当地文化保留，旅行者在这里可以体验到真正的当地文化。因此，民宿的建设，无论是在建筑结构、建筑风格和建筑空间装饰上，还是在建筑的使用材料上，既要适应现代人们的生活和精神需求，又要考虑当地的物质文化，体现当地的特色以及蕴含的文化价值，这也对保护当地的历史建筑，维护乡村聚落形态具有独特的意义。

2. 传承非物质文化

价值观念、民俗风情、生活方式、宗教制度文化、地方行为标准等非物质文化都在影响着民宿。"非物质文化的传承一般是以口头讲述的方式或者是亲身行为等动态的方式来进行表现和传承的。"非物质文化与物质文化不同点是，非物质文化是以"活态"的方式予以传承。一个地方的非物质文化是体现当地文化的重要的元素。

巴渝民宿位于重庆市城口县，当地风光秀美，全村被亢河贯穿。巴渝生态民宿景观层次丰富，有溶洞、森林、田园等，这些景观彰显出大巴山的秀丽奇绝，原生态生活方式和民风民俗都有较好的传承，古村遗落也保存完好。巴渝民宿的最大特色之物就是火塘（如图 5-5），它是傣族，侗族等民族的象征。火塘的组成非常简单，在火铺上留空一部分位置，铺一层厚实平整的木板，中间是用黄泥筑成的火塘，内放三角铁撑，周围用长条石堆砌防火。火塘最初主要功能是家庭日常饮食、烹煮和取暖的地方。由于当地人把火视为"火神"，也是家庭温暖的象征，所以火塘的使用功能大大拓展，成了家庭中的活动中心，由原先炊事功能发展为议事、待客，逐渐成为家庭生活的核心，其形式和功能具有明显的向心性特征。火塘的向心性直接导致成为精神主体统一物质生活的中心空间，作为精神主体空间处于一种统领地位。"非遗"代表的是一种日常化与生活化，只有回归日常生活才是对在地文化的最高敬意。从火塘功能与形式中足以看出火塘强大的向心力和使用价值。在空间秩序的设计上，历史文脉的延续以及人们的心理沉淀都具有现代简单居室餐饮空间不可取代的优越性。因此，火塘文化申请非物质文化遗产成功。从根本上来说，火塘文化嵌入当地生态与社会文化脉络中，可以唤起人们的记忆，增加设计的人文关怀，达到类似火塘的凝聚力，向心力这种效果，从而帮助人们回归日常生活。

图 5-25 火塘文化

以非物质文化遗产为特色的民宿，应该营造出可日常生活原本的样子。比如火塘文化，是中国西南地区一些少数民族不可或缺。有些民宿出于安全与清洁方面的考虑，往往将火塘排除在外，这就使得民宿体验感的多元性大打折扣，以此为例，非物质文化的存在就是要唤起民宿回归日常生活并驱散同质化的内容场景，让民宿更好的呈现非物质文化并将其传承。

非物质文化最能体现人情的味道，其原因是非物质文化与传承人缺一不可，而民宿可以集二者于一身，完成人与生态民，经营者与居住者之间的交流，甚至会淡化主客关系，拉近主客间的亲近关系，这也是民宿以家为理念的显现，无论是借助民宿来传达"家"的讯号，还是在主客互动之间激发共情，在我们看来，非物质文化更像是触发器，连接人与物、人与集体或个体记忆的媒介。

（三）重拾一乡土情怀

艾青的诗中说"为什么我的眼里常含泪水，因为我对这片土地爱得深沉"。表达了对故土那份浓浓的感情。乡土对于我们来说，是生存的根基。无论身在何方，经历着何种人生，总是被对乡土的思念和依恋牵引着。乡土生活是城市忙碌工作之后的情感想象，它是自己美好的部分记忆，同时也是不可剥离的一部分生命，它承载人们的精神想象。将当地的生活场景和平实质朴的建筑结合在一起，为居住者呈现既朴实又真诚的生活体验。

1. 情怀联结

情怀联结，可以增强人们对地方文化的认同意识。在每个人的心里都有一方魂牵梦萦的土地，触景生情，随时随地可以想到它。在这里，会有一些远离本土地而回来的人，寻找曾经带给自己的文化记忆。民宿力图打造家庭的温馨氛围，意为民宿的主人与居住者，或者是居住者与居住者之间存在较多的互动，形成一个融洽的气氛。由于农村人成长在这片土地上的缘故，乡土文化在农村人心目中一直存有一种特殊的情感义务。然而，民宿的家庭式的服务提供方式就是在主人和居住者之间产生一种强烈的情感联结，让旅行者在民宿中感受富有人情味的独特体验。

莫干民宿，名为遥远的山如图，位于劳岭村岭坑里。这个民宿中土墙、老石板、老木头、竹竿的使用都是向乡土致敬，甚至每一扇木门都蕴含着数十年的沉淀。在建筑空间布局上，将建筑推到空间序列的最后面，通过景观节点联系起来，使其观赏视距足够长、心理体验丰富，能够感受与众不同的景观环境；在材料上，为体现乡土地域性语言，外墙采用黄色夯土材料，部分房屋使用茅草屋顶；在室内空间设计中，茶几用当地木板装订组合，上铺一张当地麻布，给人乡土和温馨的效果。吊顶使用宽大木板装饰，体现出乡土情调，让居住者可以身处此景，感受情怀的联结。

2. 文化自觉

1997 年，费孝通提出了"文化自觉"的概念，他认为文化自觉是要"各美其美"，对各自文化有自知之明，明白它的传统、特色，并欣赏自己的文化传统。通过还原真实的乡土文化，发展民宿经济，让原居住民对自己家乡文化更加深刻和认同，并引以为豪，让旅行者体验原居住民营造家的温暖，倾听他们的故事，从而最终实现乡土文化的保护与传承。

近几年，在民宿快速发展的背景下，吸引了很多原住民的回归。原居住民开始经营民宿，意味着他们要更好的挖掘乡土文化，打造有特色的生态民宿。这样一来，原住民自己经营的民宿更能将自身的生活经历，通过人与人的友邻关系、亲和的沟通，来塑造温馨氛围的民宿。与此同时，探究当地文化传统文化，能够引起原居住民的文化自觉。

　　莫干山名为原舍的民宿，本着"原色乡土，原本生活"理念，使旅行者体验到不同的原乡归家之感。"原"是本原，在古汉语中为"探究"的意思，用探究的态度追溯生活的本原，是原舍想要带给旅行者的启示。原舍倡导有机蔬菜种植，重视原乡体验互动，丰富多彩的原乡生活，让这片土地重新找到了本土的记忆和原有的生命力。原舍建筑物实际上是推倒重建的，但是看上去像一个老房子。在建筑设计上，重拾乡土情怀，尊重与坚持自然原生态。比如说，用户外院落象征乡村农民田间收工归来休闲交流的场所，用熟稔的氛围使居住者感觉到乡村的记忆的认同感。在室内空间中，挖掘当地民间手艺，利用手艺打造室内空间中的家具，让室内的陈设品有独特的质感和韵味。用极致简朴的设计还原生活最简单的模样，用原乡生活的体验、挖掘本土的文化重新找回生活中的记忆，让人们对本土的文化更加认同，引发保护本土文化的自觉性。

参考文献

[1] 王伟全，赵丽萍. 国内外民宿发展历史研究 [J]. 江西建材. 2017（01）

[2] 马存琛，陆明华，何智明. 南京市乡村旅游景观发展现状及优化策略 [J]. 现代农业科技. 2016（20）

[3] 俞昌斌. 莫干山民宿的分析探讨——以裸心谷、法国山居和安吉帐篷客为例对比 [J]. 园林. 2016（06）

[4] 莫燕林. 基于 SWOT 分析浙江省民宿的发展对策 [J]. 农村经济与科技. 2016（09）

[5] 许宸，张毅玲. 黄山市特色民宿旅游发展研究 [J]. 商场现代化. 2016（12）

[6] 余平. 连接昨天的他们与今天的我们——南京花迹酒店 [J]. 设计家. 2016（02）

[7] 沈苏彦，艾丽君. 南京城市历史街区社会——生态环境与旅游开发耦合协调分析 [J]. 地域研究与开发. 2016（02）

[8] 陆明华. 基于 SWOT 分析的休闲农业旅游规划研究——以南京市涧东村为例 [J]. 现代农业科技. 2016（05）

[9] 陈春燕. 杭州西湖风景区民宿的现状及发展对策分析 [J]. 中国商论. 2015（21）

[10] 丁源. 浅谈台湾民宿设计风格及特点 [J]. 新西部（理论版）. 2015（18）

[11] 杨海涛，陈修颖. 关于海岛民宿产业发展研究——以浙江省嵊泗县为例 [J]. 农村经济与科技. 2016（21）

[12] 陈可石，娄倩，卓想. 德国、日本与我国台湾地区乡村民宿发展及其启示 [J]. 开发研究. 2016（02）

[13] 吴玮. 台湾民宿业发展现状及数字化营销策略研究 [J]. 泉州师范学院学报. 2015（03）

[14] 刘玲玲. 对舟山发展美丽海岛民宿游的思考 [J]. 农村经济与科技. 2014（10）

[15] 蒋佳倩，李艳. 国内外旅游"民宿"研究综述 [J]. 旅游研究. 2014（04）

[16] 曲金良. 中国海洋文化研究的学术史回顾与思考 [J]. 中国海洋大学学报（社会科学版）. 2013（04）

[17] 潘颖颖. 浙江民宿发展面临的困难及解析——基于西塘的民宿旅游 [J]. 生产力研究. 2013（03）

[18] 陆奕娜. 浙江民宿发展状况及对策研究——以杭州市调查研究为例 [J]. 旅游纵览

（下半月）. 2012（12）

[19] 崔旺来. 舟山群岛新区的先行先试 [J]. 浙江经济. 2011（15）

[20] 任淑华，王胜. 舟山海岛旅游开发策略研究 [J]. 经济地理. 2011（02）

[21] 陈雪钧，李莉，付业勤. 旅游养老产业发展的国际经验与启示 [J]. 开发研究. 2016（05）

[22] 朱鲸颖. 民宿发展的标准化与特色化 [J]. 经营与管理. 2016（09）

[23] 冯学钢，金川. 我国民宿发展中的标准与规范 [J]. 质量与标准化. 2016（04）

[24] 程熙镕，李朋波，梁晗. 共享经济与新兴人力资源管理模式——以 Airbnb 为例 [J]. 中国人力资源开发. 2016（06）

[25] 阮雯. 民宿业发展新态势与政府行为分析——基于杭州民宿的调查研究 [J]. 山东行政学院学报. 2016（01）

[26] 尹文清，罗润东. 老龄化背景下日本养老模式创新与借鉴 [J]. 浙江学刊. 2016（01）

[27] 庞小笑，桑广书，雷声剑，张宗书. 旅居养老目的地研究综述 [J]. 旅游纵览（下半月）. 2015（12）

[28] 益言. 共享经济发展简介 [J]. 金融会计. 2015（12）

[29] 谢瑶仙. 关于发展养生养老产业的思考 [J]. 中国工会财会. 2015（09）

[30] 吴玮. 台湾民宿业发展现状及数字化营销策略研究 [J]. 泉州师范学院学报. 2015（03）

[31] 何崴. 让乡建活在当下——从西河粮油博物馆及村民活动中心项目谈起 [J]. 城市环境设计. 2015（Z2）

[32] 刘涤宇. 他者·物性 浙江德清"清境原舍"民宿二题 [J]. 时代建筑. 2015（02）

[33] 周榕. 乡建"三"题 [J]. 世界建筑. 2015（02）

[34] 蒋佳倩，李艳. 国内外旅游"民宿"研究综述 [J]. 旅游研究. 2014（04）

[35] 孔锐，范蓓蕾. 作为序言的跋 [J]. 城市环境设计. 2014（07）

[36] 卢小丽，成宇行，王立伟. 国内外乡村旅游研究热点 - 近 20 年文献回顾 [J]. 资源科学. 2014（01）

[37] 陆奕娜. 浙江民宿发展状况及对策研究——以杭州市调查研究为例 [J]. 旅游纵览（下半月）. 2012（12）

[38] 围绕"特色""精致"主题 打造精品农家乐 [J]. 新农村. 2011（03）

[39] 郭焕成，韩非. 中国乡村旅游发展综述 [J]. 地理科学进展. 2010（12）

[40] 王竹，范理扬，王玲. "后传统"视野下的地域营建体系 [J]. 时代建筑. 2008（02）

[41] 张亮. 乡村旅游开发中的广西涠洲岛乡土建筑改造研究与实践 [D]. 浙江大学 2015

[42] 朱晨霞. 浙江永嘉县乡村旅游中民宿发展的对策研究 [D]. 吉林大学 2014

[43] 陈丽莉. 当代建筑师的中国乡村建设实践研究 [D]. 北京建筑大学 2014

[44] 任洋. 国内精品酒店建筑设计初探 [D]. 重庆大学 2014

[45] 张小鹏. 基于苹果"App Store 模式"视角的企业生态系统竞争研究 [D]. 北京邮电大学 2014

[46] 杨曦. 文化资产导向下台湾精致酒店的营建与设计研究 [D]. 西安建筑科技大学 2013

[47] 王淑华. 主题酒店设计中的文化特征研究 [D]. 昆明理工大学 2013

[48] 汤丁峰. 优秀近现代建筑认定标准研究 [D]. 华南理工大学 2012

[49] 朱晓蕾. 视觉识别系统（VI）在房地产企业品牌建设中的应用研究 [D]. 山东大学 2012

[50] 刘伟. 依托旅游资源的农家乐建筑设计研究 [D]. 西安建筑科技大学 2011

[51] 侯佳偲. 基于旧建筑改造的精品民宿设计研究 [D]. 湖北美术学院 2017

[52] 张旭. 民宿型乡村景观规划与设计研究初探 [D]. 中南林业科技大学 2016

[53] 刘书宏. 台湾民宿的特色、空间与型态 [D]. 厦门大学 2009